20世纪中国图书馆学文库·85

现代文献编目

王松林 编著

国家圖書館出版社

本书据书目文献出版社 1996 年 8 月第 1 版排印

前　言

　　"中文文献编目"和"西文文献编目"两门课程历来是图书情报学专业的核心、基础课程。随着国内外著录标准的逐步统一,80年代末期国内有些院校已将上述两门课程合一讲授,于是就出现选用合适教材的问题。90年代伊始,国家教委连续几年召集院校图书情报学系系主任开会,在商讨图书情报学专业改革方向的基础上最后确立了该专业的12门基础课程,并责成有关人员编制统一的教学大纲。最近的一次系主任会议,又将"文献编目"等五门课程确立为图书情报学专业的核心课程。

　　空军政治学院图书档案系(现改"信息管理系")自1986年建系以来,已连续招收了十多届图书情报专业的本科生和大专生。这些学员的"中文编目"和"西文编目"课程大多由我讲授。现在,院、系领导根据图书情报专业的发展趋势,已决定将上述两门课程合一开设"文献编目"课程,并将计算机编目的内容划归本课程讲授。正是在这种情况下,笔者着手编写了这部教材。

　　本教材以教委通过的《文献编目教学大纲》为基本依据,并结合多年来笔者的编目实践、教学和科研成果进行编著。本教材主要以读者检索要求、馆藏文献特征和目录编制方法(包括手工编目和计算机编目)这三者之间的关系作为自己的研究对象,力图使学习者系统地掌握中、西文文献编目的基础知识,了解各类型文献著录的方法与特点,熟悉字顺目录组织法,并初步掌握计算机编目的

1

理论和技巧。

　　本教材力图反映两个特点，一是最新，二是实用。所谓最新，即以文献著录的最新国际标准和国家标准为依据，并将近年来无论是手工编目还是计算机编目提出的并经实践检验是可行的一些科研成果反映进来；所谓实用，即以最少的篇幅将中文编目和西文编目、手工编目和计算机编目中的最基础、最核心的内容反映出来，并力求做到行文简明，通俗易懂，既适合图书情报专业的学生作为教材使用，也适合文献机构的馆员作为手册使用。

　　本教材的编写曾得到院内领导的大力支持，特别是我系主任叶千军同志和教研室主任戴维民、章春野同志曾为大纲的制订和教材的具体编写提供过许多有益的帮助和指点。另外，本教材也曾大量参考过国内外学者的许多专著和论文，并得到过北京图书馆、中国科技信息研究所、中科院文献信息中心、北京大学图书馆、上海外国语大学图书馆、复旦大学图书馆及第二军医大学图书馆等编目界同行的许多指点和样例，特别是段明莲、谢琴芳、张学安等同志曾为本教材的最后成稿给予了极大的帮助。需要强调的是，如果没有书目文献出版社的全力支持，以及宋安莉同志的精心编辑，此书是难以顺利出版的。在此，一并表示衷心的感谢。

王松林

1995 年 10 月

目　次

第一章 绪 论

第一节 文献、文献编目与文献目录

一、文献

"文献"一词在我国原指典籍与前代熟悉礼制的贤士大夫,而在现时中、外编目学中它却具有不同的外延。我国编目学中,对"文献"一词基本是持广义的理解,如《文献著录总则》(GB 3792.1—83)对文献所下的定义是"记录有知识的一切载体"。《西文文献著录条例》也说文献是"以文字、图形、符号、声频、视频等手段将知识记录于各类载体上所形成的各种知识载体"。因此,它的英译文理应使用泛指意义的 Materials。

在国外,编目学中的文献一词使用的是 Item,而且对它是持狭义的理解,即馆藏书目文献。如《国际标准书目著录(总则)》(General International Standard Bibliographic Description,以下简称 ISBD(G))规定,Item 是指作为一个单独书目描述的、以任何实体形式出现的一部文献,一组文献,或某一文献的一部分。《英美编目条例(第二版)》(Anglo-American Cataloguing Rules,second edition,以下简称 AACR₂)也规定,Item 是指作为一个单独书目描述依据,以任何形式出版、发行或作为一个实体处理的一部文献或一组文献。上述两个定义的一部文献和一组文献,英文词分别使用 A document 和 Set of documents。据此可以认为，编目学中的文献并非广义的文献，而是指书目文献（Bibliographic item），即作为一个单独的书目描述依据的，以一个实体出版、发行或作为一个实体处理的一部文献或一组文献。

本教材的编目对象涉及中文文献和西文文献。中文文献实指以汉语文为记录手段的汉语文献，而西文文献在图书馆教学与工作中，通常是指那些使用拉丁字母的语种文献。虽然这些语种主要属于印欧语系，但在实际工作中为了方便起见，人们也把其他语系中使用拉丁字母的语种（如芬兰—乌戈尔语系中的匈牙利语、波兰语，马来亚—波里尼西亚语系中的印尼语，汉藏语系中的越南语，以及世界语——Esperanto 等）文献款目一起排入西文目录，尽管《北京图书馆目录组织规则》中说，"西文不包括东方某些国家的以拉丁字母拼写的文字，如印尼文、越南文等。"由于篇幅所限，教材中的西文举例主要是以英文为主。

二、文献编目

文献编目有广义和狭义之分。广义的文献编目是指依据一定的规则为各类型文献目录所进行的编目工作，包括编制各种出版发行目录、读书目录和藏书目录等。其中，藏书目录的编制根据其范围的大小又可分为反映私人藏书状况的私人藏书目录的编制、集中反映一个文献机构（通常指图书馆）的文献收藏情况的文献机构目录的编制，以及集中反映一个地区或一个国家内两个以上文献机构文献收藏状况的联合目录的编制。而狭义的文献编目就是指集中反映一个文献机构文献收藏情况的文献机构目录的编制。

文献机构目录的编制是指依据一定的规则和科学方法，对馆藏文献的内容及形式特征进行分析、选择，作出记录，并将其组织成目录的过程。这一工作过程，简言之，主要包括文献著录和目录组织两个过程。所谓文献著录，是指按照一定的规则对文献内容与形式特征进行分析、选择、记录的过程。文献著录的结果产生款目,也即款目是依据一定的规则对受编文献的内容与形式特征所做出的记录。所谓目录组织,是指按照一定的次序将各类著录完的款目排列起来组成目录的过程。款目排列的方法主要有字顺组织法和系统组织法。前者是按款目标目的字顺将款目组织成字顺目录(包括题名、责任者、主题目录);后者是按款目揭示的文献的学科体系将款目组织成分类目录。本教材主要讲授中、西文字顺目录组织法,且不包括主题目录的组织。

另一种广义的文献编目包括文献的描述性编目和文献的主题编目。前者主要是对受编文献的物质形态进行分析、选择和记录的过程;后者主要通过分析受编文献所论述的主题内容来揭示其内容特征,它以文献分类和主题标引及编制相应款目的工作为重点。狭义的文献编目不包括文献分类和主题标引,也即描述性编目。

三、文献目录

文献目录简称"目录",又称"书目"。"目"字原有一书篇目的含义,"录"字原指简要记录一书内容、作者事迹、关于书的评价与校勘经过的文字,即叙录。目录即为"目"和"录"两者的合并。西汉刘向校书时"条其篇目,撮其旨意,录而奏之",本指图书篇章名目和内容介绍的记录,后来转指记录群书名目的清册。在我国古代,凡有叙录者统称"目录",无叙录者统称"书目",并有"略"、"簿"、"录"、"书录"、"志"、"解题"、"考"、"记"等具体称谓。现时对两者已不加区分。在国外,具有"目录"含义的词有 Bibliography 和 Catalogue。前者译为"书目",指各种不限藏书范围的书本式目录;后者译为"目录",指一具体的文献机构的藏书目录。

我国《文献著录总则》对目录所下的广义定义是:"将一批款目按照一定的次序编排而成的一种文献报道和检索工具。"而狭义的目录特指文献机构目录,它是揭示和检索馆藏文献的工具。所谓揭示文献,包括记录和报道文献。前者是指通过各种款目准确地将文献的内容和形式特征描述下来,向读者提供有关各种文献的目录学知识,以帮助他们了解馆藏文献的内容;后者是指根据读者的需要,从一定的编制目的出发,围绕某一问题或情况,向他们宣传、报道有关文献。所谓检索文献,就是通过款目的集中、组配,从题名、责任者、主题、分类等方面向读者提供选择文献、索取文献的途径。当然,揭示文献和检索文献都是建立在识别文献的基础上的。

　根据定义,文献机构目录揭示和检索的文献范围,目前是指一个具体文献机构的馆藏。因为设在文献机构内的汇总若干文献机构馆藏文献的联合目录,其作用是把分散在各机构的藏书从目录上联成一体,从而为充分发挥藏书潜力、开展馆际互借和复制、进行采购协调等工作创造有利的条件。这种主要不是以揭示本机构馆藏为目的的联合目录,在文献机构中一般是作为参考工具使用的。所以,它不应属于文献机构目录,而应归入文献机构的书目设备范畴。自然,供读者使用的联合目录,可以成为文献机构目录体系的一个有机组成部分。但需强调的是,只有馆际之间存在着广泛的互借关系,联合目录才更具有实际意义。至于书目文献数据库,则是现代计算机技术及通讯技术应用到编目工作上来所产生的结果。这种文献书目数据库所记录的文献一般不受一个文献机构馆藏文献的制约,它可以存贮一个地区任何参加馆的馆藏文献,甚至是一个或几个乃至几十个国家的馆的馆藏文献。这种书目数据库或书目中心,也难用文献机构目录这个概念加以概括。至于其他文献机构中用于检索的终端设备,宽泛地说也是一种书目设备,因此至多只能成为文献机构目录体系中的一个有机组成部分。此外,继书目文献数据库之后,只读光盘(Compact disc read-only memory,简称 CD-ROM)作为一种新型的信息载体也已开始进入文献机构领域,并以其突出的优点受到人们的宠爱。但如果把某一文献机构购入的只读光盘说成是该机构的文献目录,不管从何种角度看,目前都是难以接受的。不过需要强调,随着文献机构内联合目录的不断普及和文献书目数据库等的逐步推广,文献机构目录概念的外延会有不断扩大的趋势,即赋予它既反映本馆文献,又反映他馆文献的外延。

第二节 文献机构目录的职能

一、文献机构目录职能的发展

文献机构目录的基本职能是指通过对每一种文献的著录、标引,获得每一种文献的目录学知识,也即关于一种文献内容和形式特征的记载,从而借助这些特征,确认特定的文献,进而了解和分析比较文献。

回顾历史,近代国外首先提出目录职能的学者,当推美国编目学家克特(C. A. Cutter)。这位首创美国卡片式目录的编目学家,于 1876 年推出了以服务读者为指导思想的《印刷本字典式目录规则》(Rules for a Printed Dictionary Catalogue)。他将文献机构目录的职能确定为:1.使读者只要知道(a)著者、(b)书名、(c)主题三者之一,便能查到所要的图书;2.通过(d)特定的著者(即用统一的名称形式作标目)、(e)特定的主题、(f)特定的文献种类来揭示馆藏;3.帮助读者(g)通过版次、(h)通过内容或形式上的特征选择图书。克特目录职能的思想,其核心是检索职能。具体而言,克特认为文献机构的每一种图书必须具备著者款目、书名款目和主题款目,以满足读者从这三种途径对馆藏进行检索——特性检索和族性检索。

克特的这一目录职能思想在西方编目界几乎统治了整整一个世纪，同时对中国编目界也产生了重大影响。"五·四"之前，我国几乎所有的国家藏书目录都是分类目录，此后才逐渐增加了书名目录和著者目录。与此同时，主题目录的理论也由美国传入，以致当时国内许多文献机构的外文书籍都采用了书名、著者、主题款目混合排列的字典式目录。

继克特之后，其他一些编目学家也曾对目录的职能进行过论述，但是产生较大影响的编目学家要数美籍波兰人柳别茨基（S. Lubetzky）。1960 年，在他主编的《著者与书名款目著录条例：未定稿》（Code of Cataloging Rules：author and title entries；an unfinished draft）中，对文献机构目录的职能是这样描述的：1. 目录要能容易地确定一种特定出版物的馆藏位置；2. 目录要能把图书馆所藏的同一种著作的相关版本、同一作者的不同著作集中在一起。

柳别茨基对文献机构目录提出的查检职能和集中职能，对1961 年巴黎"国际编目原则会议"产生了直接影响。会议通过的《原则声明》（Statement of Principles）对文献机构目录职能是这样规定的：目录必须有效地确定：1. 文献机构是否藏有具有以下特点的图书：(a)图书的著者或书名，(b)书上没有标明著者，仅有书名，(c)著者和书名都不合适或都不足以说明该书的著者、书名时，用代替书名的适当名称；2. (a)文献机构藏有某一特定著者的哪些著作，以及(b)某一特定著作的哪些版本。

印度著名的分类学家阮冈纳赞（S. R. Ranganathan）1964 年在其《分类目录规则及字典式目录附加规则》的编写说明中，对分类目录的重要性的阐述颇有见地。他认为，如果读者是对某一课题感兴趣而到图书馆来查找这方面的资料，而呈现在他面前的图书馆目录又是按照特定的主题层次分明地编排的话，那么他将得到很好的服务。

综上所述,文献机构目录的传统职能是从著者、书名、主题、类号等方面揭示馆藏文献内容,即:1.回答本馆是否藏有某一特定题名的文献,以及藏有这一文献的哪些版本;2.回答本馆是否藏有某一特定责任者的文献,以及藏有这一责任者的哪些文献;3.回答本馆是否藏有某一特定主题的文献,以及藏有这一主题的哪些文献;4.回答本馆是否藏有某一特定知识门类的文献,以及藏有这一知识门类的哪些文献;5.告诉读者每一种文献在书库中的准确位置。

二、文献机构目录的主要职能

任何有存在价值的事物,总会随着人类的发展、科技的进步,产生出越来越多的作用。文献机构目录传统的以检索和集中为核心的职能不仅将继续存在并有所发展,而且那些潜在的和前所未有的一些职能已经或正在变为现实。下面分别从馆员和读者这两个不同的视角,对文献机构目录的职能做一全面的阐述。

(一)目录的揭示职能和检索职能

从馆员的角度讲,文献机构目录最基本的职能是揭示文献。说得轻一点,文献机构目录所有其他的职能都是建立在其揭示职能基础上的;说得重一点,文献机构目录没有揭示职能就没有其存在的价值。目录的揭示职能主要是通过对文献的正确完整的著录来实现,即通过各种款目(传统的主要是题名、责任者、主题、分类四大款目)准确地将文献的形式和内容特征描述出来,向读者提供各种文献的目录学知识,以帮助他们了解馆藏内容。因此,从发展的眼光看,国际和国家文献著录标准中的著录项目今后仍会有所调整。

从读者的角度看,文献机构目录最主要的职能是检索职能。众所周知,文献机构是通过文献在读者、用户中的交流来完成自己的任务的,而要较好地完成此项任务,则必须通过文献目录这一中介。从这个意义上讲,"目录是开启人类知识结晶的钥匙,假设没有钥匙,吾人就不容易得其门而入"。

从现代图书情报学的观点看,检索文献的工具是多种多样的。但馆员首先在于承担浓缩一次(原始)文献的任务,即对文献进行整理加工,再以二次文献——目录的形式报道出去。因此,目录的检索职能与其揭示职能有着紧密的联系。这就要求馆员在编制文献机构各种目录时,不仅要从文献各主要特征方面提供检索点,而且还要从文献的次要特征方面提供检索点。过去文献机构目录的设置由于受款目载体材料等方面的制约,最多设立题名、责任者、主题、分类四种目录,而且每种目录对文献的检索点都有约束。这无疑影响了目录检索职能的发挥。但随着机读目录的普及和新型目录材料的问世,一次输入、多项检索(从理论上讲,著录项目中的任何一个著录项目或单元都可用来检索,或组配起来进行检索)已经或将成为现实。

(二)目录的宣传职能和识别职能

从馆员的角度讲,文献机构目录的另一重要职能是宣传职能。大家知道,编制文献机构目录必须遵循一定的原则。其中,思想性原则是诸多编目原则中一条十分重要的原则。决定文献机构目录具有宣传职能的因素很多,但主要不外乎以下两种:在社会科学文献中,既有反映先进阶级的哲学著作和以其为武器的其他社会科学文献,也有反映没落阶级的哲学著作和以其为武器的其他社会科学文献。作为我国的文献机构目录必须首先突出、多方面宣传先进阶级,尤其是马列主义、毛泽东思想的哲学著作及其他优秀文献,当前大力宣传坚持四项基本原则的文献尤为重要。在自然科学文献中,既有反映先进阶级科学方法论的自然科学著作,也有反映没落阶级唯心主义方法论的自然科学著作。无疑我国的文献机构目录必须大力宣传前者,特别是要宣传那些有利于我国四化建设的优秀文献。这是其一。其二,有些文献虽然没有或少有阶级色彩,但其本身的质量有高有低则是无疑的。任何文献机构理应优先宣传那些内容丰富、学术价值高的文献。

从读者的角度看，文献机构目录实现检索职能的前提是识别款目中的著录内容，也即目录从揭示职能到检索职能必须经过识别职能这一环节。同样，目录的宣传职能也需经过识别职能得以实现。关于目录识别职能的第一层次——使用相同语言文字者对目录的识别问题，可以说是一个不成问题的问题，因为目录的这一识别职能在目录产生时就已具备，但需著录文献内容的文字必须规范。《国际标准书目著录》(International Standard Bibliographic Description，以下简称 ISBD)作为文献著录方面的国际标准，为了适应国际书目信息交流和目录工作自动化，也即为使目录的识别职能提高到第二及第三层次，提出寻求一种尽管不懂其著录项目和著录单元的含义，但通过目视或机读能够为使用不同语言文字者和计算机理解的著录方法，这就是有关著录用标识符体系的规定。就我国目前来说，标准著录格式的使用已无大的问题，但在标识符号的使用上还存在一些非标准化和因人而异等现象。因此作为馆员，为了提高目录更高层次上的识别职能，需要加强著录规范化、标准化的认识；作为读者，同样也需了解这方面的知识。

（三）目录的管理、交流职能和情报、参考职能

从馆员的角度讲，现代文献机构目录还具有管理职能和交流职能。所谓目录的管理职能，就是指对文献机构业务工作的管理、协调功能。在古代，文献机构目录的管理职能主要通过财产登记的形式表现出来，起一种"登记注册"的作用。在近现代，文献机构目录的管理职能大为扩展，但主要是配合文献机构开展各项业务工作，如采购工作、分编工作、读者工作、典藏工作等。从这个意义上讲，文献机构目录是文献机构馆员开展工作必不可少的工具。

随着信息呈几何级数膨胀和大量新知识的涌现，文献的数量目前也在无限增长。这使任何一个文献机构都无法全面收藏，并在短期内将其有效地组织、整理成一个有序的系统。因此，集中编

目、合作编目、在版编目、书目控制等理论应运而生。过去,以一次文献加工为基础的单唯性的卡片目录已不能适应对文献的控制、利用的需要。而今,以机读目录为代表的新型目录,解决了卡片目录在控制过程中的弊端,并极大地提高了目录控制的能力。从这个意义上讲,文献机构目录将成为馆际资源信息互相交流和利用的工具。这就是目录交流职能的体现。目录具有交流职能,使得馆际互借业务、联机检索业务得以顺利进展,同时也是一个地区、一个国家乃至整个世界实现资源共享的前提和条件。

从读者的角度看,现代文献机构目录还具有情报职能和参考职能。所谓文献机构目录的情报职能,就是指其传递科学情报的职能。它主要表现在报道最新科研成果和反映最新科研动态这两个方面。由于科学技术日新月异,科学工作者若不吸取最新科研成果和了解最新科研动态,就不能及时推进自己所从事的科研活动,这就要求文献机构目录具有报道最新科研成果和反映最新科研动态的职能。其次,任何一个科学工作者在开始从事一个创造性研究活动时,以及在进行整个科研活动中,都必须占有众多的文献资料以作参考。这非借助文献机构目录特别是分类目录和主题目录不可。

综上所述,一个文献机构工作的优劣,甚至整个文献机构职能的发挥,在很大程度上取决于馆员对文献机构目录职能的认识,以及文献机构目录的本身质量。

第三节　文献机构目录的种类与特点

一、按文献的语种归类

读者借阅文献一般使用一种或两种语言,而且总是先确定文种然后再进行查找。有鉴于此,文献机构在组织藏书时,通常是按文献的不同文种来分别排架保管的,组织目录时,通常也按各种文字的不同字顺,分别单独组织各自的字顺目录。中型以上的文献机构一般藏有一种以上语言文字的文献,因而会有中文文献目录、西文文献目录、俄文文献目录、日文文献目录等。

中文目录和日文目录分别收录汉语文献和日语文献。西文文献收录采用拉丁字母书写、排印的各文种文献。如果文献机构西文文献单一,可以只组织英文目录、法文目录或德文目录等;如果文献机构各西文语种的文献众多,根据读者的检索需求,也可分别组织英文目录、法文目录和德文目录等。俄文目录收录的文献范围各馆有所不同。有的馆只收录俄文文献,有的馆则将以斯拉夫(基里尔)字母书写、排印的各种文献混排成一套目录,包括俄文、乌克兰文、保加利亚文、塞尔维亚文、马其顿文等各种文献。不过以上各语种的文献,在组织分类目录时,文献机构可根据各语种文献的多寡,或分别组织,或只组织一套分类目录。有些科研部门的文献机构,虽然各语种的文献众多,但为科研人员的查找方便,也只组织一套分类目录。

二、按出版物的类型归类

中型以上的文献机构,除收藏图书、报刊文献外,还分别收有各种非印刷型资料(如缩微资料、视听资料以及计算机文档等)或各种特种资料(如标准、专利、报告等)。一些专业文献机构除了收藏一般文献外,还分别收藏图片、地图或乐谱等文献。对于这些不同类型的出版物,只要它们各自的数量众多,或有其特定的读者,文献机构可根据实际情况分别为它们组织图书目录、报刊目录、非印刷型资料目录、特种资料目录,以及图片、地图、乐谱等目录。如果文献机构的非印刷型资料或特种资料类型单一,也可分别为它们只组织缩微资料目录、视听资料目录、计算机文档目录或标准、专利等目录。

当然,不同类型的出版物如果所用的语言文字相同且数量不多的话,文献机构根据实际情况也可完全将它们统一在一起组织目录。但为方便读者的查阅,需在它们的款目上,或在各种非印刷型资料和特种资料的款目上分别著录其相应的文献类型代码或文献载体代码(中编)或一般资料标识(西编)。至于分类目录,只要对它们使用一个分类表进行类分,原则上也可只组成一套目录。但若文献机构对一些特种资料以它们本身的编号组织目录,则可形成相应的标准号目录、专利号目录等。

三、按目录揭示藏书的范围归类

除汇总若干文献机构馆藏文献的联合目录外,在一个文献机构内,目录按其揭示藏书的范围可分为总目录、部门目录和特藏目录三种。总目录是指揭示本馆全部馆藏或某种文字全部馆藏的目录。它能直接回答文献机构究竟有些什么馆藏和某一特定的馆藏本馆究竟有无这样两个问题。在只收藏中文文献的小型文献机构里,有一套总目录就可以将全部的馆藏揭示出来,而这样的总目录不一定要专门设置,即它可以由编目查重用的目录(一般是公务题名目录)充任,或若一个文献机构的全部文献集中排架,甚至可由排架目录充任。在中型以上的文献机构,总目录一般是由几部反映不同文字馆藏文献的子总目录构成。其中,中文文献的总目录一般是由公务题名目录充当;西文、俄文文献多由公务责任者目录(也有一些文献机构是由公务题名目录)充当。这种缺少总目录的情况,多发生在那些历史比较悠久、藏书组织比较复杂的文献机构。在计算机编目的条件下,如果今后将全馆所有文献的书目数据集拢在一个数据库中,即可形成机编馆藏总目录。

部门目录和特藏目录相对于总目录而言,都是一文献机构内局部性的目录。其中,部门目录是指揭示文献机构各部门收藏文献的目录,如分馆目录、借书处目录、阅览室目录,以及院校的系资料室目录和科研部门的处、室资料室目录。而特藏目录是指具有独特价值并单独管理的馆藏文献目录,如善本书目录、地方志目录、革命文献目录、教学参考书目录,以及个人捐赠的赠书目录或手稿目录等。一些文献机构中为专门人员设置的内部目录,也应属于特藏目录范畴。部门目录和特藏目录的共同特点是其内容只揭示文献机构全部藏书的一部分,即某一部门或某一特点的藏书,以适应藏书组织机构设置的不同情况或不同读者的不同借阅需求。其次,与总目录不同的是,部门目录和特藏目录一般都以读者目录的形式出现。

四、按目录的使用对象归类

文献机构目录按其不同的使用对象,可分为公务目录和读者目录两类。公务目录是供馆员在工作中查询用的目录。广义的公务目录是指文献机构采访、编目、典藏部门设置的各类目录,如采购目录、排架目录、基本目录及各种规范档等。狭义的公务目录仅指文献机构的基本目录。公务目录一般不向读者开放,但在专业馆和小型馆,它可代替供特殊读者使用的参考目录和内部目录。公务目录是文献机构藏书补充、分类编目、参考咨询、典藏保管等工作中不可缺少的基本工具。公务目录的特点是:1.详尽反映所有馆藏文献;2.记载登录号、藏书地点、根查等业务注记和各种规范记录;3.对在读者目录中不予反映的文献作出相应的标记。公务目录主要有公务字顺目录和公务分类目录两类。前者可以采用分立式或字典式,我国一般以分立的题名目录为主;后者又分编目用公务分类目录和典藏用分类排架目录。在采用分类排架法的文献机构,编目部门的公务分类目录可以充任分类排架目录。

读者目录是供广大读者使用的目录。它是文献机构目录体系中的主要组成部分,承担揭示、检索馆藏文献的主要任务。读者目录一般设在目录厅、借书处、阅览室等处。其特点是：1. 不以详尽无遗地反映馆藏文献为目的，而是根据本馆的任务和读者的实际需求，对揭示的文献加以科学的鉴定和评价（即重视文献内容的揭示），并以参照、分析、附加、指导片等手段引导读者充分利用馆藏文献（即注重各种著录方法的配伍，多角度、多层次地揭示文献）；2. 款目上除索取号外，一般不记载其他业务注记；3. 需经常进行审查、校订和调整，以方便广大读者使用。根据文献机构的具体任务和不同的读者对象，读者目录可以分为满足一般读者需要的公开目录和满足特殊读者需要的参考目录与内部目录。像公务目录一样，读者目录按其组织形式，也有字顺目录和分类目录两类。

五、按文献的检索途径归类

文献机构目录按文献的检索途径，可分为题名目录、责任者目录、主题目录和分类目录四类。题名目录是由以文献的题名为检索标识的题名款目按一定的字顺组织而成的目录，其职能一是能够回答有无关于某一特定题名的文献，二是能够集中同一著作的各种版本和译本；责任者目录是由以文献的责任者（包括个人责任者名称和机关团体或会议名称）为检索标识的责任者款目按一定的字顺排列而成的目录，其职能一是可以从责任者方面查找某一责任者的特定文献，二是能够集中本馆所藏的某一责任者的全部文献；主题目录是由揭示文献主题内容特征的主题词为检索标识，并按一定的字顺组织而成的目录，其职能一是满足读者从特定的主题查找文献，二是可以集中从不同学科角度来研究某一主题的文献；分类目录是依文献内容的学科体系，并依文献机构所采用的图书资料分类法组织而成的目录，其职能一是能够满足读者从文献的学科体系查找文献，二是能够显示某一知识门类与其他知识门类之间的亲疏远近关系。

以上四种目录必须在读者已知文献题名、或责任者名称、或主题标题、或分类号的前提下,才能分别予以使用。正是在此意义上讲,它们的作用又是互补的,即每种目录的独特作用,正是对其他三种目录局限性的补充。其次,四种目录所提供的文献的目录学知识是相同的,不同点只是在于各自不同的检索标识。而正因为它们提供的是不同的检索标识,所以才能满足读者从不同的途径进行检索,因而也是它们成为文献机构四种基本目录形式的基础,即以上讲的种种目录最终都要落脚到这四种目录上来。

六、按目录的载体归类

前述种种文献机构目录按其载体形式,大致可以分为纸质目录和非纸质目录两大类。其中,纸质目录包括书本式目录、卡片式目录和活页式目录;非纸质目录包括缩微目录和机读目录等。纸质目录和非纸质目录的根本区别,除它们所使用的材料不同外,还有前者可以目视,而后者一般不能直接目视。

书本式目录在西方国家的文献机构亦被称为印刷本目录(Printed catalogue),它是广泛采用卡片式目录的20世纪初之前,在文献机构中使用最为广泛的目录形式。我国现存最早的书本式目录是汉代班固根据刘歆的《七略》编制而成的《汉书·艺文志》,西方现存最早的书本式目录由柏克(Becker)1885年在德国波恩编辑出版。目前,中、西方的国家书目、书商目录(或新书目录)、联合目录等多采用这种目录形式,文献机构的新书通报、特藏目录等也多采用这种目录形式。由于书本式目录是一种将文献款目信息按一定顺序(一般以分类顺序)记录在空白书册上所形成的目录,所以它的优点是:1.可大量复制且体积小;2.书目信息集中且便于携带;3.如果附有辅助索引,还可为使用者提供多种检索途径。书本式目录虽然具有不少优点,学术价值也较高,但其缺点也很明显:1.不能随时剔旧更新和及时反映最新文献;2.每次修订的成本费用高,且不能及时供读者使用。前一个缺点虽然可用补编、增补等方式弥补,但查阅起来比较困难;后一个缺点在计算机编目的情况下虽然可以做到及时性和完整性,但却难以克服费用高的问题。

为克服书本式目录的缺陷而产生的卡片式目录,是目前中、西方国家的文献机构使用最为广泛的一种目录形式。1791年,法国国民代表大会指示图书馆管理人员使用卡片编制所没收的寺院与私人图书馆的藏书目录,此为卡片式目录之始。1861年,美国哈佛大学图书馆首先设立向读者开放的卡片式目录。1901年,美国国会图书馆开始发行印刷卡片,并将卡片的尺寸规定为7.5×12.5厘米(后为国际标准规格)。这种目录形式于20世纪初传入我国,"五·四"之后,随着新型图书馆的出现,这种目录在我国日见流行。卡片式目录由于是一种将记载有文献款目信息的卡片按一定顺序(分类和字顺均可)排列而成的目录,所以它的优点是:1.增删灵活,能及时报道动态的馆藏,即便于剔旧更新;2.分装在许多抽屉内,可供多人同时翻检;3.可根据单元卡上的检索点复制成多种款目,根据需要灵活组织目录。卡片式目录虽然具有上述优点,但其缺点也很明显:1.编制成本较高,需要花费较多的人力、物力;2.放在馆内使用,馆员的日常维护工作较为繁杂;3.检索位置固定,目录体积会随着馆藏文献的不断增多而不断扩大。正是这些缺陷,导致美国国会图书馆率先于1982年起逐步关闭它的卡片式目录。

介于书本式目录和卡片式目录之间的活页式目录,是一种将载有文献款目信息的纸页按一定顺序(一般以分类顺序)装入活页书夹而形成的目录。活页式目录有两种类型:一种是每页只著录一条款目,或按分类或按字顺排列;另一种是每页著录一个小类的若干条款目,按分类排列。前一种活页式目录比较灵活,可像卡片式目录一样随意增删排列,但每册容量有限;后一种活页式目录比较接近于书本式目录,每册的容量也较大,但只能将整页的若干条款目一并增删。活页式目录过去在书店、出版社和图书馆的流通部门用得较多,现时图书馆的新书介绍也有采用这种形式的。如果纯粹使用这种目录形式,一般只适用于小型图书馆。活页式目录兼有书本式目录体积小、易携带,以及卡片式目录易增删更新等优点,但其纸页较易破损,而且查阅起来不太方便。

目录的载体形式发展到卡片式目录,并未就此停止下来。第二次世界大战爆发后,当时的美国国会图书馆为了防止该馆目录遭到敌对国的破坏,便将它的卡片式目录用照像方式缩小复制成缩微胶卷,于是产生了缩微目录形式。缩微目录是指采用缩微技术将目录信息缩摄在缩微平片或胶片上,利用阅读设备阅读的目录。之后,美英等国的文献机构又用计算机以缩微输出的方式生产出孔姆(Computer output microfilm,简称 COM)目录。所谓孔姆目录,就是由计算机将机读目录数据直接输出在缩微胶片上所形成的目录,也即输入计算机的目录数据不用打印机输出,而用专门的记录器直接记录在缩微胶片上所形成的目录。这两种缩微目录的共同特点是:1. 体积小,可以节约大量的空间;2. 编印速度快,可以广泛发行,大量生产成本也不高;3. 既有卡片式目录的优点,又可代替书本式累积目录。其缺点是:1. 不如卡片式目录那样可以随时增减,因此要使缩微目录反映最新文献信息,就必须在一定时期内更新整张平片,所以它一般只适用于变动不大的资料性目录;2. 不能直接用肉眼阅读,即使借助于阅读机,如果遇上摄制清晰度差或机器焦距、亮度、室内照明设备调节不当时,阅读起来也较费力。

机读目录,顾名思义,是一种机器可读目录(Machine-readable catalogue,简称 MARC),它是一种以代码形式和特定结构记录在计算机存贮载体上、可由计算机自动控制、处理和编辑输出的目录。这种目录通过屏幕显示或由终端打印设备及其他记录设备还可将计算机存贮载体上的目录信息转换成普通的文字记录。机读目录首先由美国国会图书馆于 1965 年开始研制。1966 年,由它生产出试验性磁带,并称之为"MARCⅠ磁带"。次年,美国国会图书馆又试制成功经改进过的"MARCⅡ磁带",并于1969年正式向全国发行 MARCⅡ英文图书磁带。此后,它还陆续生产出连续出版物、地图、影片、抄本、乐谱、录音资料等的目录磁带。从语种方面看,它也先后发行了英语、法语、德语、西班牙语、葡萄牙语以及罗马化的阿姆哈拉、亚美尼亚等100多种机读记录。1983年9月,美国国会图书馆还首次使用 CJK 终端向总部设在斯坦福大学的研究图书馆信息网络(RLIN)输入中、日、朝文记录,并于1987年3月正式向各馆发行。机读目录的主要特点是:1.一次输入,多项检索,即可满足读者从文献题名、责任者名称、主题词、分类号、地名、日期等多种途径进行检索;2.编目自动化后输入一条文献记录,可输出多种载体的款目,包括书本式、卡片式、缩微式、机读式等款目;3.由于检索速度快、质量高,有利于实现合作编目,加之各种现代化通讯设备可形成检索网络,实现联机检索。

综上所述,机读目录是图书馆实现现代化的重要内容,是文献编目的必然发展方向。但是,机读目录的编制是以手工编目为基础的,所以本教材是从手工编目讲到计算机编目。

第四节 文献机构目录的编制原则与规章制度

一、编目原则

文献机构目录不是杂乱无章的款目或记录的堆积,编制文献机构目录必须遵循一定的原则。编目原则归纳起来有四条,即思想性原则、规范性原则、实用性原则和计划性原则。

(一)思想性原则

编目工作中的思想性原则,一般是指以马列主义、毛泽东思想为指导,用唯物辩证的观点和方法处理编目中的实际问题。具体表现为:文献著录时应用辩证唯物主义的观点对具有不同观点的文献内容作出客观评价,并将评价的结果使用简短的文字列入款目的提要项(西文款目可在附注项中反映);组织目录时优先突出和多处反映马列主义的经典著作、党和政府的重要文件,以及对我国四化建设有价值的先进科技、先进经验和先进思想的文献;确定目录体系时根据文献机构的具体任务和读者对象,划分公务目录和读者目录,必要时还可将后者进一步划分成适合一般读者需要的公开目录和服务于特殊读者需要的参考目录或内部目录。

(二)规范性原则

编目工作中的规范性原则,一般是指文献标引、文献著录以及目录组织时,必须按照统一的标准化了的规则进行。具体是指:文献标引时应积极考虑使用已经或将要作为国家标准的分类法和主题法标引文献,并相应制订本馆使用的文献标引细则;文献著录时应根据文献所用的语言文字,选择国内外已经作为标准颁布的文献著录规则或编目条例著录文献,并相应制订本馆使用的著录细则;目录组织时应根据读者检索文献的具体情况,选择比较一致或通用的目录组织法组织各类目录,并相应制订本馆使用的目录组织法。编目工作中贯彻规范化原则,这是实现文献编目标准化的需要,也是实现文献资源共享的必要前提。

(三)实用性原则

文献机构的文献交流工作主要是靠文献机构的目录完成的,因此要求文献机构所编制出来的目录必须十分实用。具体表现为:文献著录时对于不同类型的文献或同一类型的不同文献,灵活采用详简不同的著录级次,以方便广大读者了解文献内容;款目标目时应以"占优势原则"选择各检索点及其标目形式,即在标目方面尽量迁就读者普遍而根深蒂固的检索习惯;读者目录内应及时剔除失去参考价值的文献款目,以不断提高目录的查准、查新率,同时也可避免目录体积庞杂臃肿；读者目录外部应当做到简洁明快、一目了然，并使整个目录布局合理，方便读者进出和借阅馆藏文献。

（四）计划性原则

编目工作中的计划性原则，一般是指文献机构根据其性质任务、藏书规模及其组织方法、读者对象及其需求性质等具体情况，经过充分调查研究，确定目录的编制计划。目录的编制是个长期积累的过程，因此在编制目录之前，既要从现有的人力、物力出发，也要着眼于将来的发展。目录的编制计划通常包括：确定编制哪几种读者目录和公务目录；确定除了编制普通目录之外，是否编制特种目录，及其各种目录的内容、结构和它们之间的分工与联系等。制定目录的编制计划，是目录编制的起码要求。而计划一旦制定，则必须要保持相对稳定，并严格执行，绝不可随心所欲、朝令夕改。唯有如此，文献机构目录才能形成一个既相互联系又相互补充的有机整体。

以上四条编目原则高度概括了文献编目工作中的主要原则。其中，后三条原则（即规范性原则、实用性原则和计划性原则）又以第一条原则（即思想性原则）为基础。也就是说，在思想性原则指导下，力求使编目工作做到规范化；但在规范化的同时，也要积极考虑文献机构目录的实用性；而实用性又非随心所欲，所以需要计划性作指导。

二、编目规章制度

文献机构目录的编制工作，不仅是一项非常细致的技术性工作，而且是一项长期累积性的工作。为了保证目录质量，充分发挥它在文献机构各项工作的核心作用，必须以以上编目原则作指导，制定出一系列具体的编目规章制度，以作为编目工作者的工作准则。

（一）选书及目录建立的标准

文献机构目录的内容主要包括它所收入的文献以及关于这些文献特征的记录。在大型馆内，采访和编目部门单设，但在众多的中、小型馆，采访和编目部门往往合一，因此需要根据各馆的具体情况建立一定的规章制度，以保证购书经费在选购各语种、各类型、各学科文献上的合理分配，以及目录成立和目录体系构成的理想化。这是保证目录内容适合读者需要的制度，也是体现目录思想性与贯彻区别服务的制度。

（二）著录规则及著录级次的选择规定

目前国内外已颁布了一系列以文献著录总则为主导的文献著录规则或编目条例。具体到文献机构，应根据著录标准化的原则以及各语种各类型文献的具体情况，从中选择一种作为某一语种、某一类型文献的著录规则，并根据本馆读者检索文献的需求进行细化。现时国内外的著录规则或编目条例都供有三种著录级次为各编目部门选择。具体到一个馆，应根据本馆性质和文献价值从中选择一种著录级次，以使文献著录的详简程度始终保持一致。

（三）文献分类及主题标引细则

我国文献机构目前使用较多的分类法有《中国图书馆图书分类法》（以下简称《中图法》）和《中国科学院图书馆图书分类法》（以下简称《科图法》）。具体到文献机构，目录制度中要明确规定选用哪部分类法作为分类依据，并对分类详简、交替类目和使用类目的取舍，以及多主题文献的分类细则制订出切实可行的规定。至于主题标引，各馆应该从《汉语主题词表》、《美国国会图书馆主题标题表》（Library of Congress Subject Headings，简称 LCSH）及各学科适用的主题表中选定适合本馆使用的主题词表，并根据《文献主题标引规则》（GB 3860）制订标引细则，以保证各语种、各类型文献标引工作的质量。

（四）文字排检法及目录组织规则

中、外文的文字排检法不同，即使在一种文字中，也还存在两种及其以上的排检法。具体到文献机构，字顺目录组织时应根据本馆读者的检索习惯，为每一种文字确定相应的排检方法。至于目录组织规则，包括字顺目录组织法和分类目录组织法。其中在字顺目录组织法中，分立式目录和字典式目录的组织方法有所不同，即使在分立式目录中，题名目录、责任者目录、主题目录的组织方法也有差异，这些都需要作出明文规定。

（五）规范档编制及质量管理规则

规范档编制的规则要明确有必要设置规范款目和参照款目的文献类型和名称类型，指定编制规范档所依据的主要规范表和工具书。至于质量管理规则，要明确各项编目工作的质量要求和质量标准，开展自检、互检、专检和总检等质量检查工作制度，建立健全质量信息反馈制度，对质量信息进行收集、整理，分析编目差错的原因，解决并预防差错的产生，以提高编目人员的业务素质，使编目差错减少到最低程度。

以上各项编目规章制度应由编目人员集体讨论制订，经领导核批后用文字方式记录下来，以便对照执行。未经批准，任何个人不得擅自违背和改动。

第二章 文献编目理论与实践的发展

第一节 20世纪之前中、西方文献编目的发展

一、我国文献编目的发展简介

我国的编目事业萌芽于公元前6世纪前后到公元前1世纪，而且最初的书目工作是因"纲纪群籍"之需而开展的。所以其原则依据是"辨章学术、考镜源流"。藏书目录的形式均为分类目录。

我国公认的第一部综合性分类目录是《七略》，它是由汉朝贵族刘向父子受当时政府之命而编制的。《七略》将全部图书分为七大部分，每一部分称之为"略"，即辑略、六艺略、诸子略、诗赋略、兵书略、术数略和方技略。略下面分种，种下面分家（《七略》共著录图书603家，13219卷）。据考证，辑略是总叙而不是类目，所以《七略》实际上只有六大类。东汉的班固尊重刘向之子刘歆的编目思想，以《七略》为根据，"删其要，以备篇籍"，将增补改编（包括当时新出的一些著作）后的《七略》命名为《汉书·艺文志》。"艺文志"中的"艺"泛指六艺，而"文"则专指文学。班固之所以用"艺文"两字来命名，意指它包括六艺百家和一切图书目录。《七略》由于年久失藏，所以《汉书·艺文志》成了我国目前最古老的藏书目录，是研究我国古代典籍的重要依据。

随着两汉文化的逐渐衰竭、新文化因素的逐渐产生，西晋武帝

时的秘书监荀勖根据三国时魏国郑默所编的国家藏书目录《中经》，编造出"新簿"，并称之为《中经新簿》（又称《晋中经簿》）。这部目录的最大特点是将先前的七分法改为四分法，即把图书分为甲乙丙丁四部。其中，甲部记经籍，相当于《七略》中的六艺略；乙部包括《七略》中的诸子、兵书、术数、方技四略；丙部是新增的历史类；而丁部的内容则相当于诗赋略，此外它还包括图赞和汲冢书。这就是四分法的起始。东晋初年，著作郎李充整理当时的国家图书馆书籍，当时他仍以荀勖的《中经新簿》作标准，只是把原先的乙、丙两部的图书作了互调。四分法经唐朝初年魏征编的《隋书·经籍志》（它将四分法正式命名为"经"、"史"、"子"、"集"四部，是我国现存第二部最古老的综合性藏书目录）后，已成编制图书馆藏书目录的"永制"。以后的国家图书馆藏书目录基本上都沿袭了这种方式，其中集大成者要数清代乾隆期间完稿的《四库全书总目》（亦称《四库全书总目提要》）。

我国古代图书馆目录除用六分法和四分法类分图书外，也有使用七分法（如宋王俭的《七志》及梁阮孝绪的《七录》）和十二分法（如南宋郑樵的《通志·艺文略》）的，但它们都是以封建儒家为主体的分类目录，所不同者只是大类目的调整或增设，小类目的合并或对大类目的不同归属而已。

我国古代的书目工作者除在分类法上颇有建树外，在书目著录方面也积累了较为丰富的经验，有些著录方法已成为我国编目实践的优良传统和著录特色，其中一点就是重视在款目上编制文献的内容提要。

前述刘歆除辅助其父刘向完成《七略》之外，还同时将刘向领导编制的"叙录"按《七略》的分类，编制成另一部较详细的提要目录——《七略别录》（简称《别录》）。刘歆所编的《别录》完善了书目著录的提要项。由于款目中的提要具有辅助阅读、宣传文献的功能，所以该著录项目一直被沿用至今，并为后人留下了叙录体、注录体、传录体与辑录体四种提要编写的体例。其中叙录体是提要的主要编写体例,它较全面地揭示一书作者的时代、生平,详述一书的内容与价值,它的内容和方法,都在我国目录学史上产生了广泛而深远的影响;注释体和传录体是在叙录体的基础上,侧重一个方面,或以数言注明一书的主要之点,或者只记作者小传,因此也有参考价值;而辑录体则是汇集多种资料于一处,尤其便于为学术研究提供资料。

除提要著录项目外,我们今天讲的书名、著者、版本、出版发行、载体形态、丛书、附注等著录项目,在我国古代目录编制中也已出现,并产生了一定的理论基础。如在刘向父子所编的《七略》中就已具备文献著录的基本项目,包括书名、著者、附注等内容,并开始运用"互著"与"别裁"等著录方法。班固《汉书·艺文志》的款目中,不仅有题名(包括书名及篇、卷数),而且还有题名说明;著者项除著者姓名外,另外附有著者简介;附注项还增有图书存、亡、残及真伪等说明。而魏征所编的《隋书·经籍志》的附注内容则更为丰富,甚至添有六朝时代藏书变动的情况说明。我国现存较早的一部私人藏书目录——南宋尤袤所编的《遂初堂书目》,虽然款目的内容简单,但却是我国第一部专记版本的目录。明祁承爜的私人藏书目录《澹生堂藏书目》中已有丛书著录方法,包括丛书子目著录和子目分析著录。清代史学家章学诚在其《校雠通义》中,除在理论上肯定并发展了祁承爜的"互著"、"别裁"之说外,还将书目著录中的书名与标识图书外形特征的物理单元分离成两个著录项目,目录款目从此有了载体形态描述项(传统上称"稽核项")。至于版本内容的增加及首次使用出版发行项的典型,则是清代官藏目录《天禄琳琅书目》。

综上所述,我国古代至 20 世纪之前的文献编目具有以下特点:1.凡是有影响的目录编制工作,都曾受到当时政府的重视和关注,有些还是在当政者——皇帝的旨意下进行的,因此人力物力得到保证,编目工作得以顺利进行;而且比较有成就的藏书目录大多是在集思广益的情况下进行的,如《七略》不仅有刘向父子的功劳,而且还有任宏等许多具有专门知识的专家的一份贡献,至于《四库全书总目》则更是许多专家的集体创作。2.历来重视分类目录的编制和使用。从《七略》到《四库全书总目》,几乎各朝各代的国家藏书目录都是分类目录,以至于到后来分类目录成了各馆目录体系中的主要目录。近代西方国家盛行的主题目录引进我国后,特别是建国后各馆都力求在目录体系中增设主题目录,但其一直未能占据主导地位,这不能不说是分类目录在我国有着根深蒂固的影响所致。3.在目录款目上注重编制内容提要。我国的书目工作者从一开始著录图书就不仅注意描述图书的外表特征,而且更为重视记录图书的内容特征,而且从早期的序录到后来的提要,都是本着"辨章学术、考镜源流"的目的编制的,使目录力求成为读书人的指南,这一特点直接影响到今天我国的著录规则制订,即在著录项目中保留了提要项的著录。

二、西方文献编目的发展简介

据考证,一直到公元前2世纪,西方的编目事业都处于萌芽阶段。公认早期最典型的分类目录是古希腊诗人卡利玛科斯(Callimachus)为当时(公元前250年左右)的亚历山大图书馆编制的《在全部学术领域指引人们写作之表记》。在这部分类目录中,卡利玛科斯把人类知识分为8大部分120个大类。在同一个类目下,再按著者姓名字顺或纪年顺序排列,有的类目如哲学类则按不同学派排列。每一款目附有著者的传记说明,一些款目还提供有关著作的简明分析。因此也有人认为,这是一部分类目录、书目和传记词典三者合一的综合目录。另外,著者款目概念雏形的出现,也是希腊人的一大贡献。

公元5世纪罗马帝国衰亡后,大多数公共图书馆和私人藏书被销毁。因此,寺院和教堂成了当时的文化教育及藏书机构,图书也仅为少数僧侣及贵族服务,图书馆目录一般仅起财产清单(Inventory list)作用。公元9至11世纪,教堂目录的编制活动开始活跃,但其性质仍属财产清单,即当时的款目著录内容简单、形式多样,且无规可循。中世纪后期的目录款目内容虽然逐渐增加,如不仅著录著者姓名、简单书名(即关键词),偶尔还著录载体形态、书色或卷中的文献数,而且还加著印刷者或书商的名称、印刷日期及书型等内容,但仍属于任意著录。正如美国现代杰出的编目学家柳别茨基指出的那样,"到16世纪波德莱(Sir Thomas Bodley)以前的早期目录基本上都是一份登记式清单。"

但在目录财产清单职能存在的同时,目录的查检职能也在萌芽。如中世纪后期,目录的主体虽然仍为分类主题,但已开始增设著者索引、分析款目及形式标目(Form heading)。13世纪,英国还出现了第一部记录183个寺院图书馆藏书的联合目录。到了16世纪,西方各国的编目理论获得进一步发展。如1560年,修道士特里夫里勒斯(F. Treflerus)提出建立由著者字顺目录、分类排架目录、主题字顺目录和保存本目录组成的目录体系设想。1590年,伦敦书商蒙歇尔(A. Maunsell)在他的《英文本图书目录》中提出他的编目主张:1. 主体目录不应是分类主题式,而应是由著者、少数附加标目(译者)和主题词混合按字顺排列的著者目录,并且款目应按著者的姓名字顺排列;2. 佚名著作应以书名或主题为标目,并用"See"片作主题附加及主要款目的参见,发展并创造"形式标目"和"统一题名"(Uniform title);3. 款目描述应更详尽,需要著录著者姓名、译者、印刷者或书商名称、印刷日期及书型等。正如编目专家诺里斯(D. M. Norris)认为的那样,"随着16世纪的结束,无计划的、个人的编目方法也走向终结。虽然第一部编目规则直至下个世纪才产生,但人们已开始注意到必须有一种体系。"

17至19世纪,西方各国的文明进展迅速,图书馆收藏的文献也日趋增多,并随着图书馆必须面向社会开放,以及进行社会教育、普及文化知识的职能提高,图书馆财产清单式的目录已根本不适应社会发展的需要,迫使它向查检式目录(Finding catalogue)的方式变革。

1605 年,英国退休外交官波德莱爵士为当时的波德利图书馆(Bodleian Library,属牛津大学)编制了《波德利图书馆目录》。该目录(1620 年出第三版)是一部颇有特色的图书馆目录,被誉为西方编目史上的一个里程碑。波德莱的主要观点是:1. 强调著者为主要款目的概念、作用及其在款目中的突出位置,明确规定著者标目必须姓在前名在后;2. 编目不是单纯照抄题名页,佚名著作须用题名的首词或重要词做标目;3. 多著者的著作,以该著作的每个著者为标目各做一条款目,并做注以"Q"(Quare=See)的参照。

虽然《波德利图书馆目录》是第一部以著者姓氏字顺排列的图书馆总目录,但西方公认的完整的编目条例则是著名图书馆学家潘尼兹(Sir Antony Panizzi)于 1841 年编辑出版的《大英博物馆印本图书著录条例》(Rules for Compiling the Catalogue in the Department of Printed Books in the British Museum),又称《九十一条著录规则》(Ninety-One Rules)。其基本规则有:1. 以图书的书名页作为著录项目的主要来源;2. 坚持著者标目的概念,并认为一个著者的所有著作及某一著作的所有版本都必须著录在一个特定的名称(通常是著者原名)之下;3. 图书除著者、书名外,还可采用形式标目,并将各种标目的款目混合排列成字顺目录;4. 设置三种形式的参照(Cross-reference)。总之,这个条例奠定了英美编目体系的基础,勾勒出其基本轮廓特征,从而使图书馆目录跨越上一个新的高度——图书馆资源的指南(Guide to library resources)。

1853 年,美国图书馆学家杰维特(Charles C. Jewett)在《九十一条著录规则》的基础上,为美国编制了第一部编目条例《斯密索良图书馆协会关于图书馆和铅印单行本目录结构的报告:原则和凡例》。其创新之处有：1. 佚名著作简化处理，一律按题名首词（冠词、介词除外）排；2. 机关团体出版物的标目简化成一类，即用机关团体名称作标目；3. 美国政府出版物一律以 United States 作标目。其次，杰维特的最大贡献在于首创了集中统一编目、建立主题标题系统及主张设置主题目录的思想。然而美国乃至当时的 19 世纪更为完善的编目条例则是 1876 年美国著名的图书馆学家克特编制的《印刷本字典式目录条例》。这部集近代编目艺术之大成的条例，其特点主要有：1. 首次提出目录双重职能的观点，并辅之以编制不同类型款目的六种方法；2. 提出"用户至上"的编目原则，即编目要以方便、符合读者检索习惯为首要原则；3. 首创目录中的短（Short-title）、中（Medium-title）、长（Full-title）三个款目级次的灵活性原则；4. 建立了以"便于检索"为宗旨的主题目录理论体系，即主题标目要最深入、最直接地提示文献内容，而且主题词要统一，并为同义、近义词作参照，这些都是现代主题法的起源。

与 20 世纪之前的我国文献编目史相比，西方各国 20 世纪之前的文献编目具有以下特点：1. 编目专家个人的影响突出、贡献巨大，而且编目理论与思想延续和交流不限国界，如著者款目的概念虽然是由希腊人提出，但后也经过英美人的不断发展才定型成熟的，再如以编制字典式目录为主线的英美编目体系，虽然最初是由英国蒙歇尔、波德莱及潘尼兹等人奠基的，但也经过美国杰维特和克特等人的不断补充而不断成熟起来，这些都为后来编制跨国乃至全球统一的著录规则或编目条例奠定了基础。2. 分类目录和分立式目录逐步为多款目字典式目录所取代。历史上，西方的分类目录也曾像我国一样，是图书馆中唯一形式的目录，但它的功能和作用逐渐被分立式目录所分担，以至于后来的分类法在西方一些国家的图书馆仅起文献的分类排架作用，而分立式目录后来又逐渐地被以著者款目为主的字典式目录所取代，以及标目"著者原则"的发展，这与我国 20 世纪之前款目著录长期或以书名或以著者作主标目的情况相比,反映出明显的人文特色和社会背景。3.图书馆目录先由"财产清单"到"查检式目录",然后再由"查检式目录"到"图书馆资源的指南"的发展迅速,这一特点导致西方的编目理论率先提出"集中编目"、"统一编目"等理论,编目规则也如雨后春笋层出不穷,以及迫使编目工作不断从零散化、非规范化、非标准化向系统化、条例化、标准化方向发展。

第二节　本世纪以来中、西方文献编目的发展

一、西方文献编目标准化工作的发展与现状

进入 20 世纪,当时美国著名的图书馆学家杜威(M.Dewey)建议英美两国合作编目,从而使讲英语国家的文献编目统一起来。在杜威的促进下,英美两国图书馆协会经过几年的讨论和协商,终于于 1908 年出版了世界上第一部跨国使用的编目条例——《编目规则:著者和书名款目》(Cataloguing Rules:Author and Title Entries,简称《编目规则》和 AA 条例)。这部编目条例共有 174 条条款,基本沿袭了英美两国已有的编目思想和技术方法。它以主要款目及其著录形式的选取为主,计 135 条;书目描述、附加款目标目、分析、参照等内容,计 39 条。另外还有定义和三个附录。与前述的克特条例相比,它省去了目录总则、主题标目和目录组织等内容。由于两国在某些问题的处理原则上各有所保留,最后分别出了两个略有不同的版本——美国版和英国版。之后,两国又分别或合作对其进行过补充或修订,相应产生了许多新的编目条例。

英美 AA 条例的出版发行,是英美编目体系正式确定的具体标志。但是在此同时,欧洲普鲁士编目体系也告形成,这以 1908 年《普鲁士图书馆字顺目录与普鲁士联合目录编目规则》第二版的

出版为标志。该规则出版后,其影响逐渐扩大到奥地利、匈牙利、瑞典等国,产生过广泛的地域影响,即在欧洲大陆特别是对欧洲国家的联合目录工作产生过重要的协调作用。

英美编目体系和普鲁士编目体系有许多差别,但在文献著录上的主要分歧表现在对"著者"概念的理解上。英美编目体系将一书的著者、译者、编著均列入"个人著者"范畴,并承认机关团体为著者,因而均可作为主要款目标目。而普鲁士编目体系只承认著作的原著者是"个人著者",并否认机关团体为"著者"(公司出版物除外),因而后者不能作为主要款目标目。以上两大体系的编目条例虽经屡次修改,但意见始终无法统一起来,直至1961年国际图联巴黎"国际编目原则会议"召开后才告基本统一。这次会议共有50多个国家、12个国际机构的代表参加。会议总结了字顺目录中的主要问题及著录原则,对标目的选择及其形式作了统一规定。由于会议的目的是"在著者和书名字顺目录中对标目的选择与著录形式的基本原则取得一致的看法",会议通过的《原则声明》可谓一项关于字顺目录款目标目的历史总结或国际标准。

巴黎"国际编目原则会议"在世界编目史上是一次具有深远意义的国际会议,它预示着全球编目标准化的开端。在此之后,英、美、加三国进一步合作,终于在1967年出版了贯彻《原则声明》之精神的《英美编目条例》(Anglo-American Cataloging Rules,简称AACR,分英国版和北美版两种)。AACR与以往的编目条例相比,最大的不同是在选取标目时主要着眼于著作者的责任,其后才考虑文献类型。其次是增加了许多新型文献的著录规则。与此同时,美国国会图书馆也开始试制机读目录。机读目录的问世,又是世界编目史上的一次重大革命。正是在这种形势下,国际图联于1969年在丹麦首都哥本哈根召开了"国际编目专家会议"。这次会议除进一步确认巴黎会议的《原则声明》精神外,也对其提出了一些修改意见。最重要的是,针对国际间出现的著录法不统一现

象,会议决定着手编制 ISBD。经过几年努力,至 1977 年国际图联已先后制订专则和总则 6 种。它们是:

1. ISBD(M)(《国际标准书目著录(专著)》,1974 年);

2. ISBD(S)(《国际标准书目著录(连续出版物)》,1977 年);

3. ISBD(NBM)(《国际标准书目著录(非书资料)》,1977 年);

4. ISBD(CM)(《国际标准书目著录(测绘制图资料)》,1977 年);

5. ISBD(A)(《国际标准书目著录(古籍)》,1977 年);

6. ISBD(G)(《国际标准书目著录(总则)》,1977 年)。

制定 ISBD 总的目的是帮助国际书目信息交流,实现文献资源共享。具体目的有三:1.使各国书目描述具有互换性;2.使各国书目描述易于识别;3.便于使传统的手工书目记录转换为机读形式。为此,ISBD 明确规定了八大描述项目,并固定了它们的著录顺序以及首创了供各描述项目与单元使用的标识符号。ISBD 既适用于文献机构目录款目的著录,也适用于其他目录款目的著录。但由于它们都不包括标目、统一题名、根查、主题标题等其他款目信息的著录规则,所以还不能用来全面具体地指导编目。于是,编制与 ISBD 相匹配的编目条例的任务就被提上了议事日程。1974 年,英、美、加三国再次举行会议,开始商讨 AACR₂ 的编制工作。经过数年努力,AACR₂ 终于于 1978 年正式出版,并将传统的先标目后著录的顺序作了倒置。

进入 80 年代,ISBD 已成为世界范围内进行书目控制的指导性文件,成为各国开展国际书目信息交流的共同需要。国际图联编目委员会为进一步满足这一需求,除继续编制 ISBD(PM)(《国际标准书目著录(印本乐谱)》,1980 年)、ISBD(CP)(《国际标准书目著录(分篇著录)》,1982 年)等分则外,还对 1974 年以来经各国使用的各 ISBD 分则广泛征求意见,并在此基础上对 ISBD(M),

ISBD（S），ISBD（CM）等分则进行了全面的修订，从而 80 年代产生了 ISBD 的最新版本，即 ISBD 修订版（以下简称 ISBDr）

ISBDr 一改其第一版先分则后总则之做法，它以 ISBD（G）为统驭，有了许多新的发展和进步。其主要特点是：1. 对各种文献类型的著录分则范围的划分及其著录原则的规定更为明确；2. 对著录条文做了适当补充、协调，内容所涉更为丰富，方法亦更灵活机动；3. 在编制体例上，其概述及单元细则都更加系统化、条例化。总之，ISBDr 的出版标志其步入了一个更加成熟、更加稳定的体系化阶段。

AACR₂ 出版后，美国国会图书馆一方面对它积极采用，另一方面则根据新版的 ISBD 对它不断地进行修订。在从卡片目录（Online catalogue）的转变已成不可逆转之时，AACR₂ 修订本（以下简称 AACR₂R）于 1988 年正式出版。对于这样一个修订本，曾有人建议将它命名为 AACR₃，但其编者没有接受而将它定名为 AACR₂ ₁/₂，即界于 AACR₂ 和 AACR₃ 之间。因此，它并非像人们预料的那样是一个全新的版本，标志着一场新的描述性编目革命的到来。实质上，它只是一个修订本，只是在编制思想、总体结构与 AACR₂ 保持一致的基础上，总结了过去 10 年对 AACR₂ 修改的意见和方案，以及对 AACR₂ 重新进行了一次建构和调整。应当承认，AACR₂R 的编者还是比较注重联机目录和卡片目录的协调的，因为它将大半个身子依然留在卡片目录时代，尽管西方书目世界现在已将大半个身子置于联机目录时代。从这个意义上讲，AACR₂R 是卡片目录时代最好的编目条例，它对于像我国这样大量使用卡片目录的情况是有相当借鉴意义的。如果说 AACR₂ 是实现联机目录的起点，那么可以说 AACR₂R 则是卡片目录和联机目录的分水岭，而未来的 AACR₃ 无疑将是联机目录自己的编目条例。

总之，20 世纪之后，西方的文献编目工作已由跨国化、统一化、手工化进入到国际化、标准化、自动化阶段。

二、我国文献编目标准化工作的发展与现状

与西方发达国家相比，我国的文献著录标准化工作起步较晚，但我国文献工作者对著录法统一化的工作历来还是比较重视的。如刘国钧先生 30 年代制的《中文图书编目条例草案》及 60 年代由他主编的《图书馆目录》一书，都对文献著录的原理和具体规则作过论述，并为创制中文文献著录标准打下了基础。1958 年由中国人民大学图书馆、北京图书馆和中国科学院图书馆联合编目组编制的《中文图书提要铅印卡片著录条例》，对当时统一我国中文图书著录工作起了推动作用。由北京图书馆编制的《中文普通图书统一著录条例》，1979 年经书目文献出版社正式出版后，也被国内众多的文献机构所采用，并为实现我国著录统一化创造了条件。

但是，北京图书馆编制的这部著录条例与当时国际图联已经颁布的 ISBD 相比，尚有很大的差距。它一不能用于国际间的文献信息交流，二不能适应未来机读目录的发展。为此，1979 年底，经国家标准局（后改称"国家技术监督局"）批准，我国正式成立了"全国文献工作标准化技术委员会"（后改称"中国情报文献工作标准化技术委员会"，即 SBTS/TC46），该委员会下设一个目录著录分委员会（即第六分委员会，后改称"文献著录分技术委员会"，即 SC6），专门开展有关文献著录标准的研究和制订工作。短短 10 年左右时间，我国已正式颁布、实施了 7 项专门用于中文文献著录的国家标准和 20 多项与中文文献著录有关的国家标准，从而大大缩短了与西方各国的差距，使我国文献著录标准化工作有了一个飞跃。

根据国内外文献著录的发展历史与现状，以及今后的发展趋势，我国文献著录标准化的指导思想是在著录项目的设置、著录项目的排列顺序及著录用标识符三个方面，实行中外文目录的统一、

图书馆与文献情报部门目录的统一、各类型文献目录的统一和不同载体目录的统一。在编写体例上,它也保持与 ISBD 一致,即分总则和分则:

1. GB 3792.1－83《文献著录总则》,1984 年 4 月实施;

2. GB 3792.2－85《普通图书著录规则》,1985 年 10 月实施;

3. GB 3792.3－85《连续出版物著录规则》,1985 年 10 月实施;

4. GB 3792.4－85《非书资料著录规则》,1985 年 10 月实施;

5. GB 3792.5－85《档案著录规则》,1986 年 1 月实施;

6. GB 3792.6－86《地图资料著录规则》,1987 年 1 月实施;

7. GB 3792.7－86《古籍著录规则》,1987 年 10 月实施。

与 ISBD 编制有所不同的是,我国吸收了 ISBD 先编分则再订总则从而造成总则不能统驭全局的教训,从编制总则着手,然后再一一编制各类型文献的具体著录分则。由于《文献著录总则》是概括各类型文献共同特点而制定的有关文献著录的原则、内容、标识符号、格式和规则等的统一规定,所以它不是直接用来著录某一类型文献的依据,因而也可以说它不是一部具体的著录规则,而是一部指导性文件。以它作为依据可以使各类型文献的著录规则统一起来,因此它的作用相当于 ISBD(G)。

我国的西文文献编目工作始于本世纪的 20～30 年代。建国前,我国的西文编目工作十分落后,其主要表现是:1. 全国各馆的外文藏书,无论其数量和品种都极有限,导致图书馆对外文藏书在编目、组织和利用等方面的忽视;2. 几乎没有一部较规范的编目条例,大大妨碍了全国各馆,甚至一个地区或一个馆在西文图书编目上的一致性;3. 没有一个全国性的编目组织,加上当时的编目技术手段落后,使得统一编目的工作不能展开。

建国后,我国文献机构的西文编目工作有了显著的发展。如一些文献机构先后仿制了一些西文图书著录法,翻译出版了一些前苏联著录条例。尤其值得一提的是,1958 年 8 月在全国第一中心图书馆委员会的领导下,在北京建立了西文图书卡片联合编辑组。该组成立后曾先后进行过以下一些工作:1. 为北京地区各馆进口西文图书编制目录卡片,并随书送交各馆;2. 制定了《西文普通图书著录条例》,并据此为国内外出版、影印的西文图书编制铅印卡片面向全国发行。

"文革"后,文献著录标准化的春风也吹进了我国西文编目领域。1983 年 8 月,全国高校图书馆工作委员会和全国文献工作标准化技术委员会第六分委员会在镇江共同举办了一次"西文编目标准化和自动化研讨会"。经过认真讨论和协商,与会同志一致认为遵循我国文献工作标准化的原则,在西文文献著录工作中应积极采用 AACR₂ 和相关的国际标准,以尽快编制出具有我国特色的西文文献著录条例。经过 2 年努力,我国与国际接轨的《西文文献著录条例》于 1985 年正式出版。

由于 AACR₂ 在著录部分以 ISBD 为基础,在标目部分继续与《原则声明》保持一致,并能兼顾到机读目录的发展,所以我国的《西文文献著录条例》是以它作为蓝本,但其体例却是按照《The Concise AACR₂》编制的。因此,我国《西文文献著录条例》的著录部分不像 AACR₂ 那样分为"总则"和各类型文献的"分则",而是以著录项目归类,在有关项目下再分列不同类型或载体文献的特殊细则;在第 4 章"标目名称的规定"中,它将 AACR₂ 第 22 章"人名标目(个人著者标目)"、第 23 章"地名标目"、第 24 章"机关团体标目"三章内容合三为一。加上它是结合我国实际编写的,因此与以往的西文编目条例相比,它不愧为我国目前一部简便而实用的西文文献著录条例。

总之,上述国家标准和条例的颁布实施,加速了我国文献工作标准化、自动化的进程,并已取得了较好的社会效果和经济效益。但与西方发达国家相比,我国文献著录标准化工作无论在数量还是在质量上，都还存在相当的差距，在已颁布实施的各个国家标准之间，从术语概念到一些技术方法等方面，也还存在不够统一、不够规范的现象。根据国际上标准要每 5 年修订一次的惯例，我国目前正组织人员对已颁布的各中文文献著录规则进行修订。·AACR₂R 的问世，又促使我国加紧对《西文文献著录条例》进行修改，以跟上全球编目工作现代化的前进步伐。

第三节　新时期我国文献编目工作的标准化

一、继续贯彻"四统一"原则

如前所述，我国文献著录标准化的指导思想是在著录项目的设置、著录项目的排列顺序及著录用标识符三个方面，实行中外文目录的统一、图书馆与文献情报部门目录的统一、各类型文献目录的统一、不同载体目录的统一（以下简称"四统一"）。在这"四统一"中，起主导作用的在于前两个原则统一，即向国际标准靠拢实行中外文目录的统一和图书馆与文献情报部门目录的统一，因为它们旨在解决这样的根本问题，即国际标准化与本国标准化关系问题以及在我国建立统一的文献检索系统问题。因此可以说，它们是文献著录标准化的前提。而后两个统一，即各类型文献目录的统一和不同载体目录的统一，则是前两个统一原则的体现。

关于中外文目录的统一，从 1979 年起我国文献工作标准化技术委员会就已参加了国际标准化组织，并力求做到：在组织上，国内与国际接口；在工作上，两者密切配合。实践证明，向国际文献著录标准靠拢，中外文目录统一的原则是可行的，因为 ISBD 作为国际标准，它对不同地区、不同语言、不同规模的文献机构以及它对各国各馆的编目技术方法等方面具有通用性。何况文献著录作为技术、方法,只要科学、合理,就应积极引进,发挥其应有的作用,以便我国文献著录与国际社会接轨。

随着国际图联对 ISBD 的修订出版,我国文献工作标准化技术委员会第六分委员会早在 1988 年就责成主要起草人在全国范围内广泛搜集《文献著录总则》、《普通图书著录规则》、《连续出版物著录规则》等项国家标准在实施过程中的修改意见(主要是对国家标准中存在非标准化问题所提的修订意见),并以此为基础,于1991 年 4 月在广东省馆召开了第六分委员会的扩大会议,讨论《文献著录总则》修订稿和《检索期刊条目著录规则》修订稿,着手研究国家标准 GB 3792.2－7 系列的修订事宜,并就《中国编目条例》(后改《中国文献编目规则》)的编撰计划提出初步设想。如果说 80 年代我国颁布的 3792 系列国家标准是以 ISBD 第一版为蓝本编制的,那么可以肯定,90 年代修订颁布的 3792 系列国家标准,一定是以 ISBDr 及我国这近 10 年的文献著录实践为基础的。至于《中国文献编目规则》,理应向 AACR$_2$R 靠拢或从中吸取精华。

此外,为进一步推动文献著录标准化全面深入地发展,第六分委员会自 1989 年起还组织人员着手制订《图书与连续出版物缩微平片标头》、《出版物索引编制总则》、《中国作者姓名汉语拼音著录规则》、《馆藏项著录规则》等国家标准;修订和正在制订著录标准的配套标准有《汉语拼音注音书写正词法》、《中国标准刊号》、《图书书名页》、《连续出版物题名页》、《期刊目次表》以及《图书在版编目数据》等。但与 ISBDr 相比,我国 3792 系列国家标准尚缺印本乐谱、分篇著录、计算机文档等著录规则。这些理应及时补上。

关于图书馆与文献情报部门目录的统一,随着电子计算机等新技术、新设备在图书馆和文献情报部门的广泛应用,以及图书、情报部门一体化及全国统一的检索体系的建立,这个 10 年前亟待解决的问题现已不复存在。目前的问题是,图书馆与文献情报部门目录的统一还应包括出版发行部门、档案工作部门等所编目录的统一。而这方面的情况还远远不尽人意，如目前我国出版发行部门编制目录仍各行其是，档案工作部门编制目录还有规不循，对此需要统一认识，即虽然出版发行部门、档案工作部门的工作性质与图书馆等部门有所不同，但其整理、报道文献的工作任务则是完全一致的，它们属于图书馆与文献情报工作体系中的一个重要方面，关系到我国能否建立一个统一的文献检索体系。

二、建立健全我国规范档体系

90年代到下个世纪，我国文献编目工作继续贯彻"四统一"原则，充其量也只能做到我国的书目记录（即文献著录）与国际社会一致，但要建立全球甚至国内统一的文献检索体系，我国文献工作者还需建立健全规范档体系。

所谓规范档（Authority file 或 Authority list）又称"标准档"、"典据档"、"权威档"，是指在编目过程中为统一款目标目而制作备查的文档，它记载所选用的标目或标目形式、有关未选用的标目或标目形式的参照项以及确定标目的依据。规范档的作用归纳起来有三：1. 保证目录组织结构的统一性和连续性，使特定的责任者、题名、主题和类号的文献都能集中到统一的标目下，使目录具有完善明确的参照结构来反映标目之间的联系，从而使不拥有全面的书目信息、对编目规则不甚了解的目录使用者，能迅速、准确、全面地检索文献，提高目录的使用率；2. 用反参照的形式将分散在目录各处的参照片加以集中，使编目人员掌握已编参照的品种和数量，一旦发生标目的更改，编目人员就可据此将所有的参照片加以更改，真正实现目录的规范控制（Authority control）；3. 有利于促进我国编目工作全面标准化，由于人所共知的原因，我国至今未就标目问题，尤其是标目规范问题作出一致的规定，标目形式因馆而异、因人而异的现象屡见不鲜，而建立规范档就能使编目人员对目录标目作出统一一致的选择，从而促进文献编目工作向全面标准化方向发展。此外，建立规范档可为手工编目向机器编目的过渡创造有利条件。通过规范档，可使手检目录著录更为标准、统一和规范，使文献机构目录更为系统、全面，从而为计算机编目提供更为准确一致的目录数据。

编目界最早酝酿规范档的思想始见于美国克特的《印刷本字典式目录条例》。但规范控制的工作一开始并未受到人们的普遍重视，因而也未予以广泛实施，其原因之一是规范档工作是编目过程中费用最大的部分，它需耗费大量的人力、物力。1961 年通过的《原则声明》使目录的集中职能提高，这迫使 60 年代以来的规范档编制工作加快。另外，随着 70 年代计算机在编目工作中的逐渐应用，手检目录向联机目录的转换，人们越来越认识到规范控制的重要性。如 1974 年联合国科教文组织在一次政府间会议上就明确提出如下建议：各国国家书目机构负责确定本国的个人或团体责任者名称的规范形式，并建立本国个人和团体责任者的名称规范档。这次会议后经过各方努力，国际图联于 1984 年正式出版了《规范和参照款目准则》(Guidelines for Authority and Reference Entries，简称 GARE)，并完成了《UNIMARC 规范格式(草案)》的制订工作。此草案后经 1985、1987、1988 年的三次修订，1990 年被推出其最新版本《UNIMARC/规范：通用规范格式》(UNIMARC/Authorities：Universal Format for Authorities)。如果说《规范与参照款目准则》是国际交流规范数据的规则、格式和方法，那么《UNIMARC/规范：通用规范格式》则是与通用 MARC 格式，即 UNIMARC 相配套的规范格式。因此可以说，国际图联的这两份文件为国际间建立统一的规范数据文档奠定了基础，同时必将大大推动世界各国的规范工作开展。

现时，欧美各国不仅绝大多数的文献机构都已建立了自己的规范档，而且在一些国家还出现了一些国家级的规范档系统，如美国国会图书馆的名称规范系统已拥有 400 万条左右的规范记录。在我国,80 年代此项工作普遍重视不够,只有北京图书馆和北京大学等少数图书馆在尝试做些这方面的工作,并制订了相应的建档规则。遵照 1974 年联合国科教文组织的建议,作为编制国家书目的北京图书馆 80 年代后期才着手编制《著者目录标准文档》。不久的将来如果它以国家标准的形式颁布,无疑会给世界各国特别是我国各馆的编目工作带来福音。

但按检索点的不同,规范档体系至少包括以下三大类型:1.名称规范档(含个人名称和机关团体名称规范档);2.题名规范档(含统一题名和丛编名称规范档);3.主题标目规范档。由此可见,我国文献工作者在建立健全规范档体系方面还任重道远。为此呼吁由 SBTS/TC46 SC6 这样专门的文献著录标准化组织负责制定统一的文献编目规范控制规则(含与 CNMARC 配套的格式规则),以便与目前已经实施的其他文献著录标准配齐成套,成为各馆各种规范档建立的指导性标准,使各馆的文献编目工作,无论是著录正文的描述,还是标目的选择方面都取得一致;并建议指定由国家图书馆即北京图书馆负责牵头,联合若干个大型骨干文献机构,采用"一馆为主、各馆补充"的方式,开展各种规范档原始数据库的编制工作,从而使所编的规范数据更具全面性、准确性和权威性。至于西文方面有关规范档的编制,可本着国际书目资源共享的原则,充分利用国外现有的规范数据源。当然,它可根据我国的特点和有关规定作些适当的增删和修改,以利我用。

三、搞好文献在版编目工作

一般而言,有了标准化的著录规则和标目规范数据,各馆编制出来的目录款目今后就能做到统一一致。但事实并非如此,由于各馆编目人员素质不一,加之他们对分类和主题标引的认识差异极大,难免出现同一文献各馆款目不一的现象。这从一个侧面反映,一个地区乃至一个国家由一个集中编目部门负责统一编印铅印卡(即集中编目,Centralized cataloguing)具有现实意义。但"统编卡"本身存在一些难以克服的缺陷,如它对文献的覆盖率偏低,以及印刷、邮寄周期过长,常常延误目录数据到馆的时间,造成文献与数据脱节的现象等,这就不能适应信息社会对文献信息的需求。解决这一矛盾的根本出路目前在于发挥各地的作用,多层次地开展集中编目工作和随书配卡工作(如上海图书馆现时不仅承担了全国连续出版物的集中编目工作,还利用北京图书馆的机读数据生产卡片向上海地区发行;上海申联公司、江苏省联合编目中心等也都开展了地区随书配卡工作)。但更为重要的是不失时机地从集中编目向在版编目、联合编目、共享编目等更为完善的编目合作形式发展。

所谓在版编目(Cataloguing in publication,简称CIP),是指文献在其出版过程中先由集中编目部门根据出版者所提供的校样先行编目,然后由出版者将编目资料加印在文献上,以供出版发行和图书情报部门编目时利用。文献在版编目是实现全国范围内乃至世界范围内统一书目格式、加强书目信息交流、迅速编制各种书目的重要措施,同时也是积极推广文献工作标准化,进一步实现国内和国际文献资源共享的最佳途径之一。其现实作用是:1.减少重复编目,提高编目效率,加快文献在读者手中的流通速度;2.积极推行和宣传文献工作标准化,是保障书目质量的有效措施;3.把各种书目(如发行目录、征订目录、国家和地方书目)统一在一个标准之下,进而实现文献的统一报道工作。

在版编目的思想源远流长,本世纪20~30年代美国、澳大利亚、新西兰、巴西、前苏联以及我国还曾进行过在出版物中附加编目数据的尝试,但现代意义上的在版编目公认为1948年印度著名图书馆学家阮冈纳赞提出的随书提供统一的目录信息之设想,并被形象地命名为胎儿期编目(Prenatal cataloging)。1953~1954

年间,澳大利亚的歇尔图书出版公司针对阮冈纳赞的这一设想进行了几个月的试验,这就是现代在版编目的始祖——预编目录。之后由于种种原因(主要是经费问题),预编目录中止,但在世界编目史上它却产生了承上启下的作用。继此,美国国会图书馆和国家农业图书馆在美国国会图书馆资源委员会和国家人文科学基金会的资助下,于 1958～1959 年进行了一个题为"书源编目"(Cataloging in source)的试验。1971 年美国国会图书馆在此基础上,把书源编目进一步发扬光大成在版编目。它先根据书目清样编目,现已改依出版商所提供的标准数据单编目。编目数据输入机读目录系统发行给订户,而出版商则把数据印刷在书名页的背面。现时,我国从美、英、德、澳等国进口来的西文学术性专著和论文集上都可看到印有在版编目的数据。这对世界各国包括我国的西文编目工作无疑带来极大的便利。

1982 年,国际图联和联合国科教文组织在加拿大的渥太华召开"国际在版编目会议",建议每个国家都应考虑由国家书目机构或相应的组织实施在版编目计划。但是在版编目工作是一项全国范围内的事业,而且跨行业、跨系统,很难找到一种力量能一下子在全国推行开来。因此,1986 年,国内一些同志根据前苏联的做法,倡议我国先开展小规模的分散试点,从个别图书馆和个别出版社的合作开始,积少成多,最终实现全国性的总体规划。1987 年,我国由新闻出版署、国家标准局、文化部、国家教委、中科院的有关领导同志共同组成了图书在版编目领导小组。其主要任务是负责协调工作,主持制订图书在版编目的国家标准,并组织贯彻实施。经过一年多的准备,我国实行在版编目的第一个技术性文件——国家标准《图书在版编目数据》终于完成了起草工作,并与另一项国家标准《图书书名页》一起向国家技术监督局报批(1990 年通过并正式颁布,标准号分别是 GB 12451—90 和 GB12450—90)。《图书书名页》规定了图书书名页上应包含的文字信息及其编排格式，《图书在版编目数据》则规定了图书在版编目数据的内容和选择规则，以及印刷在图书主书名页背面的格式。有了这两项国家标准，标志着我国在版编目技术准备阶段至此结束。

我国开展文献在版编目的第二步是扩大在版编目的文献种类以及组织贯彻实施，而两者尤其是后者都具体牵涉出版、发行和图书馆三个行业及其若干系统，困难无疑将会很大。另外，在我国这样一个大国实行文献在版编目还将涉及这样一个问题，即是开展集中在版编目好还是分散在版编目好。所谓集中在版编目，是指全国所有出版机构出版的文献都由一个编目部门负责在版编目工作；所谓分散在版编目，是指全国出版机构所出版的文献按地区（一般是按行政区域）分别由若干编目部门负责各自地区的在版编目工作。前者的优点是比较容易达到编目的规范化和标准化，但其时效性较差；后者的优点正好与前者相反，即虽然做到了快速化，但不易达到全国编目的规范化和标准化。鉴于我国幅员辽阔，且通讯技术尚不发达，目前我国的图书在版编目工作以分散形式为好。在这方面，版本图书馆为我们树立了样板。1993年，它举办了在京41家出版社参加的"图书在版编目培训班"，之后与这些出版社携手开始在版编目的试点工作，并在《全国新书目》同年第6期起新辟专栏"在版编目信息"，登载版本图书馆与这些出版社共同编目的成果，从而使文献发行和收藏机构在进书之前即可获得有关编目数据。但随着我国通讯技术及机读目录的发展，今后我国的文献在版编目工作仍以集中形式为好。这在西方发达国家已经得到应验，如英、美两国的所有图书在版编目现时都分别是由美国国会图书馆和英国图书馆进行的。

综上所述，90年代我国继续贯彻"四统一"原则，可使我国文献著录更加标准化；建立健全我国规范档体系，有利于加速全国乃至全球的文献检索体系建立；而实行文献在版编目，则是我国文献机构编目工作的一场革命，它将使许多编目人员从繁琐的编目工作中解脱出来，去从事更为复杂的文献编目工作和书目咨询工作。

第四节　新时期我国文献编目工作的自动化与网络化

一、文献编目工作的自动化

科学技术是文献编目发展的决定因素之一。事实证明，历史上在文献编目活动范围、目录载体形式、著录标准等方面发生的连续革命，都发端于以科学技术为基础的编目工作手段的改革与发展。

早期人类的文献编目主要采取手抄、雕刻等手工模式。打字机及印刷术应用于编目领域后，手工编目模式转换为打印模式。同本世纪 60～70 年代计算机逐步应用于编目领域相比，我们概括地把历史上前两个技术发展阶段称之为"手工作业时代"，而将后一个技术发展阶段称之为"自动化作业时代"。自动化作业与手工作业的区别在于：前者运用当代最先进的科技手段（主要依靠计算机、光学等先进的通讯技术），无论是工作效率、准确性、一致性、信息完整度，还是给网络化所提供的物资条件等方面，都具有无可比拟的优越性。

自动化作业时代的文献编目大致包括机器编目和全自动化编目两个阶段。

（一）机器编目阶段

如前所述，机器编目即以电子计算机能够处理的形式编制款目的过程,即把组成目录款目的文字、符号等转换成计算机能够识别的代码,并以磁带、磁盘等作为存贮介质,由计算机对代码形式的目录信息进行控制、处理和编辑输出。由于现时计算机尚不能完全取代人工,故计算机编目有时也被称作为"计算机辅助编目"或"半自动化编目"。图示如下:

编目过程

1.数据生成 (由编目员完成)	2.数据处理 (由计算机完成)

计算机编目的过程大致如下:1.收集目录数据;2.用人或计算机给输入的目录数据加上规定的标识符号,并补充某些必要的内容;3.用键盘或穿孔方式把经标识的数据输入计算机;4.计算机根据编目程序对目录数据进行加工处理;5.加工处理后的数据经核对无误后存入数据库;6.计算机根据需要用打印、屏幕显示、计算机输出等方式输出多种形式的目录。计算机编目后的产物由于只有计算机能读,所以称之为机读目录。

以计算机存贮器为载体的机读目录的出现,对文献机构原先使用的卡片式等目录提出了挑战,即现时的文献机构是以卡片式目录为主还是以机读目录为主,是否可以用机读目录完全取代卡片式等传统目录。我们认为,这应从两种目录的制作成本以及各馆的读者检索需求考虑。自从机读目录出现后,美国一些图书馆学专家对卡片式目录以及书本式目录和缩微目录这些不同载体的目录从经济角度进行过比较研究。结果多数意见认为,建立和维持机读目录所需的经费,总的来说要比卡片式目录节省。美国的图书馆自动化专家、纽约公共图书馆的领导人马林科尼可(S. M.

Malin conico)和法桑纳(P. J. Fasana)还以一个假想的图书馆为例,来计算各种载体的目录在 30 年内的费用变化情况。他们假定该馆系由 1 个中心馆和 10 个分馆组成,每年购书 3.5 万种,其中 80%在各个分馆均有复本,其各种载体的目录在 30 年内的费用变化情况见下表:

目录载体类型	费用单位:美元		
	第 1 年	11—15 年总计	26—30 年总计
卡片式	159360	1868807	5578930
机读式	305210	1714709	3311612
书本式	118328	2583802	8528770
缩微式	177112	1689899	5597133

从该表中可以看出,卡片式目录的费用在头一年只是机读目录的一半多一点,但 10 年以后已经开始超过机读目录,而在 25 年以后则大大高于后者。但机读目录则相反,开始时费用最高,最后却最低。上列数字不一定计算得很准确,但仍具有一定的参考价值。需要指出的是,上述费用的计算没有包括购置计算机及其外围设备(如打印机、电话机等)的费用在内。如将这一因素考虑进去,编制和维持机读目录的费用还是相当可观的(也即它的启动费用要大大超过编制卡片式目录)。但由于机读目录的优点要大大多于卡片式等传统目录,所以我们不能动摇发展机读目录的方向。

从各馆的读者检索需求看,虽然普遍存有"快"、"准"、"全"的检索需求,但也普遍存在不能直接上机操作的缺憾。另外,如果机读目录完全替代卡片式目录,文献机构的读者就会失去全面浏览馆藏目录的自由,因而也会丧失偶尔发现自己所需文献的机会。

由此可见,像我国这样的发展中国家,目前各馆还不都具备建立和维持机读目录的条件;即使一些馆具备了这样的条件,卡片式目录和机读目录还会长期共存并且继续有所发展。当然不能否定机读目录今后有一统天下的局面。

(二)全自动化编目阶段

随着新技术革命浪潮的到来,文献编目在现在机编基础上将会出现新的突破。如最新的激光技术及卫星通讯技术、扫描技术及集成电路技术已在美、英、德等先进国家编目界得到试用或应用。这一浪潮给像我国这样的发展中国家的文献编目赶超世界先进水平提供了极为有利的条件。应该说,这既是挑战,也是机遇,它将平衡各国的技术水平,扩大计算机的应用范围,促进机器编目达到最优方式,使之向全自动化编目进化。在今后,文献编目的技术方式将朝以下几个方面发展:1.编目规则自动化;2.编目工具自动化;3.书目传递技术自动化。

今后在普遍进行机器编目工作时,为了快速、准确地掌握大量的文献编目规则,达到高质量的编目水准,就必须将各种类型的文献编目规则及其细节统统输入到计算机中。由于书本式的编目规则或条例部头大,内容重复交叉,以及难以查用且不利于标准化等缺点,所以编目规则自动化将是不可忽视的发展趋势。

除上述自动化工作内容外,还应将计算机的显像技术、激光打印机、快慢速扫描机、全息存贮装备、照排机、计算机缩微胶卷器、高速打印机等科技应用到文献编目的识别、描述、组织目录以及建立各种文档的种种环节中。不久的将来,人工智能机器人会进一步协助我们完成文献编目中十分棘手而又复杂的问题。届时,我们的文献编目任务将利用高级计算机,主动向读者或用户提供定向咨询服务,满足其各方面的需求。

文献编目的集中化和网络化之形成,对编目成果的交流与传递技术提出了更高的要求。目前我国流行的邮寄印刷卡片的方法将会逐渐淘汰,取而代之的是用先进的卫星通讯技术来完成向全国或全球各地传递书目信息。由此看来,不再受距离和时间限制的洲际编目时代已为时不远。在那时,现行的卡片式目录或许会消失,代之以卫星通讯和图像电传为主的动态中的各级文献书目数据库。

需要强调的是:鉴于各国的不同社会发展背景、各文献机构的不同条件,多样化的编目工作方式和目录载体形式将在一个相当长的时期内共存,而机器编目和机读目录也会被新的编目工作方式和目录载体所替代。这个趋势,是不以人的意志所转移的。

二、文献编目工作的网络化

如同一个单位内部装了电话而其他单位没装,也如同每个单位内部都装了电话而电话局没将其联成网络,文献编目如果各国各馆单干而没有联网,将会使其黯然失色,并不能很好地实现文献资源共享这一目标。因此,文献编目工作的网络化也将是不可逆转的发展趋势。

编目工作网络化的发展,经历了手工编目网络化和计算机编目网络化两个阶段。

（一）手工编目工作网络化

从世界角度讲,60 年代中期以前属于手工编目网络化阶段,它起源于图书馆之间的联合编目（Cooperative cataloguing）。所谓联合编目,最初是指若干文献机构通过协作,共同从事原始编目,相互提供书目记录的编目形式;后指由一个中心机构向多个文献机构征收编目草卡,在对之进行整理、协调后,再向文献机构发行目录数据。因此,联合编目可克服原先由一个文献机构进行集中编目所产生的弊端,即有助于加快编目速度,扩大文献的覆盖面。如美国国会图书馆在开展集中编目并向全国发行目录卡片的第二年,就开始和几个政府图书馆合作,由这些馆分担一部分编目工作,不久,参加合作的图书馆就达到了 18 家。为此，1932 年美国国会图书馆还专门设立了一个办公室，负责向几十家图书馆征收样片，集中整理后再往各馆发行目录卡片。1934 年，该室成为国会图书馆的一个部，即联合编目和分类部（Cooperative Cataloguing and Classification Service）。到 1965 年 7 月，它共处理了 518000 种图书，为加快国会图书馆及其他各馆目录卡片的编制速度，扩大国会图书馆目录卡片的文献覆盖面作出了贡献。

但与手工编目工作网络化直接相关的是在联合编目的基础上编制联合目录。联合目录除反映若干文献机构的全部或部分馆藏这一基本特点外，其次就是目录的款目均标有馆藏号（即参加单位的名称代号或简称），因而它是手工编目阶段开展馆际互借、文献交换与复制、协调参加单位的文献补充、加强馆际合作的重要工具。联合目录除可根据收录文献的类型及文种划分外，还可根据收录文献的内容范围及馆藏单位的范围分别划分成综合、专科、专题及国家、地区、系统等联合目录。编制联合目录需有统一的编目条例和收录范围，须加强文献机构的系统性、地区性乃至全国性的协调与合作。如 50 年代我国全国图书联合目录编辑组编辑的《全国中文期刊联合目录（1833～1949）》就是国内一部极为重要的期刊联合目录，美国国会图书馆编制的《国家联合目录》（National Union Catalog）则是国际上一部著名的现期出版物联合目录。

处在当前文献数量急剧增加、品种繁多、形式多样的情况下，任何一个国家的任何图书馆都不可能用有限的经费、人力和馆舍，把世界上所有的文献收集齐全、加工整理、提供利用，因此编制联合目录有利于开展馆际互借与照相复制等工作，有利于实现文献信息资源共享。如前德意志联邦共和国为了加强国内图书馆的协作，将全国分成 8 大区，每个区都编有联合目录，可以互通有无，共同利用文献资源；再如设在泰国曼谷的东南亚国立图书馆文献中心,参加国有印度、马来西亚、菲律宾、新加坡和泰国,协作馆之间通过联合目录、照相复制、馆际互借等方式能确保得到其他四国的主要出版物。

我国目前由于经济、科技、文化等方面相对落后,计算机编目尚未普及,联机编目才刚起步,理应继续编制各种类型的联合目录,一为满足当前需求,二为今后全面应用计算机编制联合目录创造条件。鉴于我国幅员辽阔,建议借鉴前德意志联邦共和国的联合目录编制模式,尤其要加紧编制地区性的外文联合目录,以协调各馆的外文书刊选购,避免重复浪费,使之分布更趋合理。

(二)计算机编目网络化

文献编目的合作形式从集中编目发展到在版编目和联合编目后,并未就此停止下来,继续朝着更高形式的合作编目方向——共享编目(Shared cataloguing,又译"分担编目"和"合作编目")发展。所谓共享编目,通常是指以一个权威机构的编目数据为主,其他参加机构的补充编目数据为辅,各参加机构通力协作共同完成文献编目的工作,并使各参加机构共同受益的编目形式。从此定义看,它与前述的联合编目并无本质的区别,只是范围从一国发展到数国乃至全球。

共享编目最初是指美国国会图书馆 1966 年开始的"全国采购与编目规划"(National Program for Acquisitions and Cataloging,简称 NPAC)采用的编目形式。根据该项计划,美国国会图书馆在引进加工国外图书资料时,与有关国家的国家书目机构进行合作,充分利用有关国家的国家书目进行选书和目录加工,即将各国国家书目的著录事项原样按照国会图书馆的著录格式和标目选取原则,进行必要的修改后印刷成卡片,发行给共享编目的参加馆。而参加馆在得到编目数据后,要向国会图书馆报告还有哪些文献没有编目数据,并负责对这些文献进行编目,补编后的目录卡片再提供给国会图书馆,以进一步完善 NPAC,并自己也从中分享经修改过的编目数据。

至 1977 年,国会图书馆已与当时的 26 个国家建立了共享编目规划,在美国本土以外的 9 个城市设立了共享编目中心。这项工作为促进国际间合作编目的开展提供了有益的经验,因而被欧洲人称之为共享编目规划(Shared Cataloging Program)。1972 年,欧洲研究图书馆联盟(League of European Research Libraries,简称 LIBEF)在法国斯特拉斯堡召开研究图书馆共享编目专家会议,旨在合作建立一座欧洲图书馆,协调西欧各国搜集第三世界各国文献的规划。总之,共享编目将集中编目与联合编目的形式结合起来,使接受发行目录数据的机构同时成为提供目录数据的机构,不仅保证了编目质量,而且编目数据对文献的覆盖率比联合编目又有所提高。

共享编目虽然做到了提高编目质量以及编目数据对文献的覆盖率,但却因它的编目数据需要跨地区、跨国界邮寄而使其时效性差的弊端暴露无已,所以后来自然由计算机网络的编目形式——联机共享编目(Online shared cataloging)所替代。

美国是机读目录产生最早的国家,同时也是实现联机编目网络最早的国家。它目前的编目网络已超过 400 个,其中最著名、记录最多且影响最大的联机网络有联机计算机图书馆中心(即 OCLC)、研究图书馆信息网络(即 RLIN)及西部图书馆网络(即 WLN)。以 OCLC 为例,它目前的书目记录已在 2000 万条以上。据统计,到 80 年代中期,全美已有 5000 多个图书馆的约 94% 的新资料都利用这个联机系统的书目记录进行编目,并同时向该中心输入各自的原始编目记录,以供其他单位合作使用。其次,该中心还负责发行目录卡片,编印新书通报、联合目录及生产机读目录,支持成员馆开展书目参考工作,并能与其他系统连接,提供更多的情报资源。此外,OCLC 还建有欧洲服务部和亚太服务部,将其服务范围扩大到欧、亚等广大地区和国家,成为目前世界上最大的跨国书目网络。

美国联机编目的网络化为世界各国编目工作网络化提供了许多宝贵的经验。80年代至今，其他一些发达国家也步美国后尘，在努力建立自己的计算机编目网络，或与他国合建共用的计算机编目网络。目前，我国也在积极从事计算机书目网络的开发建设工作。在网络联机编目中，当一个成员馆要进行一种文献的编目时，可直接在网络终端上输入该文献的标准号码（如 ISBN，ISSN 等）、责任者名称或题名等项目，系统（即联机目录）中如有此文献的编目数据，终端上会立即显示出这种文献的完整著录内容，这个成员馆就可不再编目而直接利用系统中对此文献的编目成果。相反，系统中若无此文献的编目数据，编目人员就应直接从自己的终端上输入该文献的有关编目数据，并作为这个网络系统中书目数据库的一条记录存贮起来后通过网络传输又供网络中任何一个成员馆使用。由此可见，今后的编目人员一要会使用计算机，二一定是位编目专家，因为各个编目机构的工作成果（即文献记录单元）已不再是仅限于本馆、本地区或本国使用，而是得到国际社会的承认，并且全部进入各国各地的文献管理和利用部门，即已全部国际化。

综上所述，要使一个地区、一个国家乃至全球的文献资源共享，编目工作必须要走现代化道路。而编目工作现代化的三大标志是标准化、自动化和网络化。其中，标准化是基础，自动化是手段，而网络化则是实现文献资源共享的最高形式。

第三章　文献著录概述

第一节　标准化文献著录规则的类型和内容

一、文献著录规则的类型

从中、西方文献著录标准化的情况看,文献著录规则主要有以下两种类型,即文献著录标准和文献编目条例(或规则)。

(一)文献著录标准

文献著录标准包括国际标准和国家标准。文献著录的国际标准即 ISBD,它包括 ISBD(G)和一系列分则。我国文献著录的国家标准也是由《文献著录总则》(以下简称《著录总则》)及各分则组成的。国际图联和我国全国文献工作标准化技术委员会第六分委员会之所以采用这种编制体例,主要理由是将总则和各分则分别制订单项标准比较切合各国的文献编目实际。鉴于各类型文献的情况不一,著录工作的经验也参差不齐,先制订总则再制订具体文献的著录分则有利于出现一种文献就制订一个标准、成熟一个标准就公布一个标准,以及能及时解决实际使用上的问题,且不受必须出版全部文献著录规则计划的制约。另外,这种编制体例也比较灵活机动,既可以成为分立的单项标准,又可以待整套标准完成之后再总汇成册,互相参阅。

其次,将总则和各个分则分别制订成单项标准,在使用上也较方便,且有利于提高工作效率。因为工作中,编目员从实践中遇到的问题往往是某一类型文献的具体著录细节,如果有这一类文献的著录标准无疑具有较强的针对性。虽然在总则与各分则之间难免存在一些内容重复的地方,但从实用角度看,这种重复有时还是必要的,因为较之在一部篇幅巨大、内容庞杂的著录规则中,通过参照频繁辗转地翻阅有关著录条款无疑还是方便一些。

(二)文献编目条例

文献编目条例是依文献著录的国际或国家标准针对某一类或所有类型文献的著录所制订的实用著录细则。如 AACR₂ 和我国的《西文文献著录条例》(以下简称《西文条例》)等,都是具体的文献著录细则。这种编制体例的缺点是条例的部头一般比较大,使用者感觉不太方便,其次由于它是一个封闭的体系,不能及时地将新的标准内容反映进去。

文献编目条例的优点是其内容要比标准详细具体,一般它可包括检索点的选取、标目名称的规定及统一题名等具体内容。也即有了文献编目条例,使用者一般不必参考其他标准就能完成所有或主要的编目工作。其次通过一定的技术方法,文献编目条例能使使用者饱览某一内容的所有编目规则,产生触类旁通的感觉。如 AACR₂ 的第 1 章第一节用“1.0”反映文献著录总则的内容,第 2 章第一节“2.0”反映图书的著录总则,第 12 章第一节用“12.0”反映连续出版物的著录总则。又如它用“1.1D”、“2.1D”和“12.1D”分别反映一般并列题名、图书并列书名和连续出版物并列题名的著录规则。这不仅帮助使用者记忆,同时查找起来也很方便。

二、文献著录规则的内容

一部完整的文献著录规则通常由以下几部分内容组成:1. 引言;2. 名词、术语;3. 著录项目;4. 著录用标识符;5. 著录格式;6. 著录详简级次;7. 著录用文字;8. 文献类型标识符;9. 著录信息源;10. 著录项目细则等。由于文献著录标准和文献编目条例在内容和编写体例上有所差别,下面分别予以介绍。

（一）文献著录标准的内容

作为文献著录标准一种的 ISBD,其内容主要由以下三大部分组成:1. 概述;2. 著录单元细则;3. 附录。其中,概述部分包括"范围、目的和应用","定义","ISBD（G）和本 ISBD 对照一览表","标识符","信息源","著录的语言和字体","节略和缩写","大写","举例","印刷错误"及"非常规符号及图形"等;著录单元细则部分包括"题名与责任说明项","版本项","资料（或出版物类型）专用项","出版发行项","载体形态项","丛编项","附注项"和"标准号（或代用号）与获得方式项"等内容;附录则有多有少,但一般都包括"多层次著录","双向行文记录"和"实例"。

我国的《著录总则》是参照 ISBD（G）并结合中文文献的编目特点制订和实施的文献著录方面的第一个国家标准。它的制订和实施,对以后的各分则制订和实施起了统驭作用。但随着时间的推移和我国文献编目实践的检验,它的完善和修订已经成了我国文献编目界议事日程中一个必须迫切解决的问题。为此,全国文献工作标准化技术委员会第六分技术委员会自 1990 年起就开始了对它的复审和修订工作。经过调研和第六分技术委员会三次会议的讨论,《著录总则》的修订稿现已基本完稿,正向国家技术监督局报批。相信它的批准和颁布,会对其他分则的修订再次产生统驭作用,现将《著录总则》初版和修订稿的内容列表如下(见 57 页表)。

从 57 页表看,《著录总则》的初版和修订稿无论在结构上还是在内容上都作了一些重大的改动。归纳起来有两点:1. 根据我国 GB 1.1—87《标准化工作导则　标准编写的基本规则》,将初版中的"引言"分为"引言"(不编号)、"主题内容与适用范围"和"引用标准"三部分；2. 根据 ISBD，合并了初版中的"著录详简级次"和"文献类型标识符"两章内容，将"著录项目标识符和著录内容识别符"与"著录根据"分别统一改作"著录用标识符"与"著录信息源"，将原第 5 章"著录格式"改作附录形式（因为 ISBD(G)的正文中没有"著录格式"的规定），以及增加了"分层次著录"的内容。总之，修订后的《著录总则》变得更加科学合理、切合实际，也更全面完善了。

《著录总则》初版	《著录总则》修订稿
1. 引言	引言
2. 名词、术语	1. 主题内容与适用范围
3. 著录项目	2. 引用标准
4. 著录项目标识符和 著录内容识别符	3. 术语
5. 著录格式	4. 著录项目
6. 著录详简级次	5. 著录用标识符
7. 著录用文字	6. 著录用文字
8. 文献类型标识符	7. 著录信息源
9. 著录根据	8. 著录项目细则
10. 著录项目细则	附录 A　著录格式
	附录 B　分层次著录

（二）文献编目条例的内容

AACR$_2$R 与 AACR$_2$ 一样，是一部综合性的编目条例，即它不仅适用于西文普通图书，也适用于西文连续出版物及其他类型文献的编目。其内容有以下三大部分组成：

第一部分"Description"共 13 章，目次如下：

Introduction

1. General Rules for Description

2. Books, Pamphlets, and Printed Sheets

3. Cartographic Materials

4. Manuscripts (Including Manuscript Collections)

5. Music

6. Sound Recordings

7. Motion Pictures and Videorecordings

8. Graphic Materials

9. Computer Files

10. Three-Dimensional Artefacts and Realia

11. Microforms

12. Serials

13. Analysis

这部分的内容与 ISBD 相比,就是 AACR$_2$R 仍对非书资料采用分散设类的方法,其实对我国西文编目工作者来说重点是掌握第 2、第 12 章等内容。其次 AACR$_2$R 与 AACR$_2$ 相比,就是将原来第 9 章的内容"Machine-Readable Data Files"根据英、美等国对计算机文档编目的探讨和研究改写成"Computer Files"。

第二部分"Headings,Uniform Titles,and References"共 6 章,目次如下:

Introduction

21. Choice of Access Points

22. Headings for Persons

23. Geographic Names

24. Headings for Corporate Bodies

25. Uniform Titles

26. References

这一部分从第 21 章开始,之前预留 7 章位置,以供今后补充新型文献著录规则。第二部分的重点是第 21、22 和 24 章。其中,第 21 章为检索点的选择,实际是讲各类型文献的主要款目和附加款目的标目选择,这在西文编目中是一个难度较大的问题。

AACR₂R 的第三部分"Appendices"也有四个附录和一个索引,目次如下:

Appendices

A　Capitalization

B　Abbreviations

C　Numerals

D　Glossary

Index

附录也是编目条例的一个重要组成部分,因此不能小视。

我国《西文条例》共分 6 章,书末附有 9 种附录和 1 个专业词汇表,具体内容如下:

第 1 章"著录总则"规定了各类型文献的著录信息源、著录项目的组织、著录的详简级次、著录用文字及著录格式。

第 2 章"著录项目"把 ISBD(G)中有关著录项目及各分则的内容融合在一起,并按 8 大著录项目的顺序分别对各类型文献的著录项目著录作了详细规定。此外,第 2 章对补编资料、多载体配套资料、真迹复制品、照相复制品及其他可读复制品的著录也分别作了规定。

第 3 章"检索点的选取"内容包括主要款目标目和附加款目标目的选取规则,其中着重规定了主要款目标目的选取原则。除上述基本规则外,该章还将会议录以及法律文献和宗教经书款目标目的选取原则作为特殊规则列出。

第 4 章"标目名称的规定"和第 5 章"统一题名"分别规定了标目名称(包括个人名称、机关团体名称及地理名称)以及统一题名的著录原则和形式。

第 6 章"参照"对各参照款目的编制原则、方法及格式一一作了具体规定和说明。而附录部分则含有 9 种编目工作常用的查对表,如常用缩写字表、地理名称缩写表、月份名称缩写表等。

从上看出,《西文条例》的第 1、第 2 章内容相当于 AACR₂R 的第 1 章内容。而 AACR₂R 中的第 2 至 13 章内容则被《西文条例》浓缩在其第 2 章(其中著录对象以图书为主)。另外就是《西文条例》将 AACR₂R 中的第 22 至 24 章内容浓缩成第 4 章一章。而其他内容除稍许简略外则基本相同。

第二节　著录项目与标识符号

一、著录项目

构成目录的基本单位是款目,而构成款目的基本单位是著录项目(Area,又称"著录事项"或"著录大项")。所谓著录项目,通常是指用以表示文献内容、外表形式和物质形态的文献特征。著录项目构成著录内容(即款目的组成部分),因此它是揭示或识别文献的依据。

从中、西方编目史的角度看,著录项目经历了一个由少逐渐变多,且处于一个不断分化组合的过程。如在 1967 年出版的 AACR 中,文献的著录项目只有书名项、著者项、版本项、出版项、稽核项(即后来的载体形态项)、丛书说明项和附注项,如果考虑后来 ISBD 将书名项和著者项合一,那么总共只有 6 大著录项目。而 70 年代颁布的 ISBD 对文献的著录规定了 8 大著录项目(某些项目根据具体文献的情况可作省略,但其次序一般不能颠倒,否则将会影响全球文献著录的互换性),它们是:

1.题名与责任说明项(Title and statement of responsibility area);

2.版本项(Edition area);

3. 资料（或出版物类型）专用项（Material (or type of publication) specific area）；

4. 出版发行项（Publication，distribution，etc.，area）；

5. 载体形态项（Physical description area）；

6. 丛编项（Series area）；

7. 附注项（Note area）；

8. 标准编号与获得方式项（Standard number and terms of availability area）。

我国原先的《中文普通图书统一著录条例》中，也只有书名项、著者项、出版项、稽核项、附注项和提要项6项。后来《著录总则》根据 ISBD（G）也将书名项与著者项合并成题名与责任说明项，把原先的出版项、稽核项、附注项的内容则分别划归版本项和出版发行项、载体形态项和标准编号与获得方式项、丛编项和附注项，并保留下我国著录传统的提要项（西文编目中，内容提要（Summary）的著录可归入附注项），因此现时我国的著录项目共有9项。其实，在文献机构实际编目工作中，除了上述这些必备的著录项目外，还需添加一个"排检项"（中编）或"根查项"（西编）。

著录项目通常是由两个及其以上的著录单元（Element，又称"著录要素"或"著录小项"）所组成。根据 ISBD（G）和《著录总则》，上述著录项目各自含有不同的著录单元（详见63～66页表）。

总之，在标准化著录中设立除第10项以外的1～9项著录项目，其主要目的在于解决著录正文的统一，即在描述实体上的统一。这种统一，有利于将不同载体的目录和不同文种、不同类型的文献著录互换转换，也有利于各国编制的国家书目或其他目录在本国或世界范围内顺利交流。

二、标识符号

标识符号即指文献著录时用以标识著录项目或表达著录内容的符号系统。其相应的英文词为 Punctuation，可见它是发源于原先语法上的标点符号。为加区分，编目界也有将它称作为著录用标识符（Punctuation symbols）的。

西方文字由于其自身的特点，每个单词之后需要空格，而为表示句读（即文词停顿的地方），西方文字创制后又辅之于一套语法符号。但从刊有早期西文款目的文献看，上面没有使用以标识著录项目或表达著录内容的符号系统（尽管西方图书馆后期已经规定副书名前用分号、丛书项的内容需用圆括号括起来著录）。我国汉字由于其自身的特点，每个字词后面毋需空格，句读也只有在理解意义的基础上才能做到，因此书面语中语法符号的使用较之西方要晚，以致产生了后来的古文校点工作。在传统的文献著录中，我国一直未用语法符号来界定著录项目或表达著录内容，但是空格的方法却在我国传统的文献著录上得到了发扬光大。如在《中文普通图书统一著录条例》上，就使用了空两格来界定各著录项目、空一格来界定各著录单元的方法。后来国际图联着手制订 IS-BD，其总的目的是想帮助国际书目信息交流，进而实现全球文献的资源共享，于是在文献著录上首创了一套跨越国际语言文字障碍、突破人机之间理解的标识符号。

如前所述，我国《著录总则》原先是将 ISBD 制订的一套著录用标识符，根据其性质和作用分成著录项目标识符和著录内容标识符两类（分别对应于 ISBD 中的 Prescribed preceding punctuation 和 Enclosing punctuation）。前者包括用来分隔各大项的".—"，并列题名并列丛编名前所用的"＝"以及副题名及说明题名文字、出版发行者、图、副丛编名、获得方式前所用的"："等；后者包括表示责任者所属机构名称、中国责任者时代、外国责任者国别及姓名原文、印制地、印制者、印制日期、载体形态的补充说明、丛编项等的"（）"，表示文献类型标识、自拟著录内容的"[]"以及表示省略著录内容的"…"等。但是这种区分实际没有必要，所以这次修订稿根据 ISBD 又将它们统称为著录用标识符，即 ISBD 中的 Prescribed preceding（or enclosing）punctuation。因为这种标识符严格地说它的标识作用是有限的，或者说它们并不能充分起到唯一标识特定著录项目的作用，所以在编制机读目录时，还需给著录项目另外规定标识符，以使计算机在进行数据处理时识别它们。以下根据 ISBD(G)及有关著录规则和条例，对上述各种著录项目及其单元所用的标识符列表如下：

著录项目	标识符	著录单元
1. 题名与责任说明项		1.1 正题名
"一般资料标识"	[]	1.2 一般资料标识
中编使用"文献类	=	1.3 并列题名
型标识符"	:	1.4 其他题名信息
		1.5 责任说明
	/	第一责任说明
	;	其余责任说明
2. 版本项	. —	2.1 版本说明
	=	2.2 并列版本说明
		2.3 与本版有关的责任说明
	/	第一责任说明
	;	其余责任说明
	,	2.4 附加版本说明
		2.5 附加版本说明后的责任说明
	/	第一责任说明
	;	其余责任说明

（续表）

著录项目	标识符	著录单元
3.资料（或出版物类型）专用项	. —	具体著录单元及所用的标识符在以后有关章节中介绍
4.出版发行项		4.1 出版发行地
	. —	第一出版发行地
	;	其余出版发行地
	:	4.2 出版发行者名称
	〔 〕	4.3 出版发行者职能说明
	,	4.4 出版发行年
	（	4.5 制作地
	:	4.6 制作者名称
	,）	4.7 制作年
5.载体形态项	. —	5.1 特定资料标识及文献数量
卡片格式中由于	:	5.2 其他载体描述细节
此项另行起行可以	;	5.3 文献尺寸
省略". —"	＋	5.4 附件说明
6.丛编项	. —	6.1 丛编正题名
丛编说明括入圆	＝	6.2 丛编并列题名
括号内；有两个及	:	6.3 丛编其他题名信息
其以上的丛编说明		6.4 与丛编有关的责任说明
时，将每一丛编说	/	第一责任说明
明分别括入圆括	;	其余责任说明
号内	,	6.5 丛编国际标准连续出版物号
	;	6.6 丛编编号
	.	6.7 分丛编数码和/或题名
	＝	6.8 分丛编并列题名

著录项目	标识符	著录单元
	：	6.9 分丛编其他题名信息
		6.10 与分丛编有关的责任说明
	／	第一责任说明
	；	其他责任说明
	，	6.11 分丛编国际标准连续出版物号
	；	6.12 分丛编编号
7.附注项 　　在卡片格式中，由于此项另行起行，可省略". —"；在书本格式中，每一附注均标". —"	. —	具体附注内容
8.标准编号与获得方式项 　　在卡片格式中，由于此项另行起行，可省略". —"	. — ＝ ： （　）	8.1 标准编号 8.2 识别题名 8.3 获得方式和/或价格 8.4 限定说明（在不同情况中）
9.提要项 　　在卡片和书本格式中均另行起行，所以省略". —"		提要内容
10.1 排检项 　　如果一类检索点有多项时，再分别冠以加圆圈的阿拉伯数字	Ⅰ. Ⅱ. Ⅲ. Ⅳ.	10.1.1 题名检索点 10.1.2 责任者检索点 10.1.3 主题检索点 10.1.4 分类检索点

（续表）

著录项目	标识符	著录单元
10.2 根查项 附加款目检索点包 括"名称/题名"和分 类附加款目检索点	1.2.3… Ⅰ.Ⅱ…	10.2.1 主题附加款目检索点 10.2.2 其他附加款目检索点 （人名、团体名、题名、丛 编名等）

需要强调的是，上列标识符有时也可用于别处（如"（ ）"还可用于附件的载体形态补充说明等），然而有时还会使用其他标识符（如起讫号等的使用）。另外，这些标识符在中、西编的空格和移行中还各有一些特殊的规定。这些都在以后的有关内容中予以介绍。

第三节　著录格式与著录级次

一、著录格式

所谓著录格式（Format of biliographic description），是指文献的著录项目在款目中的排列顺序、所处位置及其表达方式。据此回顾世界文献编目史，中、西方的文献款目著录经历了一个"无格式——有格式——无格式"的历史进程。

人类早期文献编目是一个无著录格式的阶段。如我国早期的书本式目录仅是一种财产清单，后来出现了分类目录，分类之下再按书名或著者顺序排列先后。在《七略》里，是先著录书名还是先著录著者，其顺序是不定的，即有时书名著录在前，有时著者著录在前。直到《隋书·经籍志》，才逐渐统一为书名著录在前，但是以后也有著者著录在前的现象。在西方，早期的各种目录及中世纪盛行的书本式目录，其款目的著录项目及单元也像当时我国一样较为简单。其排列顺序，从刊有早期西方目录款目的文献看，也是五花八门、各行其是。就是语法符号使用较早的西方,当时在款目的著录项目或单元之间也没用上固定、统一的语法符号。加上当时中、西方没有一部统一的著录条例对之加以规范,我们把这一时期的文献编目称作为无著录格式阶段。

19 世纪以后,西方各国的编目条例不断发展完善,卡片式目录也逐渐占据主导地位。但是,由于当时的卡片式目录普遍采用的是单款目制(即一部文献在目录中只用一张款目来反映),所以标目问题在其编目理论中就居极其重要的地位。经过长期的争论探讨,大致形成了以下两种不同的观点:一种认为应取著者作标目,另一种则主张取题名。为了对以著者为标目的主要款目和以题名为标目的主要款目在形式上加以区分,西方各国的编目工作者还在长期的编目实践中,制订出了两种不同的著录格式,即以著者为主要款目标目的段落式著录格式(Paragraph indention)和以题名为主要款目标目的悬行式著录格式(Hanging indention)。这两种著录格式的产生,后来也对我国的文献编目产生了巨大的影响。

但是 ISBD 的出现,首先在描述文献实体方面为世界各国提供了一个共同遵守的著录项目及其排列顺序,其次还在书目信息语言方面制订了一个标识符系统。理论上讲,有了固定的著录项目排列顺序和著录用标识符,著录格式就显得多余或无关紧要了。这也是在 ISBD 中我们找不到关于著录格式的定义,以及它不再为各类型文献制订具体的著录格式之原因所在(在各 ISBD 中只提供一些从题名开始著录的样例)。但是现时无格式阶段与前一个无格式阶段不同:前者是由于随意性造成无格式,而后者是因为著录项目排列顺序固定和有一套标识符作保证而显得多余所致。而从读者长期使用目录已养成的习惯考虑,现时的文献编目还需保留一些著录格式。目前决定著录格式的因素有三:一是款目所组成的目录性质;二是款目的载体形式;三是语种及文献类型。

(一)无标目款目的著录格式

1. 卡片式著录格式

卡片式著录格式的特点是将著录正文(中编含提要项)切分成几个段落著录。

(1)中编卡片式著录格式

正题名〔文献类型标识〕＝并列题名：副题名及说明题名文字/第一责任说明；其余责任说明. — 版次及其他版本形式/与本版有关的责任说明. — 文献特殊细节. — 出版发行地：出版发行者,出版发行期(印制地：印制者,印制期)

数量及其单位：图及其他形态；尺寸＋附件. — (丛编名/丛编责任说明,国际标准连续出版物号；丛编编号·附属丛编数码和/或题名)

附注

文献标准编号(装订)：获得方式

提要

此格式用卡片著录时从自上往下的 1.5cm 自左往右的 2.5cm 处开始著录；格式中的标识符除". — "占两个字格外,其余均占一个字格,但若用于编制机读目录,仍需参照西文空格规定,见下。

(2)西编卡片式著录格式

＊＊Title proper＊〔GMD〕＊＝＊parallel title＊：＊other title information＊/＊first statement of responsibility＊；＊each subsequent statement of responsibility.＊—＊Edition statement＊/＊first statement of responsibility relating to the edition.＊—＊Material (or type of publication) specific details.＊—＊First place of publication,destribution, etc.＊：＊first publisher,distributor,etc., ＊ date of publication, distribution, etc.＊(Place of manufacture＊：＊manufacturer,＊date of manufacture)

＊＊Extent of item＊：＊other physical details＊；＊dimensions * ＋ * accompanying material. * — * (Title proper of series * / * statement of responsibility relating to series, * ISSN of series * ; * numbering within the series. * Title of subseries)

* * Note(s)

* * Standard number * ; * terms of availability and/or price

此格式中的"＊"表示空格(即打字机或打印机上的一个空格位置),下同。西编格式如果使用打字机打,是从由上往下的第四行、由左往右的第九或第十一格处开始著录。

以上两种格式在 ISBD 中,第一段落从题名与责任说明项开始到丛编项结束,即整个著录正文不是分为四段而是分为三段。另外由于没有标目,以上著录格式一般用于制作通用款目或单元款目。

2. 书本式著录格式

书本式著录格式的特点是将著录正文从题名与责任说明项一直著录到标准编号与获得方式项(俗称"一条龙"著录格式)。中编的书本式格式将提要项作为第二个段落著录。这样处理,既能使中编的著录正文与 ISBD 保持一致,同时又便于文献编目部门对提要著录的舍取。为说明问题,以下仅列中编书本式著录格式:

正题名〔文献类型标识〕＝并列题名:副题名及说明题名文字/第一责任说明;其余责任说明. — 版次及其他版本形式/与本版有关的责任说明. — 文献特殊细节. —出版发行地:出版发行者,出版发行期(印制地 :印制者,印制期). —数量及其单位:图及其他形态;尺寸＋附件. —(丛编名/丛编责任说明,国际标准连续出版物号;丛编编号·附属丛编数码和/或题名). —附注. —文献标准编号(装订):获得方式

提要

(二)有标目款目的著录格式

1. 西编著录格式

西编著录格式的特点是在编目时先根据"著者—题名"标目原则选取并著录主要款目标目,然后在著录正文后将主题、附加和分析等款目的检索点著录于根查项。

(1)以责任者名称(含机关团体名称)为主要款目标目的段落式著录格式

Call Main entry heading

no. * * Title proper * [GMD] * = * parallel title * ; * other title information * / * first statement of responsibility * ; * each subsequent statement of responsibility. * — * Edition statement * / * first statement of responsibility relating to the edition. * — * Material (or type of publication) specific details. * — * First place of publication, distribution, etc. * : * first publisher, distributor, etc. , * date of publication, distribution, etc. * (Place of manufacture * : * manufacturer, * date of manufacture)

* * Extent of item * : * other physical details * ; * dimensions * + * accompanying material. * — * (Title proper of series * / * statement of responsibility relating to series, * ISSN of series * ; * numbering within the series. * Title of subseries)

* * Note(s)

* * Standard number * : * terms of availability and/or price

* * 1. * Subject heading — Subheading. * * 2. * Subject heading — Subheading. * * Ⅰ. * Added entry. * * Ⅱ. * Title. * * Ⅲ. * Series.

(2)以题名为主要款目标目的悬行式著录格式

Call Title proper * [GMD] * = parallel title * : * other title

no. * * information * / * first statement of responsibility * ; *
* * each subsequent statement of responsibility. * — * Edi-
* * tion statement * / * first statement of responsibility re-
* * lating to the edition. * — * Material (or type of publica-
* * tion) specific details. * — * First place of publication,
* * distribution, etc . * : * first publisher a distributor,
* * etc. , * date of publication, distribution, etc. * (Place
* * of manufacture * : * manufacturer, * date of manufac-
* * ture)

* * Extent of item * : * other physical details * ; * dimen-
sions * + * accompanying material. * — * (Title proper of
series * / * statement of responsibility relating to series, *
ISSN of series * ; * numbering within the series. * Title of
subseries)

* * Note(s)

* * Standard number * : * terms of availability and/or price
* * 1. * Subject heading — Subheading. * * 2. * Subject
heading — Subheading. * * Ⅰ. * Added entry. * , Ⅱ. * Ti-
tle. * * Ⅲ. * Series.

　　上例两种西编格式为主要款目格式,如需编制主题、附加、分
析等款目,只需将根查项中的某一检索点移至主要款目标目上方
的缩进两格处,如遇移行,再往右缩进两格著录。

　　2. 中编著录格式

　　中编有标目款目的著录格式目前主要分图书著录格式和连续
出版物著录格式两种,而它们又分别类似于西编以责任者为主要
款目标目的格式和以题名为主要款目标目的格式(但是两者性质
不同)。为说明问题,下面也仅列中编图书的著录格式:

题名或责任者或主题

正题名〔文献类型标识〕＝并列题名 ：副题名及说明题名文字/第一责任说明 ；其余责任说明. —— 版次及其他版本形式/与本版有关的责任说明. —— 文献特殊细节. —— 出版发行地 ：出版发行者,出版发行期(印制地 ：印制者,印制期)

数量及单位 ：图及其他形态 ；尺寸＋附件(丛编名/丛编责任说明,国际标准连续出版物号 ；丛编编号·附属丛编数码和/或题名)

附注

文献标准编号(装订) ：获得方式

提要

Ⅰ.题名　Ⅱ.责任者　Ⅲ.主题词　Ⅳ.分类号

以上格式尚不包括中、西编无标目和有标目的综合款目和分析款目格式,这些内容将在以后的有关章节中予以介绍。

二、著录级次

所谓著录级次(Level of description),即指文献著录时著录项目的选择层次。它是以著录项目尤其是以著录单元的重轻详简程度划分的。划分著录级次的思想,起源于克特编制的《印刷本字典式目录条例》,后来在 ISBD 及各国著录规则或条例中都得到了继承和发展。

我国《著录总则》初版首先是将各著录项目中的各著录单元划分成主要项目和选择项目,然后据此划分出文献著录的简要级次(或第一著录级次)、基本级次(或第二著录级次)和详细级次(或第三著录级次)。具体做法是:将 63～66 页表上的题名与责任说明中的正题名、第一责任说明,版本项,出版发行项中的出版发行地、出版发行者、出版发行期以及载体形态项划为著录的主要项目,其余划为选择项目;凡款目仅著录主要项目的称为简要级次,凡款目除著录主要项目外还著录部分选择项目的称为基本级次,凡款目著录全部主要项目和所有选择项目的称为详细级次。

《西文条例》对著录级次的规定大致也是如此,只是它的主要项目划定相对多些,如在它的简要级次里包含:题名与责任说明项中的正题名、第一责任说明,版本项,资料(或出版物类型)专用项,出版发行项中的第一出版发行者、出版发行年,载体形态项中的特定资料标识及数量,附注项及标准编号与获得方式项中的标准编号。

著录级次的选择,除取决于文献本身的内在特征和外表特征外,主要取决于文献机构的类型及规模、不同类型文献的特点及价值、读者检索的情报需求及检索系统的网络化程度。如国家书目及全国集中编目部门文献编目必须采用详细级次(计算机编目也应尽量采用详细级次),而各类型文献机构在编制各种手检目录时通常采用基本级次,只有编制书本式目录及小型文献机构在作新书报道或编制手检目录时才采用简要级次。

第四节　文献类型标识与著录用文字

一、文献类型标识

如前所述,一个文献机构的目录如果按其反映文献的类型来组织,也即分别或单独组织图书目录、报刊目录、地图目录等,那么其款目上可不反映该文献的类型。但是一个文献机构如果将其所有类型文献的馆藏只组织成一套目录,或想建立一个机编馆藏总目录,那么这类目录的款目上需要反映该文献的类型(对于机编馆藏总目录,还应反映该文献的语种等情况)。总之,在一套反映各类型文献的目录里,为了便于读者辨别文献和计算机存储与检索,需要在其款目或记录上著录文献类型标识。

在 ISBD 中,文献类型标识被称作"一般资料标识,"(General material designation,简称 GMD)。之所以如此称呼,是因为该选用著录单元著录在正题名之后,由于篇幅所限,它只能以一个术语概括地反映文献所属资料类型。至于详情,可在载体形态项的第一个著录单元即特定资料标识及文献数量中反映。由于目前各国对文献的分类还未取得一致的意见,ISBD 虽然提出这个著录单元,却并没有提供统一的内容,所以下面分别介绍一下中编文献类型标识和西编一般资料标识。

(一)中编文献类型标识

我国《著录总则》的初版中规定,文献类型标识符引用 GB3469—83《文献类型与文献载体代码》。所谓文献类型代码是指代表文献类型的标记符号;所谓文献载体代码是指代表文献载体的标记符号。它们分别由双字码和单字码组成。由于篇幅所限,下面仅提供按序号排列的文献类型代码表。

序号	名　　称	简　　称	双字码	单字码
1	专著	著	ZZ	M
2	报纸	报	BZ	N
3	期刊	刊	QK	J
4	会议录	会	HY	C
5	汇编	汇	HB	G
6	学位论文	学	XL	D
7	科技报告	告	BG	R
8	技术标准	标	JB	S
9	专利文献	专	ZL	P
10	产品样本	样	YB	X
11	中译文	译	YW	T
12	手稿	手	SG	H
13	参考工具	参	CG	K

序号	名　称	简　称	双字码	单字码
14	检索工具	检	JG	W
15	档案	档	DA	B
16	图表	图	TB	Q
17	古籍	古	GJ	O
18	乐谱	谱	YP	I
19	缩微胶卷	卷	SJ	U
20	缩微平片	平	SP	F
21	录音带	音	LY	A
22	唱片	唱	CP	L
23	录像带	像	LX	V
24	电影片	影	DY	Y
25	幻灯片	幻	HD	Z
26	其他(盲文等)	他	QT	E

上表中的专著包括教材等；会议录包括座谈会、讨论会等；汇编包括论文集等；科技报告包括科研报告、技术报告、调查报告、考察报告等；技术标准包括规范、法规等；产品样本包括产品说明书等；参考工具包括年鉴、手册、百科全书、字典等；检索工具包括各种目录、书目、文摘杂志、联合目录等；图表包括地图、地质图、气象图、蓝图、表格等；古籍包括金石、竹简等。

以下是按序号排列的文献载体代码表：

序号	名　称	简　称	双字码	单字码
1	印刷本	印	YS	P
2	缩微制品	缩	SW	M
3	录音制品	音	LY	A
4	录像制品	像	LX	V
5	机读磁性制品	机	JD	R
6	其他	他	QT	E

上表中的缩微制品包括缩微胶卷、缩微平片（胶片）等；录音制品包括唱片、录音磁带等；录像制品包括电影片、幻灯片、录像磁带等；机读磁性制品包括计算机用磁带、磁盘、磁卡等。

以上二表中的单字码用一个大写的罗马字母标识，一般取该名称的英文首字母，如有重复则灵活处理。文献类型代码表和文献载体代码表中的单字码，与 GB2901－82（《文献目录信息交换用磁带格式》)4.1.3 的"文献类型"、4.1.5. 的"文献载体代码"不完全相同。二表中的双字码用两个大写罗马字母标识，一般取该名称汉语拼音第一音节和第二音节的首字母，其他情况取其中的两个关键字首字母。文献类码代码表和文献载体代码表中的双字码，则与后来出版的《中国机读目录通讯格式》附录三"文献类型与文献载体代码表"完全相同。需要强调的是，一套目录只能从单字码或双字码中择一使用，即不能同时使用单字码和双字码。

（二）西编一般资料标识

AACR$_2$R 考虑到目前英国与澳大利亚、加拿大和美国使用的一般资料标识的不同，因此分别制订了两个不同的表，前者使用表1，后者使用表 2。

LIST1	LIST2
braille	art original
cartographic material	art reproduction
computer file	braille
graphic	chart
manuscript	computer file
microform	diorama
motion picture	filmstrip
multimedia	flash card
music	game

object

sound recording

text

videorecording

globe

kit

manuscript

map

microform

microscope slide

model

motion picture

music

picture

realia

slide

sound recording

technical drawing

text

toy

transparency

videorecording

表 1 和表 2 的差别在于文献分类的粗细不同。如表 1 中的 cartographic material 包括表 2 中的 map 和 globe；graphic 则包括 art original，chart，filmstrip，flash card，picture，slide，technical drawing 和 transparency；object 则包括 diorama，game，microscope slide，model 和 realia。

我国《西文条例》基本采取表 2，只是对个别文献类型标识做了一些特殊规定。如：1. 单幅地图用 map，而不用 chart；2. 绘图资料在本表中无贴切用语的，用 picture 表示；3. 建筑示意图用 art original 或 picture，而不用 technical drawing；4. 多载体配套资料或者由同种物质材料制作的成套设备（lab kits），均用kit 表示。

二、著录用文字

为保证文献著录正确地描述文献的形态和内容特征，使目录组织能得到准确而有效的著录正文和排检依据，发挥目录的应有作用，必须保证著录文字使用规范。为此，中、西文文献著录规则或条例都有有关著录用文字的若干规定。

所谓著录用文字，是指著录时所使用文字的字形、字体和语种。字形指字的形体，如汉字用繁体字还是简体字，外语采用哪种拼写方法，数字用汉字、罗马数字还是阿拉伯数字，等等；字体指文字书写方法；而文种则指用哪一文种著录。由于中、西文在这三个方面存在较大差异，下面分别对中、西文著录用文字的规定作一介绍。

（一）中编著录用文字

《著录总则》初版对著录用文字的规定如下：1. 著录用文字必须规范化；2. 题名与责任说明项、版本项、文献特殊细节项、出版发行项、载体形态项、丛编项、附注项、提要项均用文献本身的文字著录（其中的版次、出版发行期、卷（册）数、载体形态数量、尺寸或开本、价格等数字，一律使用阿拉伯数字）；3. 文献本身的文字出现错误，仍需著录，同时将考证所得的正确文字，在其后加"[]"校正，或在附注项说明；4. 各少数民族文字的文献采用本标准时，需按其文字本身的书写规则著录。

其中的规范化，是对著录用文字的总要求，它包含以下两层意思：1. 使用汉字时要做到正确无误，并严格以国务院公布的《简化字总表》为根据（古籍可用规范化的繁体字著录）；2. 使用其他文字时，要求不出现分歧和错误，并严格按其书写规则进行。另外在手工编目时，不仅文字要规范，而且应当书写工整，不可潦草，即字体要采用印刷体或手写楷书。

至于文种，按上述第二条要求，一般汉文文献即用汉字著录。但是多语文文献则应根据文献的著录信息源及其正文的文种，并参考文献的用途来决定使用何种文种。使用汉文著录的多语文文献主要有以下两类：1.文献信息源只有汉语，无论其正文使用什么文种者；2.文献信息源有多种文字（含有汉文）而其正文只有汉文者，或有多种文字的信息源和正文均有汉文者。而用外文著录的多语文文献也有两类：1.文献信息源有多种文种（含有汉文），其正文仅一种外文者；2.文献正文有多种文字（含有汉文），其信息源仅有外文者。

（二）西编著录用文字

我国《西文条例》对著录用文字作了以下三条规定：1.题名与责任说明项、版本项、出版发行项、丛编项均按文献本身所用文字著录；2.载体形态项、附注项、标准编号与获得方式项用英文著录；3.个别项目文字的特殊规定见有关项目的说明。

上述三条著录用文字的规定，针对西方的文字特点来说，显得过于简单。其实，我们在 ISBD 及 AACR₂R 中，还可发现关于缩写、大写及印刷错误等的规定。如关于文献著录中的缩写问题，AACR₂R 中有一专门的附录，ISBD 则建议使用 ISO 832－1975《文献工作——书目参考——典型词缩写》（Documentation—Bibliographical References—Abbreviations of Typical Words）或类似的国家标准。

关于大写问题，根据 ISBD 的精神，大致有这几条规定：1.一般情况下，每一著录项目的首词之首字母都应大写；2.某些著录单元，如一般资料标识、并列题名、交替题名、分辑题名的首字母，以及专用名词每个词的首字母也应大写；3.各语种文献的大小写按各语种的语法规则而定，如英、法文除专用名词外，其余均小写，而德文则规定，凡名词都应大写。关于第三点，ISBD 特别强调即使在著录中出现多种语言和/或字体时,每种语言和/或字体的大写也要按照该语言和/或字体的规定处理(虽然有时会导致整个著录的大写形式不一致)。

另外 ISBD 还规定,错误的或拼错的单词应按资料所载形式著录,而在它们之后可加注"[sic]"(即[原文如此])或"[!]"。对此,也可采用另一种方法,即用"[i.e.+修订词]"的方法。对于单词中所遗漏的字母亦可补著于"[ ]"内(此时方括号前后不空格)。

第五节　著录信息源与图书版权页

一、著录信息源

文献著录规则或编目条例中的 Source(s) of information 按其字面意义可以理解为"信息源",实指"著录信息源",即文献著录时著录对象的材料根据。因此,我国的《著录总则》初版及其分则也有将其译成"著录根据"或"著录来源"的。为统一术语,本教材仍按"信息源"称呼。

信息源的理论在西方编目史上有着悠久的历史,而且在各著录规则或编目条例中大多占据首要位置。如在 AACR₂R 中,其第一部分(即"著录部分")的前 12 章每章开头都有关于信息源的规定。如其第 1 章"著录总则"1.0A 条款关于信息源问题就有如下两条规定:1.第一部分中的每一章都对其所论述的每一种文献或出版物类型规定特定的主要信息源(Chief source of information)。主要信息源可以是单一的(如一题名页),也可以是集合的(如一影片的片头部分)。从主要信息源中获取的信息优先于从其他部分获取的信息。当其他信息源被用特殊字符突出时,则优先采用。另外,对每一个著录项目都规定有一个或一个以上的信息源(即"规定信息源",Prescribed source(s) of information)。从规定信息源以外部分获取的信息,著录时应用方括号括起。2. 如果文献没有提供可以作为著录根据的材料,则应从可以获取的任何来源中获取必要的信息,而无论它是来自于参考工具还是该文献的目次中。这种方法可以用于失去题名页的印刷本著录、图书馆或个人获得的并作为一部文献而编目的小册子汇编和零散资料、没有加工过的录音资料等。在此情况下,款目中应作一条附注,以说明提供资料的出处。

此外,AACR₂R 第 1 章 1.0H"有几个主要信息源"的条款中还有另外两条具体规定。但就从其上述 1.0A 两条规定中,我们就可得出如下结论:1. 每一种文献或出版物类型都规定有特定的主要信息源,而且从主要信息源中获取的信息要优先于从文献其他部分获取的信息;2. 没有主要信息源的文献,则应从可以获取的任何来源中获取必要的著录信息,但在这种情况下应做一条附注,以说明提供资料的出处;3. 信息源按其性质和作用应有两类:一类是反映某一类型文献的著录项目的主要出处——主要信息源,一类是反映某一类型文献的某一著录项目的具体出处——规定信息源。

据此,AACR₂R 在其第 2 至 12 章的 2.0B1,3.0B2,4.0B1,5.0B1,6.0B1,7.0B1,8.0B1,9.0B1,10.0B1,11.0B1 和 12.0B1 条款中,分别对图书、小册子和印刷资料,测绘制图资料,手稿,乐谱,录音资料,影片和录像,图表资料,计算机文档,立体人工制品和实物,缩微制品及连续出版物的主要信息源作了规定;在2.0B2,3.0B3,4.0B2,5.0B2,6.0B2,7.0B2,8.0B2,9.0B2,10.0B2,11.0B2 和 12.0B1 条款中,则对上述文献的规定信息源作了规定。

AACR₂R 的著录部分都是根据 ISBD 制订的,而在 ISBD 各标准中也都明确文献著录的信息源分主要信息源和规定信息源。国际著录标准中区分两种信息源以及区分它们的现实意义在于：主要信息源提供某一类型文献的著录项目的主要出处，它依特定类型文献的结构特点而定，一般能稳定、完善、准确地反映所著录文献的主要特征。如图书的书名页、唱片的标签、缩微胶卷的题名帧等，都是正确选择著录项目，并使统一著录获得保证的依据。因此，当缺少主要信息源或主要信息源不完整时，各种文献应该依次规定其他的著录信息源，这对选择责任者、题名等检索点，尤其是对确定责任者、题名的主要款目标目，无疑可以提供一个统一的标准。总之，认识和分析著录对象的特征，尤其是作为主要著录根据的特征是文献著录的重要任务，因为文献著录的直接对象是文献本身，只有通过认识去分析它，才能正确地去记录、报道它，而认识文献主要是认识文献的内容及其形态，目的在于根据文献的不同特征，正确地进行著录。

而规定信息源则是提供某一类型文献某一著录项目和著录单元的特定著录来源，它是对具体文献进行正确著录的首要条件。这是因为受编文献本身不同部位记载的文献信息常有出入，当不同信息源的记载出现差异时，根据著录信息源的规定，便可得知应以哪一信息源的记载为准。按照著录信息源规定的顺序选取文献信息，可以保证文献信息选取的一致性，避免对同一文献的著录不统一。总之，唯有各国各馆对每一种文献的每一项著录项目和著录单元都依统一的出处进行著录（从规定信息源以外部分获取的著录信息应用方括号括起著录），各国各馆的书目著录才具真正意义上的互换性。

概括所述，主要信息源主要针对排检点选取而言，规定信息源主要针对书目著录而言，两者合一才能达到完全意义上的标准统一。然而，国内现时对这一理论研究得还很不够，在著录规则中的具体表现，一是信息源的种类混乱，二是这方面的规则论述过简。

以下根据国内外有关规则的规定,列出各类文献的主要信息源,至于它们各自的规定信息源则在有关著录章节中论述。

文献类型	主要信息源
普通图书	题名页;版权页
连续出版物	题名页或代题名页
古籍	文献本身
测绘制图资料	文献本身或资料容器、盒套、地球仪支架
缩微制品	题名帧
影片及录像资料	文献本身
录音资料	文献本身或标签
音乐乐谱	题名页

二、图书版权页

AACR$_2$R 的 2.0B1 条款中对图书、小册子和印刷资料的主要信息源是这样规定的:印刷专著的主要信息源是其题名页;如果没有题名页,则用其题名页的替代物;对于没有题名页,或没有提供完整著作题名的印刷专著(如某些《圣经》版本和双语词典),则用其提供最完整信息的部分,而不管它是封面(与书分离的护封除外)、半题名页、章节标题、书尾题署、逐页题名与其他部分;如果文献没有一个部分能够提供作为著录基础的材料,则从任何可以获取的来源中获取必要的信息;如果按惯例是在题名页上反映的信息,出现在反复出现或没反复出现的迎面页或连张页上,则将这些迎面页或连张页作为题名页看待……总之,在上述规定中,我们找不到图书以版权页为主要信息源的规定。但在上表中,我们是将图书的版权页作为与题名页并列的主要信息源来看待的。这一方面没有违反标准或条例有关主要信息源的规定精神,更多地是从编目实践中得出的结论:图书版权页的著录信息通常比其题名页的著录信息更多、更完整、更标准。

(一)中文图书版权页

中文图书的题名页上通常记载的信息有:题名、责任说明,以及出版发行等方面的内容。而中文图书的版权页上不仅重复记载这些信息,而且有时还有更细的说明,甚至提供有关版本、载体形态、丛书、附注、标准书号与获得方式、提要等的著录内容(见 85 页例)。

随着我国图书在版编目的逐步普及,现在出版的一些中文图书的版权页上还同时印有"图书在版编目(CIP)数据"。虽然这些数据有时还有差错,或仅靠它们还不足以构成一条完整的款目,但是有了这些数据,可以大大提高各馆编制目录的质量,以及减轻广大编目人员的劳动强度。如在图书在版编目(CIP)数据中,全都提供了此文献的题名、责任者、主题词和分类号排检点,有时甚至还在题名之下印有相应的汉语拼音字母。这些都为各馆编目人员的文献标引,以及用汉语拼音组织目录的工作,带来极大的便利(见 86 页例)。

内容简介

为了适应图书馆目录著录条例的变化,一九六二年美国图书馆协会特别组织了一个分委员会,广泛搜集资料和意见,编辑出版了这一册新的排片条例。本条例基本适用于编制字典式目录,也可用于分立目录、书本目录、索引等。它是目前手工排列西文图书目录卡片的重要工具书,可供图书情报单位排卡工作参考。

ALA Rules for Filing Catalog Cards

Pauline A. Seely

(Chairman and Editor)

美国图书馆协会排片条例

第 二 版

(美)波林.A.西科 编

佟　富　郝生源　合译　刘光玮　校

书目文献出版社

(北京文津街七号)

河北涿县辛庄印刷厂印刷

新华书店北京发行所发行　各地新华书店经销

787×1092 毫米　1/32 开本　13 印张　291 千字

1985 年 9 月北京第一版　1985 年 9 月北京第 1 次印刷

印数 1—7,100 册　定价:2.15 元

图书分类号:G254.33　统一书号:7201.51

图书在版编目(CIP)数据

图书在版编目工作手册/许　绵主编. — 北京：
人民出版社,1994
ISBN 7-01-001949-5

Ⅰ.图…
Ⅱ.许…
Ⅲ.①图书编目:在版编目—手册②在版编
目:图书编目—手册
Ⅳ.G254.342-62

图书在版编目工作手册
TUSHU ZAIBANBIANMU GONGZUOSHOUCE
许　绵主编　李泡光副主编
人民出版社出版发行
(100706 北京朝阳门内大街 166 号)
南宫印刷厂印刷　新华书店经销
1994 年 2 月第 1 版　1994 年 2 月第 1 次印刷
开本:787×1092 毫米　1/32　印张:5.5
字数:112 千字　印数:1—6000 册
定价:6.50 元

（二）西文图书版权页

由于历史的原因,我们知道西方各国的版权制度和在版编目的实施大大早于我国,而且要比我国完备,所以在西方图书的版权页上通常都有版权说明方面的信息和图书在版编目数据。这些(尤其是在版编目数据)都为我国西编工作者提供了方便。如一部图书在确定了或以责任者或以题名为主要款目标目后就要解决其标目形式的问题(包括责任者和题名的附加排检点),但是有时遇到一些不带连词符的复姓以及带前缀的责任者名称,其标目形式不好把握,而有了在版编目数据,许多问题便可迎刃而解。再如西文图书在版编目数据中一般印有美国国会图书馆分类号和杜威十进分类号,以及美国国会图书馆标题表主题词和美国医学图书馆标题表主题词,这些都为我们进行西文标引(或直接采用)提供了便利。至于不同的主要款目标目带来不同的著录格式,西文图书的在版编目数据都予给出(例见 88,89 页)。

另外,一部西文文献依据其题名页是以责任者或以题名作主要款目标目,一般比较好判断,但有时也难以判断,见下例:

LEGITIMATION
OF GEGIMES
International Frameworks for Analysis

Edited by Bogdan Denitch

City University of New York,USA
SAGE Studies in International Sociology 17
Sponsored by the International Sociological
Association/ISA

LIBRARIES UNLIMITED, INC.

P. O. Box 263

Littleton, Colorado 80160

Library of Congress Cataloging in Publication Data

Wynar, Bohdan S.

   Introduction to cataloging and classification.

   Bibliography: p. 641

   Includes indexes.

   1. Cataloging. 2. Classification—Books.

I . Dowell, Arlene Taylor, 1941— joint author.

II . Osborn, Jeanne, joint author. III . Title.

Z693. W94 1980 025. 3 80—16462

ISBN 0-87287-220-3

ISBN 0-87287-221-1 (pbk.)

Libraries Unlimited books are bound with Type II nonwoven material that meets and exceeds National Association of State Textbook Administrators'Type II nonwoven material specifications Class A through E.

Published 1988 by
AMERICAN LIBRARY ASSOCIATION
 50 East Huron Street, Chicago, Illinois 60611
  ISBN 0-8389-3346-7 (casebound)
  ISBN 0-8389-3360-2 (paperbound)
  ISBN 0-8789-3361-0 (looseleaf with binder)
CANADIAN LIBRARY ASSOCIATION
 200 Elgin Street, Ottawa,Ontario K2P 1L5
  ISBN 0-88802-242-5 (casebound)
  ISBN 0-88802-241-7 (paperbound)
  ISBN 4-88802-243-3 (looseleaf with binder)
LIBRARY ASSOCIATION PUBLISHING LIMITED
 7 Ridgmount Street, London WC1E 7AE
  ISBN 0-85365-509X (casebound)
  ISBN 0-85365-5987 (paperbound)
  ISBN 0-85365-848X (looseleaf with binder)

British Library Cataloguing-in-Publication Data

Anglo-American cataloguing rules. — 2nd ed. ,1988 revision
 1. Documents. Author cataloguing & descriptive cataloguing
 Ⅰ. Gorman, Michael, 1941— Ⅱ. Winkler, Paul W. (Paul Walter) Ⅲ.
Joint Steering Committee for Revision of AACR IV. American Library Association V. Library Association
 025. 3'2

Library of Congress Cataloging in Publication Data

Anglo-American cataloguing rulls / prepared under the direction of the Joint
Streering Committee for Revision of AACR,a committee of the American
Library Association, the Australian Committee on Cataloguing, the British
Library, the Canadian Committee on Cataloguing, the Library Association,
the Library of Congress ; edited by Michael Gorman and Paul Winkler. —
2nd ed. ,1988 reviston.
   p. cm.
 Originally published (1967) in two versions under the following titles :
Anglo-American cataloging rules. North American text ; Anglo-American
cataloging rules. British text.
   Includes bibliographical references and index.
   1. Descriptive cataloging—Rules. I. Gorman, Michael, 1941— . II. Winkler,Paul W. (Paul Walter) III. Joint Streering Committee for Revision of
AACR. IV. American Library Association.
 Z694. 15. A56A53 1988   025. 3'2—dc 19   88—19349

根据以上题名页所提供的信息，以及根据有关编目条例的规定，此书一般认为是取题名为主要款目标目，而其版权页上却提供了一个以会议名称为主要款目标目的在版编目数据，原来在该书的前言部分说"这一卷论文集是 1977 年 4 月在纽约市大学召开的'Conference on Legitimation and Delegitimation of Regimes'的成果"。也即有了版权页，从而避免了一个标目方面的错误。难怪有人说，掌握了版权页信息，等于编目工作已经做了一半。因此，无论中、西文编目，我们都应将图书的版权页看作是一个与其题名页并列的主要信息源，至少实践上应是这样。

第四章　单行本著录

第一节　普通图书及其著录概述

一、普通图书的含义

图书又称"书"或"书籍",是指具有一定篇幅并制成卷册的非连续刊行的文献。国际标准《文献工作——情报与文献工作词汇》(ISO 5127/2)从物质形态的内在特征上进一步对图书作了如下表述:"48页以上并构成一个书目单元的文献。"

图书具有悠久的历史。据此,人们一般又将图书分成以下两类:古籍和普通图书。在西方,普通图书又称"专著出版物"(Monographic publications 或 Monographs),它既包括可直接目读形式的或供盲人使用的浮凸字体形式的现代专著,也包括限量发行的或按需供售的专著。在我国,普通图书主要指以印刷方式单本刊行的出版物,包括汇编本、多卷书和丛书等,但不包括线装古籍、连续出版物及各种非书资料等。英美等国一般是将普通图书的起线划在1801年。我国一般认为,1911年之前的图书,以古典装帧形式刊行的为古籍,以平装形式出版的为普通图书;但1911年以后的图书,不论其以何种形式刊行,均为普通图书。

二、普通图书的特征

普通图书的特征多种多样。从内容上看，它较其他类型的文献全面系统、成熟可靠，但出版周期一般较长，传递知识与其他信息的速度一般较慢。就功能而言，普通图书有阅读性图书和参考工具书之分。从出版发行上看，则有单行本、多卷书和丛书之分，以及新版和再版书之别。就形态特征而言，普通图书一般由外表部分、文前栏目、内容正文和文后栏目等几部分组成。其中，外表部分包括护封（或书衣）、内折页、封皮、书脊、衬页等；文前栏目包括卷首插图、扉页、半书名页、书名页、版权页、题献页、前言、目次、导言、凡例等；文后栏目包括补遗、附录、注释、书目或参考文献、词汇表、索引、跋等。

三、普通图书著录概述

中、西文普通图书的著录项目有书名与责任说明项、版本项、资料（或出版物类型）专用项、出版发行项、载体形态项、丛编项、附注项、标准书号与获得方式项、提要项及排检项（或根查项）。其规定信息源分布如下：

著录项目	规定信息源
1.书名与责任说明项	书名页（无书名页时为版权页、封面、序言、后记）
2.版本项	书名页、版权页、其他序页和书末出版说明
3.资料（或出版物类型）专用项	图书著录不用此项，但在著录划归图书的其他文献（如地图集）时，应遵循该类文献的有关规定著录此项
4.出版发行项	书名页、版权页、其他序页或书末出版说明

著录项目	规定信息源
5.载体形态项	图书本身
6.丛编项	书名页、版权页、其他序页、封面、书脊和书末出版说明
7.附注项	任何来源
8.标准书号与获得方式项	任何来源
9.提要项（中编）	图书本身
10.排检项（中编）或根查项（西编）	图书本身

由于普通图书中的单行本（含汇编本）、多卷书和丛书在著录方法上存在一定的差异，本章先集中论述单行本的著录方法，其著录格式见前一章的有关内容。至于多卷书、丛书及其单卷（册）书的著录，见后面有关章节的内容。

第二节　书名与责任说明项

中、西文单行本图书的书名与责任说明项含有以下著录单元：正书名、文献类型标识（或一般资料标识，选用）、并列书名、其他书名信息及责任说明等。其例式如下：

正书名［文献类型标识］：其他书名信息 ：其他书名信息/责任说明

正书名［文献类型标识］＝并列书名＝并列书名/责任说明

正书名［文献类型标识］：其他书名信息＝并列书名 ：并列其他书名信息

正书名［文献类型标识］/责任说明＝并列书名/并列责任说明

正书名［文献类型标识］/第一责任说明 ；第二责任说明 ；

第三责任说明

书名［文献类型标识］：其他书名信息；书名：其他书名信息/责任说明

书名［文献类型标识］/责任说明·书名/责任说明

书名［文献类型标识］＝并列书名；书名＝并列书名/责任说明

一、正书名

正书名即图书的主要书名，包括单纯书名、交替书名和合订书名。

（一）单纯书名

单纯书名即书名前后没有附加其他文字的书名。它既可以由表示作品类型或其知识及艺术内容的词语组成，也可以是一个及其以上的地名、人名或机关团体名称组成。著录时，单纯书名不论其用什么文字或数字或其他符号，均照录。中编对各机关团体所编的本单位工作报告、工作计划、论文集、职员录、藏书目录等，若前未载明单位名称时，可在书名前用"［］"冠以该单位名称；而西编对那些冗长的书名在保留基本原意的情况下可做删节，但至少应保留头五个单词，省略部分用"…"表示（而原来书名中的删节号"…"和方括号"［］"，著录时应分别改用破折号"—"和圆括号"（）"）。例：

斯大林论民族问题

The British Museum

$1+1＝2$

［辽宁省图书馆］新书通报

For the sake of a single verse…

但若一本图书没有书名，则可根据不同情况采用如下方法著录：1.参考有关资料著录，并在附注项注明"书名据××××补"或

94

"Title from⋯";2.著作集或汇编本之类的图书,取其第一篇篇名著录,并在附注项注明"书名取自目次"或"Title from contents";3.无资料可参考又不属于著作集或汇编本之类的图书,可由编目员自拟一个足以概括其知识及艺术内容的书名,并同时在附注项注明"书名系编目员拟定"或"Title supplied by cataloguer"。

（二）交替书名

交替书名即同一图书的书名页上具有两个或两个以上交替使用的不同书名。一图书的交替书名若是两个,则依次著录,中编中间用",又名,"连接(不管原来两个书名之间是用"又名"还是"一名"、"亦名"、"原名"、"或"连接),西编中间用",or,"或其他文字的对应词连接。例:

　　侠女奇缘,又名,儿女英雄传

　　Eric,or, Little by little

交替书名若有三个及其以上,书名与责任说明项仍只著录前两个,其余在附注项用"本书另一交替书名:××××","Other alternative title :⋯"著录。

（三）合订书名

合订书名又称"集合书名",即一图书由几部著作合订而成,其书名页上没有一个共同的书名,而依次出现两个及其以上的原先书名。属于同一责任者的合订书名,中编依次著录前两个,并在第二合订书名前用";"标识;不属于同一责任者的合订书名,中编分别按不同的书名与责任说明著录,并在第二合订书名与责任说明前用"·"标识;不属于同一责任者的合订书名若在三个及其以上,中编书名与责任说明项只取第一合订书名及责任说明著录,或自拟一个能概述图书内容的书名用"[ ]"括起著录,而未在本项著录的合订书名及责任说明,可在附注项用"本书与××××合订"注明。例:

　　昌平山水记 ；京东考古录/(清)顾炎武著

唐国史补/(唐)李肇撰·因话录/(唐)赵璘撰

上述情况，西编可著录前三个书名，其后用删节号表示，其余的也可在附注项用导词"With：…"著录。例：

Flash and filigree ; and, The magic christian

The double-dealer ; Love for love ; The way of the world…

二、文献类型标识

《著录总则》初版时，曾将文献类型标识规定著录在所有题名之后，其修订稿开始向 ISBD 看齐，将其统一著录在文献的正题名之后。例：

Map of China ［slide］

鲁迅日记［SG］：1930 年

一著作的文献类型与文献载体发生交叉时，以标识文献类型为主，但必要时可用"（）"在后标识文献载体，如一印刷型的手稿，可标识为"［SG］"或"［SG（YS）］"；一著作由一种文献类型改制成其他文献类型，取受编文献类型的标识符，但必要时也可将原文献类型的标识符用"（）"在后著录，如由一部手稿拍摄而成的缩微平片，可标识为"［SP］"或"［SP（SG）］"；一种文献各组成部分的类型或载体不同，应选取主要部分的文献类型或载体标识，但若其中没有一种是主要的或其主次难以定夺，中编则标识，"［QT］"，西编则标识"［kit］"。

三、并列书名

并列书名即在书名页上用两种或两种以上文字互相对照时，其中第二及其以后的书名。并列书名原则上依书名页所载顺序著录，但在我国文献机构也可一律先著录汉文书名后著录外文并列书名(中编)，或先著录文献内容所使用的语种(或其主要语种)后著录其他外文并列书名(西编)。例：

英华大词典＝A new English-Chinese dictionary

Strassenkarte der Schweiz＝Carte routière de la Suisse＝
Road map of Switzerland

与书名并列的汉语拼音不能视为并列书名。不载于书名页上但是反映翻译本的其他文字书名虽也不能视为并列书名，但可根据需要使用"书名原文：××××"、"Translation of：…"著录于附注项。

四、其他书名信息

ISBD(M)中的其他书名信息即正书名和并列书名之外的书名和书名说明。据此，我国《著录总则》及《普通图书著录规则》(以下简称《图书规则》)初版将它细分为副书名和书名说明文字。所谓副书名，又称解释书名，解释或从属于正书名的另一书名；所谓说明书名文字，即位于书名前后，对图书的内容范围、编辑方式、体裁等的说明文字。副书名在书名页中均排列在正书名之后，而说明书名文字在书名页的排列位置，或在书名之上，或在书名之下，并无一定的模式。但是著录时，两者均著录在正书名之后，之前均用"："标识。需要注意的是，著录时需将它们原先使用的破折号或圆括号去掉。另外，有时正书名含义不清，编目员可根据情况自拟一个副书名或说明书名文字用"[]"括起著录。例：

浮选：纪念 A. M. 高登论文集

（原题：浮选——纪念 A. M. 高登论文集）

Human action：a treatise on economics

尼尔斯骑鹅旅行记：英汉对照

（原题：尼尔斯骑鹅旅行记（英汉对照））

Heil Harrisl：a novel based on the television series 'The Avengers'

上海浦东新区：[道路规划建设]

其他书名信息还应包括汉文图书正书名后的章数、卷数和戏剧的幕数，以及西文图书中未被选作正书名的书名全称或简称形式。但在书名后反映图书内容范围的年份，西编在前使用"，"标识。例：

红楼梦：八十回

清明前后：五幕话剧

ISBD（M）：International standard bibliographic description for monographic publications

National accounts statistics，1950—1968

五、责任说明

责任说明即书名与责任说明项中反映与图书的著作内容有关的各类责任者情况的部分，包括作为著作责任者的个人或团体的名称，以及著、编、译等各种责任方式。责任说明分第一责任说明和其他责任说明，后者又有第二、第三等责任说明之分。第一责任说明系指一图书具有几个不同责任方式的责任说明时，其中列居首位责任方式的责任说明，著录时其前用"/"标识（"/"也用于只有一种责任方式的责任说明前）；其余责任说明系指一图书具有几个不同责任方式的责任说明时，其中非列居首位责任方式的责任说明，著录时每一其余责任说明前均使用"；"标识。

（一）中编责任说明

中编中，同一责任说明中的责任者若是两个，依次照录，但第二个责任者前用"，"标识；若超出三个（包括三个），则著录第一个责任者，并在其后加"等"字。责任者单元的著录内容及其顺序是：1.责任者的时代或国别（用"（）"括起著录）；2.个人、团体名称（包括会议名称）；3.外国责任者的外文原名（也用"（）"括起著录）；4.责任方式。例：

新编图书馆目录/黄俊贵，罗健雄编著

鸿雪因缘图记/(清)麟庆著；汪春泉等绘图

居里夫人传/(法)居里(Curie,E.)著；左明彻译

责任者名称之前用"()"冠以朝代或国别,其目的在于区分同姓名或同译名的不同责任者。朝代仅用来著录中国清以前的古代责任者(跨朝代的一般以其卒年为准),以及建国前的中国政府机关责任者("()"内应著录"民国"字样);外国责任者的国别若文献中没有提供,或一时无法确定,可先著录识别责任者国别的"()",待以后查清后再补著进去。另外,责任者名称前的"()"还可用来著录中国现代僧人的著作,即"(释)原题责任者法名";若该僧人系中国清以前的古代僧人或外国僧人,还可在"释"字前分别加著朝代或国别。例：

上海人口流动情况报告/(民国)上海市政府

物质运动和力/()罗杰斯(Rogers,E.M.)著；华新民译

华岩纲要浅说/(释)溥常编

龙龛手镜/(辽释)行均编

集量论略解/(印释)陈那(Dignāgo)造；(释)法尊译编

中国责任者名称及汉译外国责任者姓氏一般依原题著录,但其前后记载的出身、籍贯、单位、职位、学位及头衔文字说明均不著录。外国责任者原文名称若记载在图书中或通过查考获得,著录在汉译姓氏后的"()"内(日本人除外),其中姓氏用全称、名用首字母;若外国责任者姓氏仅有原文而无姓氏汉译名,则可直接按姓、名顺序著录原文,或参考统一译名手册将其译出按前一种方法著录;外国个人责任者若只有汉译姓氏及名字原文缩写而无姓氏原文或查考不出时,应先著录姓氏译名,后著录名的缩写字母(此时不用"()");若只有汉译姓氏及名字而无姓名原文或查考不出时,只需著录汉译姓氏。例：

法学知识手册/姚梅镇主编

(原题：主编　姚梅镇教授)

撒克逊劫后英雄传/(英)司各特(Scott,W.)著；(法)罗亚尔(Rouillard,H.)简写；伊信译

原子物理学/(美)Willmott,J.C.著；李申生译

道路交通事故调查手册/(英)比亚特,R.,瓦兹,R.著；张海译

赎罪日战争/(以色列)赫佐格著；军事科学院外国军事研究部译

(原题：[以色列]恰伊姆·赫佐格著)

多责任方式的责任说明一般依书名页所载的顺序著录。若书名页记载不明，则可按以下著作类型及其形成过程的情况著录：1.经过注释、改编的著作，先著录原著者再著录注释者、改编者，但文艺作品经改编后体裁有所改变时，则以改编者为第一责任说明的责任者，并将原著者著录于附注项；2.一般翻译著作，先著录原著者后著录翻译者(无从查考原著者时，以译者为第一责任说明的责任者著录)，但编译或辑译的著作，则以编译者或辑译者为第一责任说明的责任者著录(校者一般不予著录，但审校者应予著录)；3.一至两个著者的汇编本，先著录原著者后著录汇编者，但三个以上著者的汇编本，则以汇编者、选编者为责任者著录(无汇编者、选编者，但以书中某一篇名为书名的，则以该篇著者为责任者，后加"等"字著录)；4.法律、标准、规章、条例等图书一般以编写者或制定者、起草者、提出者为责任者著录，其审查者、批准者可著录于附注项，但若没有前者时，则以审查者、批准者为责任者著录；5.著录多责任说明的责任者，一般不宜超过四种。对于图书的校阅者、监修者、收藏者等，一般可不著录，若有必要可著录于附注项。例：

祥林嫂：越剧/袁雪芬改编

(附注项著：本书根据鲁迅同名小说改编)

欧美解剖学史/孙健民等编译

一九八〇年短篇小说选/人民文学出版社编辑部编

建筑安装工程施工及验收暂行技术规范.第二篇,砖石和炉灶工程/中华人民共和国国家建设委员会批准

画山水序/(晋)宗炳著；陈传席译解；吴焯校订.叙画/(晋)王微著；陈传席译解；吴焯校订

责任者的责任方式一般依原题著录。中编常见的责任方式有:著;编著;辑、编、编辑;主编;改编;缩写;执笔;报告;讲(口述)、记;搜集、整理;节录;译、节译;编译;编解;校;注;句读、标点;补编、补遗、续编;制定、提出;通过、批准;作、作曲、作词;绘;摄;书;篆刻、治印;移植等。

(二)西编责任说明

西编中,同一责任说明中的责任者若是三个,依次照录,但第二和第三个责任者前应用",",标识(若两个责任者之间有语法联系,如有连接词 and 或在文字说明上不可分,则应照录而不必在第二或第三个责任者前加",",标识);若超过四个(包括四个),只著录第一个责任者,其余的予以省略,省略部分用"…"及加"[]"的缩写词 et al. 表示。例:

Theory of cataloguing / Girja Kumar,Krishan Kumar

An introduction to medieval Europe，300—1500 /James Wectfall Thompson & Edgar Nathaniel Johnson

Anglo-American cataloguing rules / prepared by the A-merican Library Association...[et al.]

与中编相比,西编中的责任说明部分只著录责任者名称及责任方式。但由于语言的特点,西文图书中的责任方式词语一般处于责任者名称之前。英语中表示责任方式的词组有:

abridged by ...	由 ... 删节
adapted by ...	由 ... 改编
adapted from ... by ...	... 根据 ... 改编
adopted in ...	在 ... 被通过,被采纳

approved by . . .	由 . . . 批准
by . . .	. . . 著
collected by . . .	由 . . . 收集
completed by . . .	由 . . . 充实,完善
compiled by . . .	由 . . . 编纂
contributed by . . .	由 . . . 投稿,贡献
edited by . . .	由 . . . 编
enlarged by . . .	由 . . . 扩充
explained. . .	由 . . . 解释
extracted from. . . by . . .	由 . . . 从 . . . 摘记
illustrated by . . .	由 . . . 插图
organized by . . .	由 . . . 组织
prepared by . . .	由 . . . 供稿,提出
produced by . . .	由 . . . 制作
rctold by . . .	由 . . . 复述
revised by . . .	由 . . . 修改
selected by . . .	由 . . . 选择
simplified by . . .	由 . . . 简写
sponsored by . . .	由 . . . 主办
translated by . . .	由 . . . 译
under the auspices by . . .	由 . . . 赞助
with an introduction by . . .	由 . . . 作导言
written by . . .	由 . . . 写作

这些表示责任方式的词组有时在图书中也有结合起来使用的现象,如 selected and edited by . . .(由 . . . 选编),translated and edited by . . .(由 . . . 编译)等。另外常见的还有在责任者名称的前面或后面用标明其职责身份的 author,editor,translator 等词语来直接说明其责任方式。著录时应根据原序,但需根据具体情况

或在责任者名称之前或在责任者名称之后加","。例：

Seeking a faith for a new age : essays on the interdependence of religion, science, and philosophy/by Herry Nelson Wieman ; edited and introduced by Cedric L. Hepler

A centenary exhibition of the work of David Octavius Hill, 1802—1870, and Robert Adamson, 1821—1848/selection and catalogue by Katherine Michaelson

Introduction to linguistics/author, Ronald Wardhaugh

An illustrated dictionary of geography / Ogilvie Buchanan, editor

西文书名页上的责任者名称，有时附有学位、尊称或头衔的词语，著录时应予以省略，但以下情况除外：1.该称号为语法上所必需；2.略去称号后只剩下姓或名；3.该称号为识别责任者所必需；4.该称号是贵族封号或英国的荣誉称号，如 Dame, Lady, Lord, Mrs 及 Sir 等。

第三节　版本项

中、西文单行本图书的版本项含有以下著录单元：版本说明、并列版本说明（选用）、与本版有关的责任说明、附加版本说明、附加版本说明后的责任说明。本节侧重一、三、四项著录单元。其例式如下：

．— 版本说明

．— 版本说明＝并列版本说明

．— 版本说明/与本版有关的责任说明

．— 版本说明/与本版有关的第一责任说明 ；与本版有关的第二责任说明 ；与本版有关的第三责任说明

. — 版本说明/与本版有关的责任说明＝并列版本说明/与本版有关的并列责任说明

. — 版本说明,附加版本说明

. — 版本说明/与本版有关的责任说明,附加版本说明/与附加版本有关的责任说明

一、版本说明

一般而言,中、西文图书的版本说明可分为数字表示法和文字表示法两种。而这两种方法中,一般都有"版"(Edition, Issue, Version,或其他文字的对应词)字标识。

数字表示法有:

First edition	第一版
Second edition	第二版
Third edition	第三版
1988 edition	1988 版

由数字表示的版本说明,中、西编中对第一版的图书均可省略著录其版本说明(新一版除外)。对于第二版及其以后的版本说明,中编需将数字前的"第"字省略,并将原题汉字数字等统一改用阿拉伯数字著录;西编则对版次统一改用阿拉伯数字序数的缩写形式,至于版本术语则用标准缩写词表达。如以上形式需著录成以下形式:

. — 2nd ed.	. — 2 版
. — 3rd ed.	. — 3 版
. — 1988 ed.	. — 1988 版

文字表示法有:

Adapted edition	改写版
Arranged edition	改编版
Chicago edition	芝加哥版

Corrected edition	修订版
Enlarged edition	增订版
Expurgated edition	删节版（改订版）
Large print edition	大字印刷版
New edition	新版
Preliminary edition	预印版
Provisional edition	初印版（预印版）
Revised and enlarged edition	增订版
Revised edition	修订版
Spanish edition	西班牙文版
Student edition	学生版
World Cup edition	世界杯版

由此可见，由文字表示的版本说明是个开放的体系，如有 Chicago edition（芝加哥版），就可能有 London edition（伦敦版）、Shanghai edition（上海版）等。中编规定，凡在创作过程中形成的版本（即说明著作内容的文字），如农村版、青年版、儿童版，以及初级本、通俗本、节本、洁本、缩写本、校点本、改写本、原文本、全本、选本、普及本等作书名说明文字处理；而说明文献物质形态特征的版本，如简装本、精装本、金刚本应作装订限定说明著录。西编中，由文字表示的版本说明一般可照录，但某些专业术语可用标准缩写词表达。例：

. — Arr. ed.	. — 改编版
. — Corr. ed.	. — 修订版
. — Enl. ed.	. — 增订版
. — Prelim. ed.	. — 预印版
. — Rev. and enl. ed.	. — 增订版

中、西文图书的版本说明，有时还会出现数字表示法和文字表示法并用的现象。例：

Second editon	第二版（修订本）
Revised and Expanded	
Third edition	（增订本）
Revised and enlarged	第三版

这类现象，中编原来规定对"修订本"、"增订本"等字样用"（）"括起来加著在版次之后，即：

. — 2 版（修订本）

. — 3 版（增订本）

但若向 ISBD(M)看齐，中编则应像西编那样对文字表示法的字样作附加版本说明处理，也即：

. — 2 版，修订本

. — 3 版，增订本

. — 2nd ed. , rev. and exp.

. — 3rd ed. , rev. and enl.

如果信息源上的版本说明与附加版本说明之间插有与本版有关的责任说明，中、西编中可将附加版本说明著录在与本版有关的责任说明之后，即：

. — 1979 版/夏征农主编 ；丁飞鹏等编写,缩印本

. — 4th ed. /revised by H. G. Le Mesurier and E. McIntosh, repr. with correction

中文图书的制版方式有两类。一类是常见的铅印本和胶印本，对于这类制版方式，中编可以不予著录。另一类制版方式如油印本、抄写本、刻本、活字本、影印本、晒印本、石印本及缩印本等。对于后一类制版方式，在没有版次说明的情况下，可如实著录在版次说明处（其中影印本图书除在版次位置处著录"影印本"外，还需在附注项注明影印根据）；若有版次说明，则应将它们作为附加版本说明处理。例：

. — 油印本

. — 石印与晒印本

. — 影印本

（附注项注：本书根据××××影印）

. — 1979 版,缩印本

西文图书的信息源上经常出现多种语言和/或字体的版本说明。著录时,应使用与正书名相同的语言和/或文字或使用处于首位的语言和/或文字著录版本说明。如有必要,可将其他语言和/或文字的版本说明作为并列版本说明著录。例:

. — Canadian ed. ＝Ed. canadienne

. — Students' ed. ＝Ed. pour les étudiants

二、与本版有关的责任说明

与本版有关的责任说明指受编图书新版的新参与者及其责任方式,新参与者包括新版本的审定者、编辑者、插图者、作序者、修改者,或在新版本中对提供补充材料、附录等负有责任的个人或团体的名称。与本版有关的责任说明,与书名与责任说明项中的责任说明著录规则一致。例:

. — 3 版/李希凡序

. — 2 版,修订本/王崇行等修订

. — 2nd ed. /revised and largely rewritten by Foster E. Mohrhardt

. — 3rd ed. / with supplementary notes and appendices by H. J. Laski

第四节　出版发行项

中、西文单行本图书的出版发行项含有以下著录单元:出版发行地、出版发行者、发行者职能说明(选用)、出版发行期、印刷地(选用)、印刷者(选用)、印刷期(选用)。本节侧重一、二、四项著录单元。其例式如下:

. — 出版地：出版者,出版期

. — 出版地：出版者；出版地：出版者,出版期

. — 出版地；出版地：出版者,出版期(印刷地：印刷者,印刷期)

. — 出版地：出版者,出版期,发行地：发行者[发行者职能说明],发行期

一、出版发行地

出版地是指出版者所在的城市、城镇或其他行政级别的地理区域名称。我国出版者绝大部分只有一个出版地,只有个别老牌出版者(如生活·读书·新知三联书店等)有两个及其以上的出版地,而且它的分布具有一定的规律,即中央级和专业性出版社大多是在首都(如人民出版社、标准出版社等),地方出版社一般多在省会城市(如江西人民出版社、山西教育出版社等)。西文图书的出版者拥有两个及其以上的出版地现象较为普遍。出版地只有一个时,均照录;有两个时,根据情况(如西编规定如果第二出版地系本国地名时)可依次著录第一和第二出版地;三个以上时,一般只著录第一个,省略部分(包括第二出版地的省略)用"[等]"、"[etc.]"或其他文字的对应词表示。例:

. — 南京

. — 北京；香港

. — New York；Shanghai

. — Wien [etc.]

西编著录国外地名可参考《外国地名译名手册》及 AACR₂R 的地名附录规定,著录国内地名则应参照《中国地名汉语拼音字母

拼写法》执行。另外,国外异地同名的现象较为普遍,如美国叫 Washington 的地名就有几个,再如 Cambridge 和 Oxford,不仅英国有,而且美国等国也有。为了克服上述重名,以及地名知名度不高、使用简名、变名和印刷谬误所带来的识别困难,可对出版地作出如下附加:1. 在出版地后加著所属的国名、州或省名、区名;2. 在出版地后加著出版者的详细地址;3. 在出版地后加著其交替名称或更正注释。上述地名附加、详细地址、交替名称及更正注释,如果转录自规定信息源,则照录或置于"( )"中;若转录自其他信息源,则应置于"[ ]"中。例:

. — 兴国(江西省)

. — 西安[吉林省]

. — Cambridge, Mass.

. — London [Ont.]

. — London (37 Pond Street, N. W. 3)

. — Christiania [i. e. Oslo]

当无法著录出版地城市名或城镇名时,可直接著录其省名、州名或国名;若出版地未出现在图书的任何地方,应将所知道的城市名或城镇名置于"[ ]"内著录,若对之不能肯定,还可在"[ ]"内的地名后加著"?";当图书中没有提供出版地名并无法推测时,可著录"[出版地不详]"、"[S. 1.]"或其他文字的对应词。例:

. — 台湾

. — Canada

. — [郑州]

. — [Surrey?]

. — [出版地不详]

发行地只在它不同于出版地时才予著录。

二、出版发行者

出版者指将图书整理付印并公布于世的个人、机关团体或专业出版社。中、西文图书大多是由一个出版者出版，这时照录即可；但也有一部图书由两个出版者共同出版的情况，此时可依情况（如西编规定如果第二个出版者在版式上较为突出时）依次著录第一和第二出版者；出版者超过三个及其以上者一般只著录第一个出版者，省略部分用"〔等〕"、"〔etc.〕"或其他文字的对应词表示。例：

. — 上海 ：同济大学出版社

. — Toronto ：McClelland and Stewart ：Word Crafts Council

. — 北京 ：人民出版社 ；哈尔滨 ：黑龙江人民出版社

. — London ：Evans 〔etc.〕

. — 南京 ：东南大学出版社〔等〕

为了节省款目的篇幅，以及方便著录和今后的计算机输入，中、西文图书的出版者名称可以省略著录。它分两种情况：一种是出版者即是图书责任者的省略著录；一是出版者名称过长而采取的省略著录。对于前一种情况，中、西编可分别采用不加"〔〕"的"著者"、"编者"、"译者"，或"The Society（该社）"、"The Association（该会）"、"The Library（该馆）"方法省略。例：

上海电话使用手册/上海市市内电话局经营业务部编.
—上海 ：编者

Health today/issued by the World Health Organization.
— Geneva ；London ：The Organization

在西编中，这种省略还可采取责任者不加"〔〕"的缩略形式或识别该名称的短语形式。例：

Shadow dance/by Henry Clive Mackeson. — London ：

H. Mackeson

Thesaurus de l'armement/Centre de documentionde l'arme-
ment. — [Paris]：CEDOCAR

对于出版者名称过长而采取省略著录的总原则是，所提供的
形式不应混淆而造成理解和识别的错误。例：

原题形式	省略著录
Penguin Books	Penguin
John Wiley and Son Co.	Wiley
Basic Books，Inc.	Basic Books
Thomas Y. Crowell Co.，Inc.	Crowell
The Horn Book，Inc.	Horn Book

我国出版者也有名称过长的现象，如"生活·读书·新知三联
书店"等。本着知名又易于识别的原则，《著录总则》修订稿这次提
出有必要制订统一的"出版者（发行者）简称——全称对照表"，以
供广大文献编目机构使用。

如果图书信息源中同时提供出版者和发行者信息，一般可只
著录出版者而省略发行者。但当图书信息源中只有发行者而无出
版者时，则可以发行者充当出版者著录，为加区别，这时有必要在
发行者名称后用"[]"著录发行者职能说明（这种方法也可用于同
时著录出版者和发行者的场合）。若出版者和发行者均没出现，
中、西编则分别使用"[出版发行者不详]"、"[s. n.]"及其他文字的
对应词著录。例：

. — 天津：天津邮电局[发行]

. — Cincinnati：National Directory Service；

Oxford：Vocation Work[distributor]

. — 桂林：[出版发行者不详]

. — [S. l.：s. n.]

三、出版发行期

中、西文图书的出版期,一般是指受编图书的排版年。如是多次重版的图书,则著录受编图书的新版年。有了排版年,一般可不著录发行年。排版年如系公元纪年则照录(中编规定还需著录排版月份,但可省去其中的"年"、"月"字样);若系非公元纪年也照录,但需在其后用"[]"加著公元纪年;若知道书中的排版年有误也需照录,但应在其后用"[]"予以订正。例:

. — London : Boyars,1977

. — 北京 : 书目文献出版社,1994.6

. — 台北 : 文史哲出版社,民国 74[1985].1

. — Menston : Scolar Press, 1697[i. e. 1967]

如果图书信息源上没有排版年,可在出版期位置著录其版权年或印刷年。前一种方法需在版权年前加著表示版权意义的"c";后一种方法则需在印刷年后加著"印刷","printing"及其他文字的对应词。若图书信息源上既没有排版年,也没有版权年和/或印刷年,则可在出版期位置用"[]"著录估计或推测出来的出版年。使用估计的方法,需在估计年前加著"约"、"ca."及其他文字的对应词,推测不能确定的,还需在推测年后加著"?"。例:

. — New York : Ace Books, c1964

. — 香港 : 南粤出版社,1972 印刷

. — 广州 : 岭南美术出版社,[约 1981]

. — Paris : Unesco, [198—?]

四、印刷地、印刷者及印刷期

如果某一出版者重印另一出版者的图书,或当一图书的出版发行地和出版发行者不详时,这时需用"()"在后著录其印刷地、印刷者及印刷期。例:

. — 北京 ：外语教学与研究出版社,1985.4(上海 ：上海外语教育出版社,1987.7重印)

. — [S. l. ：s. n.],1974 (Manchester ：Unity Press)

第五节　载体形态项

中、西文单行本图书的载体形态项含有以下著录单元:页数、图、尺寸、附件。其例式如下：

. — 页数 ；尺寸

. — 页数 ：图；尺寸

. — 页数 ；尺寸＋附件

. — 页数 ：图 ；尺寸＋附件

一、页数

中、西文单行本图书的页数包含其篇幅数量和数量单位。其中篇幅数量通常在图书中用阿拉伯数字、小写的罗马数字及各种字母等表示,著录时照录；图书的数量单位,通常使用"页"、"p.(即 page(s))"、"叶"、"leaf(leaves)"、"栏"、"column(s)"等表示。例：

. — 192 页

. — 86 叶

. — 98p.

. — A—Zp.

中、西文图书的正文通常用阿拉伯数字标识,正文之前的篇幅中文图书有的不标,有的也用阿拉伯数字标识,而西文图书则通常使用小写的罗马数字标识。另外,中、西文图书(主要是工具书、合订书等)有时正文也会使用分段标码的形式,著录时需采取分段著录的方法。例：

    . — xxv,658p.

    . — 139,1581 页

    分段编码情况复杂时,中编可在页数处著录"1 册",如有必要还可在"1 册"之后加"（）"补著各分段页码;西编也可采用此方法,但"（）"内需著录"various pagings"或其他文字的对应词,或在 100 页以内的计算其准确页数用"[]"著录,超过 100 页者则用"ca.（约）"引导著录其估计数。例：

    . — 1 册

    . — 1 册（98，86,72 页）

    . — 1 v.（various pagings）

    . — [59] p.

    . — Ca.200 p.

    当一图书以"叶"为数量单位单面编码而又双面印刷时,应以叶数著录,但需在附注项作一附注,即"各叶双面印刷"、"Leaves printed on both sides"。但以"叶"为数量单位的图书若双面编码,应将其叶数加倍计算后在"[]"内著录;若遇双面编码单面印刷,除仍用页数著录外,还需在附注项中作一附注,即"各页背面空白"、"Versos of pages blank"。如果一页划为多栏,也可以栏数代替页数著录。例：

    . — 105 叶

    . — [168 p.]

    . — 635 栏

    . — 831 columns

    图书如系某一文献的抽印本而未改变其中的编码时,可实际著录其起讫页数或用"[]"著录其实际页数。"[]"还可用来订正原书的错误编码。例：

    . — p.713—797

. — [84]页

. — xiv，923[i. e. 329] p.

二、图

中编图的著录顺序是:冠图、插图、附图。根据不同的情况,则可具体著录为"照片"、"肖像"、"插图"(包括正文内计算页数的插图和不计页数的夹图)、"折图"(指图幅大于书页而折叠于图书内的图)等。如果一书的图的种类繁杂,中编可统称为"图"。西文图书内的图若繁杂,也可先著录成"ill."或其他文字的对应词,如有必要还可根据以下次序著录出具体图的种类,即:charts(图表)、coats of arms(纹章)、facsim. 或 facsims.(原件摹真复制品)、forms(表格)、geneal. tables(谱系表)、maps(地图)、music(乐谱)、plans(平面图)、port. 或 ports(肖像)、samples(标本图)或其他文字的对应词。例:

. — 709 页 ：肖像及附图

. — 178 页 ：图

. — 492 p. ：maps，plans

. — xvi，688 p. ：ill.

. — 176 p.，[24] p. of plates ：ill.，coats of arms，maps，plans

一书图的数量若有反映,应予著录。如果均为彩图,可以著录为"彩图"、"col. ill."或其他文字的对应词;但若部分彩图,则需在图的后面用"()"加著"部分彩图"、"some col."或其他文字的对应词。例:

. — 222 页 ：8 幅照片

. — 500 p. ：17 facsims.

. — 178 页 ：彩图

. — 99 p. ：ill.，31 col. maps

. — 325 p. : ill. (some col.)

如果一书主要或全部由图构成，而且书名中已有"图解"、"画册"、"图册"等文字表示，载体形态项图的著录单元可不重复著录。但若书名中没有出现上述文字，则需根据情况分别在图的位置著录"全部是图"、"all ill."或其他文字的对应词，或"主要是图"、"chiefly ill."或其他文字的对应词。例：

. — 123 页 ：全部是图

. — 502 p. ：chiefly maps

三、尺寸

尺寸按代表图书外表高度的书脊高度著录。凡不足1厘米的应进位成整厘米数著录，如一书测量为17.1厘米应看作为18厘米计，其中的"厘米"中、西文均用"cm"表示。如果图书的宽度大于其高度，还应在高度之后著录其宽度，两者之间用"×"连接。例：

. — 321 页 ；19cm.

. — 313 p. ；38 cm folding to 10 cm.

. — 219 p. 21×30 cm.

我国《图书规则》原先规定：若编目员不愿按尺寸计算，可按原书版权页所题开本著录。所谓开本，又称书型，是指印刷出版物的幅面大小。以全张纸折叠成的页数计算，如果折成2页即为2开或对开，如果折成4页即为4开，如果折成8页即为8开，依次推算小的可折成64页（即64开）及128页（即128开）。书刊的开本我国多取2的几何级数，但有时为了出版上的特殊需要也有采用非几何级数的畸形开本，如11开、14开、25开等。此外，开本的大小也与全张纸的大小有关。一般将787×1092毫米的全张纸折成的开本称之为普通开本。大于787×1092毫米的全张纸（如850×1156毫米、850×1168毫米、880×1230毫米等）所折成的开本为大开本；小于 787×1092 毫米的全张纸（如 787×960 厘米等）所折成的开本为小开本。著录 787×1092 毫米的全张纸，按图书实际开本著录；著录大于 787×1092 毫米的全张纸，在开本之前需加著"大"字；著录小于 787×1092 毫米的全张纸，在开本之前需加著"小"字。例：

. — 123 页 ；32 开

. — 248 页 ；大 32 开

. — 396 页 ；小 32 开

开本著录的非实际化和非标准化，已引起我国文献工作者的关注。《著录总则》的修订稿已倾向全按尺寸进行著录。

四、附件

图书的附件指与图书同时出版，或意在同时出版，但又独立于图书主体之外的部分，也即可以与图书主体结合使用的附加材料，例如一书的问题解答、教师手册、习题选编、说明书、附图册、录音带或录像带等。附件若无自己的题名，文献工作部门又欲将它与图书主体一起编目入藏，可以将它放在尺寸之后著录，且以说明其实质的词汇或短语著录。必要时，还可在后用"（）"著录其具体的载体形态特征。例：

. — 179 页 ；19 cm＋附图集

. — 271 p. ：ill. ；21 cm＋price list

. — 419 页 ；26cm＋教师手册(129 页 ；19 cm)

. — 32 p. ：ill. ；23 cm＋1 sound disc (13 min. ；33 1/3 rpm. ,mono. ；7 in.)

附件的具体载体形态特征如果难以在载体形态项内著录，也可放在附注项内著录。但若附件具有自己的题名且可单独使用，则可对它进行单独著录。这时需在图书主体的款目及附件的款目上注明两者之间的联系，以方便读者结合使用。当然，附件也可使用多层次著录方法进行著录。

第六节　丛编项

图书的丛编项只有在对丛书、多卷书进行分散著录(AACR₂R 将这种著录看作为分析著录)时才予著录,也即一般的单行本图书著录是不著录此项的,这里不过是为论述的方便而顺便讲解罢了。

中、西文单行本图书的丛编项含有以下著录单元:丛编名、并列丛编名、丛编其他书名信息(选用)、丛编责任说明、丛编的国际标准出版物号、丛编编号。本节侧重一、四、五、六项著录单元。其例式如下:

．—(丛编名·附属丛编名)

．—(丛编名·分丛编标识,附属丛编名)

．—(丛编名—并列丛编名)

．—(丛编名:丛编其他书名信息/丛编责任说明,ISSN;丛编编号·分丛编标识,附属丛编名)

．—(第一丛编)(第二丛编)

一、丛编名

丛编名如果是一单独形式,按前述单纯书名规则著录;丛编名如果由一共同丛编名和一附属丛编名构成,依次著录;如果附属丛编名具有分丛编标识,则先著录丛编名后著录分丛编标识和附属丛编名;而如果一附属丛编名是一可独立识别的丛编名时,则将它作为丛编名著录于丛编项,而共同丛编名则放在附注项著录。例:

．—(中国古典文学基本知识丛书)

．—(万有书库·百科小丛书)

．— (Cass library of African studies. I, Africana modern library)

. — (East Asian and Pacific series)

（附注项注：Main Series：Department of State publication）

丛编名和/或附属丛编名具有并列丛编名和/或并列附属丛编名时，按前述并列书名的方法著录。当与丛编或附属丛编有关的其他书名信息出现于规定信息源中，并被认为对识别该丛编有必要时，可以前述其他书名信息规则著录。可以归入丛编其他书名信息范围的还有与丛编有关的版本说明。例：

. — （英语世界丛书＝The world of English books）

. — （航海业务知识丛书：航海仪器部分）

. — (Words：their origin，use，and spelling)

. — (Sammlung Göschen：2. Ausg.)

二、丛编责任说明

丛编责任说明是指丛编的责任者及其责任方式。丛编的责任者和一般图书一样，包含个人和机关团体名称，而其责任方式大多是以"编"的形式出现。丛编责任说明一般可以省略著录，尤其当责任者是一出版该丛编的出版机构或以"××××丛书编写组"等形式出现的机关团体名称。但当丛编名或附属丛编名是一通用术语时，其第一责任说明必须予以著录，第二及其以后的责任说明可视具体情况舍取著录。另外，当第一和其余责任说明载于图书信息源中，并被认为对识别该丛编有必要时，也可予以著录。丛编责任说明的著录规则同前书名与责任说明中的责任说明。例：

. — （中国历代诗人选集/刘逸生主编）

. — （图书馆和情报机构工具书系列/中国图书馆学会秘书处主编）

. — (Publications/Victoria University of Manchester)

. — (A Century of French romance/edited by Edmund Gosses ; with portrait notes by Octabe Uzerne)

. — (Technical report/Forest Engineering Research Institute of Canada＝Institut candadiende recherches engénie forestier)

三、丛编的国际标准连续出版物号

丛编一般没有国际标准连续出版物号（即 ISSN）。但当丛编计划无限期地连续出版，也即当它有了连续出版物的特征时，往往可能获得 ISSN。当丛编的信息源上载有 ISSN 时，则应著录。著录之前用"，"标识，然后再著录具体的数码，两组数码之间需用"-"连接。

丛编 ISSN 的著录与前丛编名的著录相关，也即当丛编名由一附属丛编名充当时，丛编项只著录与附属丛编名相关的 ISSN，主丛编的 ISSN 连同其主丛编名一起著录于附注项；另外，丛编名由一共同丛编名和一附属丛编名一起构成时，为防止混淆，丛编项也只著录与附属丛编名相关的 ISSN，主丛编名若有 ISSN 也在附注项中著录。例：

. — (Graeco-Roman memoirs，ISSN 0306-9222)

. — (East Asian and Pacific series，ISSN 0346-6272)

（附注项注：Main series：Department of State publication，ISSN 0085-6207）

. — (Der Landkreis. Ausgabe Hessen，ISSN 0304-3246)

（附注项注：ISSN of main series ：ISSN 0342-2259）

四、丛编编号

中、西文图书的丛编编号可以由各种形式出现，有的以单纯的阿拉伯数字或罗马数字出现，有的以汉字数字或相应的西文数字出现，有的甚至以汉字或西文文字和阿拉伯数字或罗马数字混合形式出现(如"第一辑"、"number 2"等)。我国《图书规则》原先规定,丛编中具有表示次第的文字及各种编号均照录。而据 ISBD(M),丛编编号中的文字可使用标准缩写词(如"no."、"v."等),其他数字或由文字拼写的数字应用阿拉伯数字替代。例:

. —(探求者物理学丛书 : 物理学中的分法、性质和哲学 ; 4)

(原书中的丛编编次为"IV")

. —(中国现代史丛书 ; 第3辑)

(原书中的丛编编次为"第三辑")

. —(Cambridge University monographs ; 7)

. —(Graeco-Romoirs, ISSN 0306-9222 ; no. 62)

当丛编名由一共同丛编名和一附属丛编名构成且分别均有编次时,丛编项可只著录附属丛编名的编次;如有必要,可将共同丛编名的编次放入附注项著录。另外,多卷书的各卷在同一丛编中分别编次,若其编次不连续,则以断续形式著录(如 v. 20, 25, 29, 32);若其编次连续,则以总括形式著录。例:

. —(Publication/Victoria University of Manchester. Administration ; 1)

(附注项注:Main series numbered 244)

. —(Chicorel index series; v. 11—15)

第七节 附注项

附注项是一个特殊的著录项目,其作用是,凡规则不允许包括在著录正文部分著录的某些信息,以及其他规则允许著录的或书目机构或编目单位认为重要的某些信息,均可通过附注项对其作出说明或进一步的阐述。因此,附注项是图书著录的延伸和深化,具有处理图书形态或内容方面任何问题的作用。

中、西文图书的每一条附注根据不同的著录内容，可以在附注中使用相应著录项目中所使用的各种标识符（如可以在附注的书名与责任说明间使用标识符"/"等）。

虽然中、西文图书的附注内容和类型繁多，但根据其内容和性质大致可以划分成以下两类：一类是关于著录项目的附注；一类是关于图书本身的附注。

一、关于著录项目的附注

关于著录项目的附注，可以是前述书名与责任说明项到丛编项的各类著录项目的附注，也可以是后述标准书号与获得方式项的附注。当一款目上的著录项目有两条及其以上时，可根据著录项目的顺序依次著录。

（一）关于书名著录单元的附注

关于书名著录单元的附注包括关于正书名的附注，关于图书性质、范围、文献形式、目的或语言的附注，以及关于并列书名和其他书名信息等的附注。其中，关于正书名的附注又包括关于翻译的附注、关于正书名出处的附注，以及关于正书名异名和音译书名等的附注。例：

. — 本书据俄文缩译本（俄罗斯联邦教育部国家儿童出版社）1962 年版转译

. — Translation of：Tajna Ostrva kivin. Originally publishedas：Five on kirrin Island again

. — 书名取自目次页

. — Cover title

. — 本书原名：小英雄雨来

. — Spine title：Oliver!

. — 英汉对照读物

. — Thesis (M. A.)—John Hopkins University

. — 本书另一合订书名：蔡九赔鸭

. — Parallel titles in ten languages

（二）关于责任说明的附注

　　关于责任说明的附注包括非取自图书本身或非取自规定信息源之内的责任说明，关于个人或团体名称的异名或全称的附注，关于与该著作有关而又不包括在别的著录项目内的个人或团体的附注（如因其职能未被具体说明等），关于与以前的版本有关而与受编版本无关的个人或团体的附注，以及与附录或其他补充材料有关的责任说明。例：

. — 据《辞海》考订，本书责任者为李卓吾

. — Author statement taken from title-page verso

. — 作者别名：悄吟

. — Attributed to Johathan Swift

. — 本书其他责任者：（明）李端澄校

. — Drawings by Gordon Davey

. — 本书根据姚雪垠小说《李自成》改编

. — Previous editions by Morman Smythe

. — 书前冠：康有为和他的《广艺舟双辑》：代序/白沙著

. — Appendices edited by S. Ryan

（三）关于版本项和图书书目沿革的附注

　　关于版本项和图书书目沿革的附注，包括版本说明的出处，以及该图书与其他图书或其他版本关系的细节（包括重印本或重排本与以前的图书关系的细节）。例：

. — 本书第 1 版 1958 年由湖南人民出版社出版

. — Originally published，London ：Collins，1967

. — 本书据道光丁未年版影印

. — Previously published as：'The players of Null—A'，

London : Dodson, 1970 ; originally published as : ' The pawns of Null—A ', New York : Street and Smith, 1948

（四）关于出版发行项的附注

关于出版发行项的附注，包括关于该图书的其他出版者或发行者细节的附注，关于不同的出版、发行等情况的附注，以及关于附加年代的附注。例：

. — 本文库出版者另有吉林人民出版社，黑龙江人民出版社

. — Also published in Colombo by Ceylon University Press

. — 限国内发行

. — Original imprint covered by label which reads : Humanitas Verlag, Zürich

. — 本书出版年有误，应为 1936 年

（五）关于载体形态项的附注

关于载体形态项的附注即对图书所做的附加形态描述，以及对有关图书特殊形态特征的说明。例：

. — 原书分订两册，现合订一册出版

. — Pages also numbered 321—401

. — 本书附《化工设备机械基础制图习题集》，索书号为 ：TQ05—44/2

. — Map on lining paper

. — 全套书高 21～27 cm 不等

. — Illustrations coloured by hand

（六）关于丛编项的附注

关于丛编项的附注包括对丛编名、丛编责任说明、丛编 ISSN 及丛编编次等的附注。例：

. — 本丛书的责任者已故，现由王继发续任

. — Pts. 1 and 2 in series：African perspective. Pts. 3 and 4 in series：Third World series. Pt. 5 in both series

. —— 本书收入的两部短篇小说集原分别收入《文学周报社丛书》和《现代创作丛刊第 13 种》

. —— Originally issued in Environmental science series

（七）关于与装帧和获得方式有关的附注

关于与装帧和获得方式有关的附注，在我国现行的中、西文著录规则或编目条例中还未提及，现举一些西文例子。例：

. —— First 25 copies bound in leather

. —— 250 copies printed

. —— Limited edition of 20 signed and numbered copies

二、关于图书本身的附注

关于图书本身的附注，按其内容和性质大致可分以下两类：一是关于图书索引等有关内容的说明；一是关于图书内容目次方面的说明。

（一）关于图书索引等有关内容的说明

中、西文图书除著作正文外，如有索引、插页、参考书目等方面的内容，可以通过附注项加以补著。例：

. —— Includes index

. —— 书末附：英文、中文、拉丁学名索引

. —— Bibliography：p. 291

. —— 书前冠：托马斯·莫尔向彼得·贾尔斯问好的信

. —— Summary in English：p. 143—146

（二）关于图书内容目次方面的说明

图书内容目次方面的说明，既可用来说明一多卷书或一丛书各子书的目次（见后面章节有关内容），也可用来说明一册书内的部分或篇章目次。例：

. —— 本书目次：黑三角/李英杰. 猎字九十九号/周振天，黎阳. 东港谍影/孟森辉等

. — Contents：The homecoming / by Harold Pinter. Chips with everything / by Arnold Wesker. Marching song / by John Whiting

关于图书内容目次方面的说明，实际已经涉及分析著录问题。关于分析著录的对象和方法，详见后面章节。

第八节　标准书号与获得方式项

中、西文单行本图书的标准书号与获得方式项含有以下著录单元：标准书号、获得方式（选用）。其例式如下：

．— ISBN（限定说明）

．— 获得方式（限定说明）

．— ISBN（限定说明）：获得方式（限定说明）

．— ISBN（限定说明）：获得方式（限定说明）．— ISBN（限定说明）：获得方式（限定说明）

一、标准书号

境外出版的西文书和中文书一般印有国际标准书号（即 International Standard Book Number，简称 ISBN），境内出版的中文书和西文书一般印有中国标准书号（即 China Standard Book Number，简称 CSBN）。国际标准书号由 ISBN 打头，后面连接表示不同含义的四组数字。中国标准书号的前半部分与国际标准书号一致，只是其后附有一个"图书分类——种次号"，所以它也以 ISBN 打头。

中国标准书号在图书上的印刷形式有两种，即分行印刷和水平印刷。例：

$$\frac{\text{ISBN } 7\text{-}01\text{-}001949\text{-}5}{\text{G}.\,87}$$ 或 :ISBN 7-01-001949-5/G. 87 著录时均

以第二种形式为准。现时中、西文图书除少量的毛装本、豪华装
外,大多或是平装(又称"简装",英文对应词为 Paperback(bind-
ing,著录时使用其缩写形式"pbk."),或是精装(它不包括现时流
行的塑料压膜的软纸封面装,其英文对应词为"Hardback bind-
ing",但更多的使用"Cloth")。由于中文书大多是以平装为主,一
般著录精装书时需在标准书号后用"( )"限定说明其精装形式;西
文书则相反,一般在著录平装时需在标准书号后用"( )"限定说明
其平装形式。例:

. — ISBN 7-5432-0025-2/G. 2(精装)

. — ISBN 0-08-019856-2 (pbk.)

西文书可以在标准书号后进行装订限定说明的情况还有:函
套装(英语词用"cased"著录),合订装(英语词用"bound"著录)等。
即使在没有标准书号的情况下,根据 ISBD(M)也可用"( )"在标准
书号处进行装订形式的限定说明(《图书规则》规定此种情况可以
省略"( )")。例:

. — ISBN 7-81009-261-8/H. 159(平装)

. — ISBN 0-85020-025-3 (cloth)

. — ISBN 0-435-91660-2 (cased)

. — ISBN 0-684-14258-9 (bound)

. — 精装

. — (pbk.)

标准书号特指上述国际标准书号和中国标准书号。对于在图
书中出现的、与该图书之书目沿革有关的标准号(如我国以前的统
一书号等),不应在此著录,若书目机构或编目单位认为重要,可在
附注项中予以著录。

中、西文图书一般每种只有一个标准书号。但是有些中、西文

图书有时会有两个及其以上的标准书号。一书多号现象的产生是由于：1.该图书可能由多种装订形式同时出版；2.该图书可能同时由多个出版者、发行者出版发行；3.作为多卷书的一种，该图书可能同时载有自己卷（册）的标准书号和整套书的标准书号。对于上述三种情况，根据 ISBD（M）首先应著录受编图书自己的标准书号，然后再著录其他标准书号（如其他装订形式的、或其他出版者的、或整套书的标准书号），并在其后用"（）"进行相应的限定说明。另外，当图书的标准号印刷有误而编目员又知道其正确号时，则根据 ISBD（M）先著录正确号，再著录错误号，并在其后用"（）"加著"无效"、"invalid"或其他文字的对应词。但是也可直接著录正确号，之后用"（）"加著"更正"、"corrected"或其他文字的对应词。例：

. — ISBN 0-435-91660-2（cased）. — ISBN 0-435-91660-0（pbk.）

. — ISBN 0-387-08226-2（U. S.）. — ISBN 3-540-08226-2（Germany）

. — ISBN 0-379-00551-4（v. 1 ：pbk.）. — ISBN 0-379-00550-8（set）

. — ISBN 7-307-00545-X. — ISBN 7-309-00545-X（无效）

. — ISBN 0-340-16427-2（corrected）

当然，在国外一些三个及其以上国家联合出版的图书中，也会遇到同时载有不同装订形式和不同出版发行机构的标准书号。这时也可根据情况依次著录（例见 129 页）。

需要强调的是，上述四种著录方法较适用于国家书目机构。一般文献机构除后两种情况（即同时载有自己卷（册）的标准书号和整套书的标准书号，及图书的标准书号印刷有误而编目员又确知其正确号）要采用上述方法著录外，对于前两种情况（即图书由多种装订形式同时出版，及由多个出版者、发行者出版发行），因受目录卡片载体的制约，一般只著录受编图书装订形式的标准书号和本出版者、发行者的标准书号。

Anglo-American cataloguing rules / prepared by the American Library
Association…[et al.] ; edited by Michael Gorman and Paul W. Wink-
ler. — 2nd ed. — Chicago : The Association ; Ottawa : Canadian
Library Association,1978.

620 p. ; 26 cm.

Previous editions: Anglo-American cataloguing rules. North American
text. — Chicago : American Library Association,1967. Anglo-American
cataloguing rules. British text. — London : Library Association,1967

ISBN 0-8389-3210-X. — ISBN 0-8389-3211-8(pbk.). —ISBN 0-88802-
121-6 (Canadian Library Association). — ISBN 0-88802-122-4(pbk.). —
ISBN 0-85365-681-9 (Library Association). — ISBN 0-85365-691-6
(pbk.)

二、获得方式

中、西文图书的获得方式分价格和非卖品两种。所谓价格，即文献机构通过采购渠道获得的图书价，一般以版权页或封底处所题价格为准；所谓非卖品，即文献机构通过非采购渠道获得图书的方式，如两个单位或部门之间的赠送本、交换本、调拨本等。

国内文献机构以前和现在都通过以上两种方式获得中文图书资料。至于西文书，以前主要是通过正常的采购渠道获得，但随着改革开放的扩大，现在通过非采购渠道获得西文书的方式也开始出现并不断扩大。对于非卖品，著录获得方式时应如实著录"赠送"、"交换"、"调拨"及其他文字的对应词。对于价格，按 ISBD（M）的规定，需要以各国官方标准货币符号连同数字一起著录。我国现时人民币元的缩写和符号通用"RMB￥"，著录时一般可只著录"￥"（货币符号"￥"也是日元的货币符号）；美元、澳元、加拿大元、新加坡元、新西兰元、马来西亚元,以及香港元等所使用的货币符号均是"＄";英国的英镑、法国的法郎、德国的马克,以及意大利的里拉,分别使用的货币符号和缩写词为"￡"、"FF"、"M"、"Lit"。至于数字,一律使用阿拉伯数字著录。例:

. — ISBN 7-5013-0917-5/G.244 ：￥5.70

. — ISBN 0-684-14258-9（bound）：＄12.50. — ISBN 0684-14257-0（pbk.）：＄6.95

西文书大多不标书价,对此可以采用"[]"内著录实际购买人民币数。必要时还可在获得方式后用"()"加著限定说明。如果一书没有标准书号,也没著录关于装订的限定说明,获得方式还可直接著录在该项之首。例:

. — ISBN 962-04-0028-3(精装)：[￥120]

. — ISBN 0-918786-07-X(pbk.)：￡2.05（￡0.50 to members）

. — ISBN 0-387-08266-2（U.S.）：＄12.00（＄6.00 to students）

. — 赠送(南京大学图书馆)

第九节　提要项

前面对书名与责任说明项到标准书号与获得方式项的著录规则作了介绍,这些著录项目主要是对图书的形式特征进行描述,而提要项是用来直接揭示图书内容特征的著录项目。提要项具有宣传图书、辅导阅读、为读者指引治学途径的作用,同时它对进一步认识图书的形态特征也具有十分重要的意义。所以,它一向为我国古今目录学家所重视,历来是我国图书编目法的一大优良传统。

但在当今的 ISBD(M)中没设提要项这一著录项目,因此有人站在国际书目资源共享的角度,认为我国中文标准化著录规则中保留提要项的著录,增加了不同语种的书目在互换时的障碍,同时也将加重今后计算机书目数据库的负担,因此提出取消提要项的著录。本书认为,当然不能为了继承传统而硬要保留这个著录项目,但也应当看到一方面目前我国书目检索系统不完善,现代化程度比较低,从而造成检索效率低;另一方面我国文献机构尚多处在闭架或半开架借阅的阶段。在此情况下,目录款目中的提要能起帮助读者识别和选择图书的作用,从而也能提高现阶段手检目录的效能。再者,ISBD(M)中没设置提要项并不等于西文目录款目中不能进行内容提要的著录。

一、中文款目的提要著录

中文款目提要的著录,古人为我们创立了四种编写体例,即叙录体、注录体、传录体和辑录体。标准化著录实施后,国内有学者又提出如下五种提要编写的方法,即简介法(它在对著作内容进行浓缩的基础上,客观介绍著作所包含的各个组成部分,或有重点地介绍其主要内容、作者经历、版本情况等,以向读者提供有关著作的概貌或某一方面的情况);提示法(它对著作内容的研究对象、论述命题或某一问题中的现象提出疑问,以促进读者思考、探索,从而引起读者学习、研究的兴趣);评述法(它对著作内容进行评论,指出优劣,以指导读者的阅读);引述法(它通过直接引入革命领袖、知名人士、专家学者等对著作或作者的评论,扩大著作的社会影响,从而加深读者对著作的印象);以及综合评介法(它对著作内容兼有介绍和评论,并综合运用各种提要的编写方法)。编写提要方法的多样化,一方面反映了理论研究的深入,但也给编目工作带来难以掌握的弊端,因此后来有学者将其归纳成简介法和评论法两种。简介是叙述性的,扼要介绍书中的要点和优缺点即可;而评论则比较详细,需要深入探讨书中观点的是非、艺术价值的高低等。加之现时提要的著录要受到卡片篇幅的限制,因此我们认为评论法较适用于编制学术性书目,而简介法则适用于一般文献机构目录的编制,如北京图书馆统一编目部等编制的铅印提要卡片,基本属于简介性质。

根据《图书规则》,编写提要要以原书的内容提要、序言、前言、目次及后记为依据,必要时还可查阅有关工具书、参考书及书评等;提要是对图书的内容进行简介和评述,所以力求正确反映图书的政治观点、学术价值、写作意图和阅读对象;编写提要的文字要简明,能概括图书的主题和内容,并避免重复书名和丛书名已反映的图书内容;提要的字数一般不超过 200 字,最好在 100 字左右,提要不易编写时,可用反映其目次或篇名的方法替代。例:

> 广艺舟双楫注/康有为著…
>
> …
>
> 本书又名《书镜》,着重注释字音、词义、名物制度、史地名称及书法专著术语等
>
> …

> 当代青年三部曲/郑万隆著…
>
> …
>
> 本书共收《年青的朋友们》、《红灯·黄灯·绿灯》、《明天再见》三部中篇小说
>
> …

二、西文款目的提要著录

如前所述,ISBD(M)及国内外西文著录规则和编目条例中是不设提要项的,但并不等于西文款目不能做提要。西文著录规则和编目条例中规定做的关于图书性质、范围或艺术形式,以及图书适用对象等的附注,应当看作是一种提要。例:

. — Poems

. — Catalog of an exhibition

. — High school text

. — For adults learning to read

为使图书适用对象文字的客观化，有关编目专著和条例还规定此类的附注需用引号括起著录，并在其后著录文字的出处；为使图书的提要更加醒目，有关编目专著和条例还规定提要的前面要使用固定的导词"Summary："进行注明标识；至于在附注项内反映图书目次和篇名的方法，我们已在本章第七节中作了详细介绍，为说明问题下面试举几例：

. — 'The book is designed to provide beginning students in linguistics with a basic knowledge of the kings of questions linguists have asked and are asking about language'—pref.

. — Summary：Melissa and her friends discover a hidden treasure and defeat a gang who want to steal it

. — Contents：Siblings ；The Lord's supper ；Higher learning ；The golden thread ；Cloister ；Jubilee ；At peace

第十节　排检项（根查项）

款目排检项（根查项）的作用从编目员的角度看有两种：一是根据排检项所记录的各种排检点的标目形式，编制出适合读者使用的各种排检用款目；二是在标目的增、删、改时对各种排检用款目作统一的调整，以避免目录组织的紊乱，以及据此在图书剔除时抽出目录中该书的所有款目，以保证做到书卡一致。从读者的角度看，排检项具有转换媒介的作用。如一读者从书名目录的款目中查得《果树育苗》一书，并从著录正文和排检项中获知该书属于

《农村实用科技文库》之一种及其责任者名称，他就可据此对书名和责任者进一步作族性检索，更为重要的是他可根据排检项中所提供的主题词和分类号对该主题、该类号的图书作进一步的族性检索，从而获得自己满意的图书资料。

本节侧重排检项（根查项）的著录方法，至于各种排检点的选取及标目形式的确定，我们在以后的有关章节中介绍。

一、中文款目排检项的著录

中文款目排检项的排检点共分四类：书名、责任者、主题词和分类号。它们之前分别使用罗马数字的"Ⅰ."、"Ⅱ."、"Ⅲ."、"Ⅳ."标识；若同一类排检点有两个及其以上，还应分别使用加圈的阿拉伯数字次第。另外，书名和责任者排检点的形式若与著录正文中的书名和责任者的形式相同，著录这两类排检点时可著录其第一个字，后用"…"替代。例：

> 果树育苗/李怀山，李家福编. — 北京：农业出版社，1985.3
> 28页；32开. —（农村实用科技文库）
> ￥0.14
> 1.①果…②农… Ⅱ.①李…②李… Ⅲ.①果树—育苗②育苗—果树Ⅳ.S660.4

> 图书在版编目工作手册/许绵主编；李泡光等编写. — 北京：人民出版社，1994.2
> 167页；20 cm.
> 本书第八章为七则附录
> ISBN 7-01-001949-5；￥6.50
> Ⅰ.图… Ⅱ.①许…②李… Ⅲ.①图书编目：在版编目—手册②在版编目：图书编目—手册Ⅳ.G254.342-62

二、西文款目根查项的著录

西文款目的根查项由两部分内容组成：一部分是主题排检点名称，一部分是责任者及书名附加排检点名称。设立西文主题目录的文献机构，在款目的根查项部分首先应著录各主题排检点，并在每个主题排检点前用阿拉伯数字标识。西文款目根查项中的各责任者及书名附加排检点名称前用大写的罗马数字标识，其排列顺序一般为：个人姓名、机关团体名称、名称/书名、书名、丛编名。由于西文款目中的个人和机关团体名称均用照录的方法，所以在将它们著录于根查项时应按其标目形式著录（必要时可加著生卒年或享年及责任方式，其实中编也应如此）。另外为节省卡片篇幅，根查项中的书名、丛编名若与著录正文中的正书名、正丛编名一致，可分别使用"Title."、"Series."字样替代；除此以外的书名、丛编名则分别使用"Title：…"、"Series：…"形式著录。

例：

Wynar，Bohdan S.

Introduction to cataloging and classification / Bohdan S. Wynar，with the assistance of Arlene Taylor or Dowell and Jeanne Osborn. — 6th ed. — Littleton，Colo. ：Libraries Unlimited，1980.

xvii，657 p. ：ill. ；24 cm.

Bibliography ：p. 641—643.

Includes indexes.

ISBN 0-87287-221-1（pbk. ）

　　1. Cataloging. 2. Classification-books. I. Dowell，Arlene Taylot，1941—　　joint author. Ⅱ. Osborn，Jeanne，joint author. Ⅲ. Title.

Bocthius, d. 524.

　　Boecius De cosolacione philosophis / Auicius M. T. S. Bochthius ;

　　translated by G. Chaucer. — Amsterdam : Orbis Terrarum ; Norwood,

　　N. J. ; K. J. Johnson, 1974.

　　　　ca. 200 p. ; 31 cm. — (The English experience, its record in early

　　printed books published in facsimile ; no. 644)

　　　　Photoreprint of the ed. printed by W. Caxton, Westiminster, ca. 1478.

　　　　"S. T. C. no. 3199"

　　　　ISBN 902-210-644-6

　　　　1. Philosophy & Religion. 2. Happiness. Ⅰ. Chaucer, Geoffrey, d.

　　1400. Ⅱ. Title. Ⅲ. Title : De cosolacione philosophie. Ⅳ. Series.

136

第五章　整套著录与分析著录

第一节　整套著录法

一、整套著录法概述

前一章我们对中、西文单行本图书的著录作了全面介绍。这种著录是以单本书作为一个独立的编目单位而进行的著录，相对于在款目的附注项中对其图书章节及有关附录所进行的揭示，也可以把这种著录看作是对图书的整体著录。

但在文献大家族中，有的图书及其他文献类型有时是以分卷期的形式出版的，即多卷期出版物（也有称作"多级出版物"的）。对于这类出版物，如果我们一开始时就将它们作为一个独立的编目单位来进行著录，那么这种著录就是我们本章所讲的整套著录。整套著录在以往的国内编目教材中将它划归综合著录，也即综合著录根据编目程序划分成先综合著录和后综合著录两种。所谓先综合著录即本章所讲的整套著录；所谓后综合著录，就是指分卷期出版的文献在对它们进行分卷、分期著录后所进行的全套完整著录。本教材认为，先综合著录的性质应该与我们前一章中讲的单行本著录的性质一致，所不同的只是后者的著录对象是由诸多章节及附录所组成的文献单元，而前者的著录对象则是由诸多的卷、册、期所组成的文献单元。仅从这一点，我们认为先综合著录与前一章讲的单行本著录一样,属于文献的基本著录,而后综合著录是在对文献的各卷、册、期已作基本著录的情况下所进行的第二次著录。所以严格地说,它同本章后面讲的分析著录性质一致,属于文献的辅助著录。文献的辅助著录可以不用或通过其他手段解决,而文献的基本著录则是万万不能缺少的。为此,我们将先综合著录和后综合著录严加区分,并将前者称之为"整套著录",但两者均属于综合著录是无疑义的。

对文献进行整套著录的方法在我国源远流长。如明祁承爜所撰的《澹生堂藏书目》,在丛书的著录中就已用了丛书附子目的著录方法。19 世纪末张之洞所撰的《书目答问》也专门设置了一个"丛书部",以完整记录丛书的书目信息。之后,我国不少图书馆编制的图书目录还设立了类似的门类,以反映有关图书的子目,并相继出现了以专门报道丛书出版情况及其子目的丛书目录,如《丛书辑要》、《丛书书目汇编》等。不过,那时的整套著录内容较少,方法较简单,而且著录格式也不统一。文献著录标准化后,我国的《图书规则》根据国际标准书目著录的有关规定,严格规定整套著录的著录项目内容及其著录格式,从而也大大丰富了整套著录的理论和实践。

文献著录标准化实施前,西方各国的编目界对分卷期出版的文献也有采取整套著录的,但以分卷期著录为主,以至于我们在 ISBD(M) 首次标准版中很少找到有关整套著录的条款。但在之后修订的 ISBD(M) 中,我们已见到专门用于文献整套著录的条款和内容,这不能不说是个很大的进步。

如前所述,整套著录法适用于分卷期出版的文献,如多卷书、丛书、连续出版物及各种多容量的非书资料等,但著录的前提最好是一次出版或一次到馆。对于非一次出版或一次到馆的多卷期出版物,如果进行整套著录,可以采取其他变通办法。由于多卷书、丛书、连续出版物及各种多容量的非书资料在具体著录上存在一定的差异,因此按所揭示的文献类型,整套著录又可分为多卷书整套著录、丛书整套著录、连续出版物整套著录及非书资料整套著录等。但其共同之处在于都用基本著录的原理综合反映多卷期出版物整套文献的全貌及其所包含的各个组成部分的内容,以使读者既能概括了解整套文献的全貌,又能深入了解其各组成部分的情况。

二、中编整套著录法

中编整套著录根据受编多卷期出版物的各个组成部分有无自己独立的题名,大致可以分为以下两种:一种是各组成部分没有自己独立题名的整套著录,一种是各组成部分有自己独立题名的整套著录。为论述方便(其实也是形式的不同),本教材将前一种整套著录称之为"单式整套著录",而将后一种整套著录称之为"复式整套著录"。

(一)单式整套著录

中文丛书除有自己的编次外(有些丛书没有一定的出版计划也可没有编次),一般每一种书都有自己独立的书名。但是有些文献类型,如多卷书的各个分卷一般没有自己独立的分卷名,这时往往具有自己的编次,如果该多卷书计划分两或三卷出版,一般使用"上、下册"或"上、中、下册"等编次。如关一明等编写的《科技检索工具书综录》计划准备出版两卷,所以它们分别以"上卷"和"下卷"编次;如果一部多卷书计划分三卷以上出版,一般使用"第一卷"、"第二卷"、"第三卷"或"第一册"、"第二册"、"第三册"等编次,如杨惠中、张彦斌两同志主编的《大学核心英语词汇练习册》计划出版六册,所以该书分别使用"第一册"、"第二册"、"第三册"等编次。

对于这些只有编次而无自己独立题名的多卷期出版物进行整套著录时,中编可采用类似于单行本的著录格式进行著录(见140页)。

正题名［文献类型标识］＝并列题名：副题名及说明题名文字/第一责任说明；其余责任说明. ― 版次及其他版本形式/与本版有关的责任说明. ― 文献特殊细节. ― 出版发行地：出版发行者，出版发行期～出版发行期（印制地：印制者，印制期～印制期）

文献总数（数量及其单位）：图及其他形态；尺寸＋附件. ― （丛编名/丛编责任说明，国际标准连续出版物号；丛编编号·附属丛编数码或题名）

附注

文献标准编号（装订）：获得方式

提要

I.题名 II.责任者 III.主题词 IV.分类号

下述著录格式与前述无标目款目的卡片式著录格式基本一致，所不同的是：1.如果文献的各组成部分不是同一时间出版发行或印制，应分别著录其起讫时间，中间用"～"连接。2.载体形态项的数量及其单位处著录文献总数，也即反映该多卷期出版物的总卷、期数（如果各卷期连续编码，也可在总卷、期数后用"（）"加著该多卷期出版物的总数量及其单位，如总页数等）；至于载体形态项中的图及其他形态、尺寸和附件等著录单元，只有在其各组成部分都有或大部分有这些载体形态特征时才予著录，如果只是其中的个别组成部分具有图及其他形态等特征，可在附注项中注明。3.如果整套文献和各组成部分都有文献标准编号，则先著录整套文献的标准编号，然后再依次著录各组成部分的标准编号（如果整套文献没有自己的标准编号，也需依次著录各组成部分的标准编号）；至于获得方式如系价格，则应分别著录在相应的标准编号后（若无标准编号，则应著录整套文献的价格，价格如系各组成部分的价格相加而得，还需用"［］"括起著录）。

中编单式整套著录完成后，可不再也无必要进行分析著录。另外，单式整套著录的款目上一般可以不再反映自己馆的馆藏情况。但若著录组成部分数量较多且馆藏又不全的多卷期出版物，需用馆藏项来反映自己馆的馆藏情况，如连续出版物的馆藏项著录。

（二）复式整套著录

如前所述，中文丛书中的每一种书有时没有编次，但一般都有自己独立的题名，如《中国近代史丛书》编写组编写的《中国近代史丛书》一共10种，它们虽然没有自己独立的编次，但各自都有自己独立的题名，即《鸦片战争》、《太平天国革命》、《第二次鸦片战争》等。多卷书一般都有编次而无自己独立的题名，但也有既有编次也有自己独立题名的多卷书，如前苏联作家托尔斯泰的翻译本《苦难的历程》，其分卷书既有自己的编次"第一部"、"第二部"和"第三部"，也各有独立的题名《两姊妹》、《一九一八年》和《阴暗的早晨》。另外一些成系列的会议录，有时也有各自独立的题名。

对于这些具有各自独立题名的多卷期出版物，如果一次出版或一次到馆，我们也可进行整套著录。而这种整套著录的内容一般由两大部分组成：一部分是关于整套文献的著录内容，一部分是关于各组成部分的著录内容。而这两部分的著录内容，理论上讲都应具有题名与责任说明项、版本项、文献（或出版物类型）专用项、出版发行项、载体形态项、丛编项、附注项和提要项。但是考虑到反映各组成部分特征的著录内容有些是与整套文献有关的著录项目内容相同的，以及受卡片等款目载体的限制，所以即使在实行详细著录级次的文献编目部门，一般也只对整套文献的各著录项目进行全面著录，而对揭示各组成部分的著录项目进行精减，其精减原则就是凡与整套文献相同的著录项目内容以及在著录上无关紧要的著录项目内容不予著录。下面是根据我国《图书规则》中的多卷书和丛书整套著录（规则使用"综合款目"字眼）归纳出来的一种复式整套著录格式（见142页）。

<table>
<tr><td rowspan="10">整套文献
……
组成部分
……
整套文献</td><td>正题名［文献类型标识］＝并列题名：副题名及题名说明文字/
第一责任说明；其余责任说明. — 版次及其他版本形式/与本版
有关的责任说明. — 文献特殊细节. — 出版发行地：出版发行者，
出版发行期～出版发行期（印制地：印制者，印制期～印制期）
文献总数（数量及其单位）：图及其他形态；尺寸＋附件. —
（丛编名/丛编责任说明，国际标准连续出版物号；丛编编号·附
属丛编数码或题名）</td></tr>
<tr><td>附注</td></tr>
<tr><td>子目</td></tr>
<tr><td>分卷期次：题名/责任说明. — 版次. — 出版年.一数量及其单
位. — 文献标准编号</td></tr>
<tr><td>分卷期次：题名/责任说明. — 版次. — 出版年.一数量及其单
位. — 文献标准编号</td></tr>
<tr><td>…………………………………………………………………………
………………………………………………………………………</td></tr>
<tr><td>文献标准编号（装订）：获得方式
提要</td></tr>
<tr><td>Ⅱ.题名Ⅱ.责任者Ⅲ.主题词Ⅳ.分类号</td></tr>
</table>

本页著录格式与前述单式整套著录的格式在某些方面是一致的，如反映整套文献的出版发行项和载体形态项等。但是它与前者有一根本的区别，即整个格式的前后用来揭示整套文献全貌，而中间则用子目形式具体揭示多卷期出版物的各个组成部分。由于有了这一著录形式，它可对凡不同于整套文献的各项内容进行详细的描述。当然，子目部分的著录内容对具体文献来说会有所不同，如丛书各书一般要著录责任说明和版次，而多卷书各书往往

142

不予著录,因为它们在通常情况下与整套文献的责任说明和版次是相一致的。

　　上述格式用于著录馆藏不全的多卷期出版物时,应将引导词"子目"改用"本馆有",也即使用"子目"表示馆藏齐全,使用"本馆有"则表示馆藏不全。当然,在馆藏齐全时也可将"子目"二字省略,但在著录馆藏不齐时"本馆有"字样是必不可少的。另外,这一格式在使用卡片著录时,往往需用两张及其更多的卡片。这时就需在卡片上进行一些必要的技术处理,即在每张著录完的卡片右上方注明卡片编号,如"3/3"。其中的分母表示一多卷期出版物著录用的卡片总张数,分子表示该卡片是总张数中的第几张。除此之外,还需在除最后一张卡片的右下方用"( )"注明"见下片"。至于第二及其以后的款目著录形式,一般是先重复著录整套文献的题名与责任说明(也可只著录整套文献的题名),然后再接着前片的著录内容继续往下著录。

　　例:

```
                                              1/2
 工科数学丛书/(日)田岛一郎,近藤次郎主编 ;刘俊山等译. — 沈
 阳 :辽宁人民出版社,1980.10～1981.10
 5 册 ;20 cm.
 子目
 一:微分 积分/(日)田岛一郎著 ;刘俊山译. — 346 页. — ￥1.40
 二:线性代数 向量分析/(日)小西荣一等著;刘俊山译. — 227 页.
 — ￥0.94
 三:微分方程 傅里叶分析/(日)近藤次郎等著 ;于溶渤译. — 269
 页. — ￥1.15

                                          (见下片)
```

> 工科数学丛书/(日)田岛一郎,近藤次郎主编
> 子目
> 四:复变函数/(日)渡部隆一等著;王远达译. — 265 页. — ￥1.05
> 五:统计 数值分析/(日)高桥磐郎等著;潘德惠,关颖男译. — 306
> 页. — ￥1.25
> 1.工… Ⅱ.①田…②近…③刘… Ⅲ.主题词Ⅳ.分类号

中编复式整套著录格式在转换成书本格式时,从题名与责任说明项至载体形态项或丛编项应连贯著录,附注项至排检项则仍然分段著录(其中排检项一般不予著录)。

三、西编整套著录法

西编整套著录法不像中编那样根据受编整体文献各组成部分有无各自的独立题名划分单式整套著录和复式整套著录,而是根据款目自身的著录层次划分为单层次整套著录和多层次整套著录两种。

(一)单层次整套著录

西文多卷期出版物也像中文多卷期出版物一样,或各组成部分的总题名后出现编次而无各自独立的题名,或各组成部分的总题名后出现各自独立的题名而无编次,当然也有各组成部分的总题名后既出现编次也有各自独立题名的情况。西文多卷期出版物中表示"卷"的词语通常有"Volume"(有时也以其缩写形式"V."或"Vol."出现,若是两卷或两卷以上合一的,则用缩写"Vols.")和"Band"(德文词,其缩写形式为"Bd.")等;表示"册"的词语通常有"Part"(有时也以其缩写形式"Pt."出现,若是两册或两册以上合一的,则用缩写词"Pts."),"Number"(有时它也用来表示期号,其单复数缩写形式均用"No.")和"Heft"(德文词)等。如果多卷

144

期出版物的卷册底下还有分册,则通常使用"Fascicle"和"Section"等词语。至于编次中的数字,西文多卷期出版物除用文字和阿拉伯数字表达外,也有用大写的罗马数字或文字字母表达的。

对于各组成部分只有总题名和自己编次组成的多卷期出版物,西编大多使用类似中编单式整套著录的单层次整套著录。

例1:

Eighteenth—century critical essays / edited by Scott
Elledge. —Ithaca, New York : Cornell University Press, c1961.
2 v. (1224 p.) ; 23 cm.
Includes index.
2nd printing 1966.
...

对于各组成部分既有总题名和编次,又有各自独立题名的多卷期出版物,原则上也可使用这种单层次整套著录,只是需要在款目中增加一个以"Contents:"为导词的目次附注。

Dewey, Melvil.
Dewey decimal classification and relative index / devised by
Melvil Dewey. — Ed. 19 / edited under the direction of Benjamin
A. Custer. — Albany (N. Y.) : Forest Press,1979.
3 vol. ; 24 cm.
Contents : vol. 1. Introduction. Table ; vol. 2. Schedules ; vol.
3. Relative index.
ISBN 0-910608-23-7. — ISBN 0-910608-19-9 (vol. 1). — ISBN
0-910608-20-2 (vol. 2). — ISBN 0-910608-21-0 (vol. 3)

西编中的这种单层次整套著录法介于中编的两种整套著录之间,即它虽然可用以"Contents:"为导词的附注来对多卷期出版物的各个组成部分进行揭示,但其内容仅限于各组成部分的编次、题名和责任说明。如果要对多卷出版物的各个组成部分进行较全面的揭示,西编则使用另一种整套著录法——多层次整套著录法。

(二)多层次整套著录

所谓多层次整套著录,是指对多个组成部分的多卷期出版物或意在对多卷期出版物的各个组成部分进行较全著录的一种整套著录方法。它将多卷期出版物的著录信息划分成两个或多个层次:第一层包括整部或主体出版物的共同信息;第二层次和其余各个层次包括与个别分卷期和其他子组成部分有关的信息。在每层次内,各著录单元与单行本的著录顺序和所用的标识符均相同;某些著录单元可在多层次中重复著录(与上一层次著录单元相同者当然也可省略著录);当组成部分题名冠有编次时,还应在编次后用“:”空一格著录。使用这种方法著录多卷期出版物的目的,也像中编复式整套著录一样,都是在于对出版物的整套及其各个组成部分进行全面的描述。至于使用多少层次,这需根据多卷期出版物组成部分的情况而定(例见 146 和 147 页)。

第一层次 ...	Tolkien, J. R. R. 　The lord of the rings / J. R. R. Tolkien. — [Authorized ed.] / with a new foreword by the author. —New York ： Ballantine Books,1965—1973. — 3 vol. ： ill. ,maps ； 18 cm. — （pbk. ）
第二层次	The fellowship of the ring ： being the first part of The lord of the rings. — 1965. — 527 p. ： ill. ,maps 　The two towers ： being the second part of The lord of the rings. — 1965. — 447 p. ： map 　The return of the king ： being the third part of The lord of the rings. — 1973. — 544 p. ： ill. ,maps. — ISBN 0345-25345-0 ： $1. 95

146

The sacred books of the East / translated by various oriental scholars and edited by F. Max Müller. — Oxford ; Clarendon Press, 1879—1910. — 50 vol. ; 23 cm.

vol. 39—40 : The sacred books of China : the texts of Taoism / translated by James Legge. — 1891. — (The Sacred books of China)

pt. 1 : The Tǎo teh king. The writings of Kwang —tsze. Books I—XVII. — 1891. — xxii, 396p.

146 页例多卷期出版物底下只有分卷,所以是用两个著录层次完成的;而 147 页例多卷期出版物的底下先分卷,卷底下又分册,所以使用了三个著录层次。为使各级著录层次分明,AACR₂R 要求对各级著录内容采用不同的版面编排和/或其他手段将其彼此区分开来。至于怎么区分,属于具体编目系统或文献部门内部的事,目前尚无统一的格式。如这里两例采用的是逐层次依次缩格和空行的方法,如果只用其中的一种方法也未尝不可。但在一个编目部门内应予统一。

西编多层次整套著录也会遇到中编复式整套著录使用续片的问题。它所采用的技术处理方法同中编基本一致,只是将中编卡片右下角的"见下片"改用"See next card"或"Continued by next card"即可。

西编这种多层次整套著录性质类似前述中编复式整套著录,但后者将各组成部分的情况放在款目中间描述,其前后两个部分都是用来描述整套文献特征的,而前者的第一部分先将整套文献

的特征描述完整,之后才逐层将各组成部分及其各子组成部分的特征——描述清楚,所以它的书本格式与其一致。例:

Names of persons : national usages for entry in catalogues / compiled by
the IFLA International Office for UBC. — 3rd ed. — London：The
Office，1977. — x，193 p. ；30 cm. — ISBN 0-903043-106（pbk.）：
£11.00
Supplement. — 1980. — xii，49 p. ；30 cm. — ISBN 0-903043-30-0
（pbk.）：£7.50

由此可见,西编的多层次整套著录格式是个开放的体系,只要多卷期出版物有更小的组成部分,或需对其详细描述,均可——逐层描述下去。而中编复式整套著录相对说来是个封闭的体系,只能用于两个层次的整套著录。所以这次《著录总则》修订时,也将ISBD(M)和 AACR₂R 中的分层次著录作为自己的附录列出。这一举措,必将进一步丰富和发展我国中编整套著录的理论与实践。

第二节　分析著录法

一、分析著录法概述

如果我们将前面的单行本整体著录和多卷期出版物的整套著录看作是对文献的基本著录,那么这里讲的分析著录就是典型的辅助著录。辅助著录可以少做或用其他方法变通,但却丝毫不会减弱它在整个文献著录中的地位。

何为分析著录,目前国内外编目界对它还没有一个统一的认识。从文献编目专著情况看,有的干脆对它不作定义,但大多将其定义为"将文献中的一部分材料分析出来并单独作为一个编目单位所进行的著录"。这个定义与 AACR₂ 对分析著录所下的定义十分接近,即分析著录是指对较大文献中的一个组成部分或两个以上的组成部分所作的书目描述过程。应当说,前面的两个定义代表了人们对分析著录的传统认识。也即如果我们要对文献中的某个组成部分进行书目了解,那么就得将其特征揭示出来并通过一定的技术手段交代其出处。AACR₂ 的上述定义,AACR₂R 后来对其进行了更换。AACR₂R 认为,分析著录指对已做综合著录的文献中的一个组成部分或两个以上的组成部分所作的书目描述过程。需要指出的是,这里的综合著录应当包括第四章中单行本的整体著录和前一节中多卷期出版物的整套著录。也即 AACR₂R 的新定义将分析著录与我们前面讲的整体著录和整套著录联系起来:整体著录尤其是整套著录应用得越广泛,分析著录的意义也就越突出。因为它能向读者有针对性地推荐文献中的某一部分材料,使之在目录有关各处得到充分反映,同时它也使关于某一知识或某一问题的重要材料,不会由于它只构成一部文献的一个组成部分(含单行本中的某个章节和附录,以及多卷期出版物的一个分卷和分册等)而被忽视。因此,如果说整体著录和整套著录是向读者概括揭示文献特征,那么分析著录则是从深度和广度上揭示文献,它对加强目录的思想性,以及充分宣传和利用文献资料是一种十分有效的手段和方法。

分析著录在我国古代称为"别裁"或"别出"。虽然汉朝刘歆在编制《七略》时就已使用了"别裁"法,但那时的分析著录仅用于分类目录,而且不注析出部分的出处。我国古人对分析著录作出较全面论述的是明朝祁承㸁。根据他的论述,凡是单行本而又仅见于文集的书(如合刻本、丛书等),需要分析著录;凡全书在图书分类体系中应属某一门类,而其中的一部分材料与该书主要性质不同,或一部分书中含有与本书性质不完全相同的其他著作,也需裁篇别出。至于著录方法,他则明确指出需要注明出处,以便查阅。

之后,清代目录学家章学诚在总结前人实践经验和自己藏书经验的基础上,对文献著录中的分析著录——"别裁"作了进一步的理论概括,有些至今还在流传。

西方各国的分析著录法源流,我们一时难以查清道白,但在实行著录标准化之前,西方各国编目界已经普遍使用分析著录法确是事实。它们中的许多理论和方法还被国际图联后来编制的 IS-BD(CP)继承下来。为了后面的论述,我们不妨从 AACR 中援引二例:

Colman, Benjamin, 1673—1747.

The hainous nature of the sin of murder, and the great happiness of deliverance from it, as it was represented in a sermon at the lecture in Boston, Sept. 24, 1713, before the execution of one David Wallis. Boston, Printed by J. Allen for N. Boone, 1713.

34 p. 14 cm. (*In* Mather, Cotton. The sad effects of sin. Boston, 1713)

Flaminiani,

Ethelinda. An English novel done from the Italian. London, 1729.

(*In* Croxall, Samuel, comp. A select colletion of novels and histories. 2nd ed. London, 1729. 17 cm. v. 5, p. [79]—124)

前一例析出部分在文献中具有专门的书名页,而且在整部文献中单独编码;后一例析出部分在文献中没有专门的书名页,而且与整部文献连续编码。所以它们在著录上略有区别,但两者均先著录析出部分(即文献的组成部分),后交代其出处,并都使用斜体的"In"连接。这些都在后来的 ISBD(CP)中得到了继承。

由于编制分析款目的复杂性,加之它属于辅助著录,所以分析著录不是每个文献编目部门所必须采用的著录方法。一个文献编目部门是否采用分析著录一般应根据以下因素综合起来决定:1.文献机构的性质和读者的检索需求(一般而言,高等院校、科研机构及大型公共图书馆的读者对文献内容检索层次的要求较高,因此这类文献机构应积极采用分析著录法,而一般的中小型图书馆可视读者检索的需求和文献类型的特点情况而定);2.文献机构的目录体系规模(一般而言,分析著录较适用于一目录多款目制的文献机构,若是一目录单款目制的文献机构,不要说不能使用正规的分析著录法,就是连具有分析性质的附加著录法几乎也不使用);3.文献机构的书目设备(分析著录的功能实质上与一般文献索引和文摘并无本质的区别,所以当一文献机构本身拥有丰富的索引和文摘时,可在目录有关处引导读者去用其他书目设备,反之则应根据读者的检索需求积极采用分析著录法向读者提供更多的检索途径);4.文献机构的人力物力及技术手段(具体文献机构是否采用分析著录法,物力是基础,人力是关键,另外手工编目确实也给分析著录带来一定的难度,但随着机读目录的逐步普及,情况将会趋于好转)。

需要强调的是,即使根据以上因素决定采用分析著录法的文献机构,也并非分析款目编得越多越好,因为编制那些无关紧要的分析款目不仅造成浪费,而且还会增加读者查目的麻烦。因此分析著录要遵循少而精的原则。一般而言,需要编制分析款目的文献类型有以下几种:1.图书中那些具有独立篇名的附录(如人物传略、大事年表、技术数据及其他重要材料等);2.名人全集或选集中的重要单篇著作(若有相应的单行本可以不编);3.包含着多个著者重要著作的多人文集(书名等处若已反映者不编);4.反映多主题、多学科的跨学科文献(对于这类文献主要编制主题或分类分析款目);5.连续出版物等文献中适合当前形势和需求的重要论文(如用来编制连续出版物论文索引等)。总之,文献在进行整体或整套著录后,只要认为有必要均可另外进行分析著录。换言之,分析著录出来的款目根据其所反映的文献类型,大致可以分为单行本分析款目、多卷书分析款目、丛书分析款目,以及连续出版物及各种非书资料分析款目。

二、中编分析著录

如前所述,分析著录在我国文献编目史上具有悠久的历史,清末又从西方传入了更为先进的分析著录法,到我国实施文献标准化著录之前,大致形成了两种具有代表性的分析款目著录格式,即书名分析款目著录格式和著者分析款目著录格式。

1. 书名分析款目著录格式:

析出篇名(或书名)
　　著者及著作方式
　　在:原书名　原著者　出版项　第××页(或卷)

例:

关于帝国主义笔记
　　列宁著　中共中央马克思、恩格斯、列宁、斯大林著作编译局译
　　在:《列宁全集》　北京　人民出版社　1964年　第39卷

2. 著者分析款目著录格式:

　析出材料的著者姓名及著作方式
析出篇名(或书名)
　　见:原书名　原著者　出版项　第××—××页(或卷)

例:

```
┌─────────────────────────────────────────────────────┐
│   毛泽东著                                            │
│  毛主席给陈毅同志谈诗的一封信                          │
│     见:《陈毅诗选注》 辽宁第一师范学院中文系选注      │
│  北京  北京出版社  1978 年 11 月   第 1—3 页        │
│      …                                               │
└─────────────────────────────────────────────────────┘
```

　　80 年代,随着 ISBD(CP)的颁布实施,我国文献工作者也对分析款目著录格式进行了改动。根据 ISBD(CP)的规定,分析著录中的析出部分(即 ISBD(CP)中的组成部分)和出处部分(即 ISBD(CP)中的整套文献)均应著录题名与责任说明项到标准编号与获得方式项的八大著录项目,并且需用相应的标识符。考虑到文献编目部门的实际需要,ISBD(CP)正式颁布时已对上述两部分的著录项单元作了精减,现将这两部分的著录项目单元列表如下(编号前的"＊"表示必备的著录单元):

组成部分的著录项目及单元	整套文献的著录项目及单元
1.题名与责任说明项	1.题名与责任说明项
＊1.1 正题名	＊1.1 正题名
1.2 一般资料标识	
1.3 并列题名	
1.4 其他题名信息	1.4 其他题名信息
＊1.5 责任说明	1.5 责任说明
第一责任说明	
其余责任说明	＊第一责任说明
2.版本项	2.版本项
2.1 版本说明	2.1 版本说明
2.2 并列版本说明	
2.3 与本版有关的责任说明	
第一责任说明	
其余责任说明	

（续表）

组成部分的著录项目及单元	整套文献的著录项目及单元
3. 文献（或出版物类型）专用项	3. 文献（或出版物类型）专用项
4. 出版发行项 4.1 出版发行地 　　第一出版发行地 　　其余出版发行地 4.2 出版发行者 4.4 出版发行期	4. 出版发行项 4.1 出版发行地 4.2 出版发行者 4.4 出版发行期
5. 载体形态项 5.1 特定资料标识及文献数量 5.2 其他形态细节 5.3 文献尺寸 5.4 附件说明	5. 载体形态项 5.1 特定资料标识及文献数量 5.2 其他形态细节 5.3 文献尺寸
6. 丛编项 6.1 丛编正题名 6.2 丛编并列题名 6.3 丛编其他题名信息 6.4 与丛编有关的责任说明 　　第一责任说明 　　其余责任说明 6.6 丛编编号	6. 丛编项 6.1 丛编正题名 6.4 与丛编有关的责任说明 　　第一责任说明 6.5 丛编国际标准连续出版物号 6.6 丛编编号 6.7 分丛编标识和/或题名
7. 附注项	＊7. 附注项（只著录组成部分在 　　整套文献中的具体出处）
8. 文献标准编号与获得方式项 ＊8.1 文献标准编号	8. 文献标准编号与获得方式项 ＊8.1 文献标准编号

　　通过上表可以看出，ISBD(CP)中的组成部分的著录项目单元多于整套文献中的著录项目单元，但后者的必备著录单元多于前

者的必备著录单元。如前者的必备著录单元只有正题名、第一责任说明、其余责任说明和文献标准编号；而后者的必备著录单元有正题名、第一责任说明、版本说明、用于出处说明的附注项和文献标准编号。另外，ISBD（CP）中的整套文献部分之前还有一个必备的用来连接组成部分和整套文献间联系的"//In："。由此可见，ISBD(CP)用来连接整套文献部分的"//In："属于英美编目条例中"In"式分析法的传统形式。若在分段著录时，由于连接整套文献中的"//In："位于一行之首，因此它也可将其中的表示析出文献的出处的标识符"//"省略（其实应当省略的倒是后者"In："）。

我国《图书规则》中的分析款目卡片格式是据 ISBD（CP）设计的，但它与 ISBD（CP）相比仍然存在一些差异，即保留了一些我国的编目传统。格式如下：

组成部分 ⋯ 整套文献 ⋯ 组成部分	
	析出题名/责任说明
	//书名/责任说明. — 版本. — 出版发行. — 第×～×页或卷(册)
	附注 提要

例：

> 卡尔·马克思《政治经济学批判》/恩格斯著；中共中央马克思 恩格斯 列宁 斯大林著作编译局译
> //政治经济学批判/马克思著. — 北京：人民出版社，1976.4. —
> 第 169～215 页
> 本文系《政治经济学批判》一书之附录

这一格式与前述中编复式整套著录的格式正好相反，即它的前部和后部是用来描述组成部分的文献特征，而将中间位置用来描述整套文献的文献特征。为防止混淆，《图书规则》规定在卡片格式转换成书本格式时，附注项和提要项分段著录，之前的著录内容连续著录，即：

> 卡尔·马克思《政治经济学批判》/恩格斯著 ；中共中央马克思 恩格斯 列宁 斯大林著作编译局译//政治经济学批判/马克思著. —
> 北京 ：人民出版社，1976.4. — 第 169～215 页
> 本文系《政治经济学批判》一书之附录

需要指出的是，分析款目中的组成部分题名、责任者可以作为排检点且可进行标目，主题词和分类号也可通过再标引获得，但其款目上的索取号一定要著录组成部分所在文献的索取号，也即整体或整套文献的索取号。当然，以上分析著录我们可以不用专门的分析著录进行，而在对《政治经济学批判》单行本著录时就将其附录作为一条附注著录出来，并将它及其责任者名称分别置于标目位置，从而形成组成部分的题名和责任者分析款目。

例：

> 卡尔·马克思《政治经济学批判》
>
> 　政治经济学批判/马克思著；中共中央马克思 恩格斯 列宁 斯大
> 林著作编译局译. — 北京：人民出版社，1976.4
>
> 　215 页；20 cm.
>
> 　书末附"卡尔·马克思《政治经济学批判》/恩格斯著"
>
> 　Ⅰ.①政…②卡…　Ⅱ.①马…②中…③恩…
>
> Ⅲ.主题词　Ⅳ.分类号

　　这是一张以书中附录题名为标目的题名分析款目，同样能够达到我们用前一种分析方法所要达到的效果。由于这种附加分析手段不用另行著录，在普遍实行单元卡制度的今天，使用这种分析方法，其优越性大大超过前者，因此值得宣传推广。这里出现一个问题，即除了正规的分析著录方法外，另外还有哪些方法可以用于分析著录。这个问题，我们放在第三部分中讲解。

三、西编分析著录法

　　分析著录属于辅助著录，所以在中编工作中较少使用，在西编工作中使用分析法的则更为少见。这一方面是编目人员对其认识的程度不高，另一方面是国内西编条例缺少这方面的有关规定。如在 1961 年编制的《西文普通图书著录条例》中，就没有分析著录法这一章内容，就是在其多卷书的整套著录中也没提到分析著录的问题。再如在 1985 年编制的《西文条例》中，也没设立分析著录的专门章节。但是，这并不说明我国众多的文献机构一点不用分析著录法。如在文献著录标准化实施之前，我国有的文献机构就有参照 AACR 有关的分析著录内容编制分析款目的。文献著录标准化实施之后到 AACR₂ 传入我国之前，也有文献机构对传统的"of"式分析著录格式进行改造使用的。"of"式分析法的格式大致如下：

Analytical heading
   Title and statement of responsibility area. — paging,of ：
Main entry heading
   Title and statement of responsibility area. — Edition area. —
Publication，distribution，etc. area
   Physical description area

例：

Flaminiani.
   Ethelinda ：an English novel done from the Italian. — p.
［79］—124，of ：
Croxall，Samuel，comp ：a select colletion of novels and histori-
es. — 2nd ed. — London ：［s. n. ］,1729. 5 v. ；17 cm.

1978 年出版的 AACR₂ 根据文献编目事业的发展，对原 AACR 中的分析法归纳扩展成 5 种分析法，即丛编分析法、目次分析法、分析附加法、"In"式分析法和多级著录分析法。这 5 种分析法基本概括了目前西方各国常用的分析方法，所以 1988 年的 AACR₂ R 仍保留了这 5 种分析法，只是根据 1982 年正式颁布的 ISBD(CP)内容对其中的"In"式分析法作了进一步的规范，以及根据文献情报部门的实际使用频率对上述 5 种分析法的排列顺序作了调整，即分析附加法、丛编分析法、目次分析法、"In"式分析法和多级著录分析法。

在 AACR₂ 和 AACR₂ R 中与中编正规分析著录法性质相同的分析法是"In"式分析法。这种分析法的组成部分(也即文献的析出部分)的著录项目单元包括：

Title proper, other title information, statement (s) of responsibility

Edition

Numeric or other designation (in the case of a serial)

Publication, distribution, etc. details

Extent and specific material designation (when appropriate, in terms of its physical position with the whole item)

Other physical details

Dimensions

Notes

由斜体"In"打头的整体文献(即文献析出部分的出处部分)的著录项目单元包括：

Names and/or uniform title heading of the whole item, if appropriate

Title proper

Statement(s) of responsibility when necessary for identification

Edition statement

Numeric or other designation (of a serial) or publication details (of a monographic item)

例：

The moving toyshop : a detective story / by Edmund Crispin. — p. 210—450 ; 30 cm.

In The Gollancz detective omnibus. — London : Gollancz,1951

> A View of Hampstead from the footway next the Great Road,
> Pond Street = Vue de Hampstead de la chaussée prés du Grand
> Chemin, rue du Bassin. —1 art reproduction : b & w ; 30 × 35
> cm. — Reprint of engraving originally published : London :
> Rebert Sayer, 1745
>
> *In* Twelve views of Camden, 1733—1875. — London : London
> Borough of Camden, Libraries and Arts Dept. , 1971

　　需要指出的，为使连接整套文献部分的"In"更加醒目突出，
AACR$_2$ 建议对其使用斜体，若无斜体字键，则可在"In"字底下划
线或用其他手段突出。

　　在 AACR$_2$ 和 AACR$_2$R 中与中编附加分析手段性质相同的
分析法是目次分析法和分析附加法，所谓目次分析法，就是在一整
体或整套著录的款目里有一附注（通常它用"Contents："引导）反
映文献各组成部分的细节内容，但一般只限于题名与责任说明。
这种方法之所以也称作一种分析手段，是因为它能告诉目录使用
者"Contents："后引导的内容即是整体或整套文献的组成部分，
或者说它也揭示了"Contents："后的内容出处，或各组成部分与整
套文献之间的关系。例：

> The art of Van Gogh…
>
> …
>
> Contents：vol. 1. plates—v. 2. Text
>
> …

The English Bible ：essays / by various writers…

…

Contents：The noblest monument of English prose / by John Livingston Lowes—The English Bible / by W. Macneile Dixon—The English Bible / by A. Clutton-Brock—On reading the Bible / by Arthur Quiller-Couch

…

　　这种分析方法,应该说是一种最简便的分析手段,一般用于多人文集的分析著录,但也同样适用于整套多卷书及丛书等的分析著录。另外,对无总题名的文献,著录时题名与责任说明项一般只著录第一部(或篇)或其中版式突出的一部(或篇)作品的题名与责任说明,其余的题名与责任说明在附注项用"With："引导著录,这也应该看作是目次分析法。

　　目次分析法可以说是一种隐性分析法,因为它要通过目录使用者的思维得知目次附注中的各卷册及章节附录是整套或整体文献的组成部分。而分析附加法则是同"In"式分析法一样,是种显性分析法。因为它是在整体或整套文献著录的基础上,将其题名与责任说明项和/或目次附注项中已经提到的组成部分的题名、责任者名称作为排检点,然后再置于标目位置上而形成的一种分析手段。这种附加款目的标目,西编中一般是一组成部分的责任者名称和/或题名(这一点与中编略有不同),所以西编中也将这种款目称之为"名称/题名附加款目"。例：

Rose，Chales. Recollections of Old Dorking.

Memories of Old Dorking / edited by Marfaret K. Kohler.

—Dorking：Kohler and Coombes，1977.

Contents：v. 1. Recollections of Old Dorking / Charles Rose—v. 2. Reminiscens of Old Dorking / John Atlee—v. 3. Recollections of Old Dorking / William Henry Dinnage.

I. Kohler，Marfaret K.，ed. II. Rose，Charles. Recollections of Old Dorking. III. Atlee，John. Reminiscens of Old Dorking. IV. Dinnage，William Henry. Recollections of Old Dorking.

分析附加法和目次分析法的相同之处在于两者都将整体或整套文献中的各个组成部分的内容在著录正文中予以反映,从而使目录使用者了解到各组成部分与整体或整套文献的关系;而不同之处在于目次分析法不需编制附加款目(它的分析性质全靠目录使用者自己领悟),且范围仅限于目次附注项,而分析附加法则可根据需要灵活地编制各种具有检索意义的附加款目,且它的范围既可以是目次附注项的内容,也可以是题名与责任说明项、版本项等处的内容。例:

Frarey，Carlyle J. Subject headings.

Tauber，Maurice F.

Cataloging and classification / by Maurice F. Tauber. Subject headings / by Carlyle J. Frarey…

1. Cataloging. 2. Classification — Books. 3. Subject heading. I. Frarey，Carlyle J. Subject headiang. II. Title. III. Series.

另外,虽然分析附加法编制款目便利,且可达到"In"式分析法的同样效果,但它只适用于目录多款目制的文献机构,而目次分析法既适用于目录多款目制的文献机构，也适用于目录单款目制的文献机构。

　　AACR₂ 和 AACR₂R 提到的另外两种分析法是丛编分析法和多级著录分析法。丛编分析法，顾名思义，就是如果一部文献是一专著丛书或一多卷本专著的组成部分，只要它有一个独立于整套文献的题名，即可使用这种分析方法。实际上，这种分析法即是我们下一章要讲的丛书或多卷书的分散著录法。这种带有丛编项的款目著录，AACR₂ 和 AACR₂R 之所以把它看作是一种分析法是有其道理的，因为每一册书对于它的整套丛书或多卷书来说，都是它的一个组成部分，现在既然将每册书作为一个组成部分进行单独著录，并在丛编项中将其整套丛书或多卷书的题名、责任者、ISSN 及编次等内容一一反映出来，实质上就是揭示了该册书的具体出处，即能告诉目录使用者它是整套丛书或多卷书的一个组成部分。另外，文献编目机构若对整套丛书或多卷书的每一卷册都用这种方式著录，并对丛编项中的题名和责任者编制附加款目，结果还可形成整套丛书或多卷书的综合款目。这可能也是英美等国编目界不存在"分散著录"概念的原因所在（例见 164 页）。

　　AACR₂ 和 AACR₂R 中的多级著录分析法就是我们上一节中介绍的多层次整套著录法。AACR₂ 和 AACR₂R 之所以也将它看作是一种分析法，其道理与它们将目次分析法和分析附加法也看作是分析法一样，因为其款目的第二层著录内容相对于其第一层的著录内容来说是其组成部分，而其第三层的著录内容相对其第二层的著录内容来说又是其组成部分，依次类推下去说明该款目既有组成部分的著录信息，又有整套文献的著录信息，理所当然它是一种分析著录。

```
Bindslev, Anne M.
    Mrs. Humphry Ward : a study in late-Victorian feminine con-
sciousness and creative expression / by Anne M. Bindslev. —
Stockholm : Alnovist&Wiksell International, 1985.
    v, 166p. ; 24cm. — (Acta Universitatis Stockholmiensis. Stock-
holm studies in English, ISSN 0346-6272 ; 63)
    Doctoral dissertation—University of Stockholm.
    Bibliography : p.〔157〕—166.
    ISBN 91-22-00731-8
    ...
    Ⅰ. Title. Ⅱ. Series.
```

　　多级著录分析法与丛编分析法的共同之处，是两者既可以是隐性分析法（如果编目人员不对其第二、第三等层次中的责任者和题名或其丛编名及责任者作附加款目标目），也可以是显性分析法（如果编目人员对其第二、第三等层次中的责任者和题名或其丛编名及责任者作附加款目标目）。所以它们既适用于目录单款目制的文献机构，也适用于目录多款目制的文献机构。

　　在目录多款目制的文献机构，我们推荐对单行本图书的分析著录多用附加分析法，对多卷期出版物的分析著录多用丛编分析法，只有在文献组成部分的信息没有反映或难以反映在款目上而编目员又想对其进行分析著录时，我们才使用"In"式分析法。因为前两者的制作相对容易一些。至于目次分析法应多用于目录单款目制的文献机构，而多级著录分析法实质上是一种可供选择使用的分析法。我国绝大多数的文献机构实际上难以收藏或一次收齐大型西文整套文献，所以这种分析著录实际也极少使用。

　　以上论述证明，综合著录和分析著录虽然是两种不同的款目编制方法，但同时又是两种互为前提、互为因果和相互补充的著录方法。也即,当一条款目中同时记载整体或整套文献和其组成部分的特征内容,那么这条款目的综合著录内容内就包含着分析性质。反之,这条款目的分析著录内容就蕴蓄着综合性质。至于到底它属于什么性质,主要看其检索点的选取及标目情况。

第六章 多卷书与丛书著录

第一节 多卷书的著录

一、多卷书的特征

我国春秋末年,人们开始在帛上写书,可依文章长短随时剪裁,卷成一束,这样就出现了"卷"。当然为使阅读方便,剪裁时也注意其内容的相对完整性。因此,卷一开始就成为计算书籍数量的单位,同时也是计算书籍内容的单位。计算书籍内容的卷是书目意义上的卷概念,所以又称"书目卷"。书目卷篇幅适中,通常在出版时装订成一册,并有自己的书名页、封面书名或简略书名;书目卷若篇幅过小则可几卷装订成一册,篇幅过大则一卷也可分几册出版。计算书籍数量的卷是装订意义上的卷概念,所以又称"装订卷"。装订卷又称"装订册"。在我国,以卷或册作为书籍的计量单位,分别起源于古代的卷轴与简策。虽然现在我们已不称"一册书"为"一卷书",但仍然称分订成几部分的图书为"第一卷"、"第二卷",或"第一册"、"第二册"等。鉴于此,我国《图书规则》将多卷书定义为"同一著作分成若干卷(册)所出版的图书"。

中文多卷书的基本特点是全书围绕一个中心主题展述,所以肯定具有一个总书名,而各卷之间联系紧密,一般不能独立成书。其他特征有:

1.在撰写计划上,由于多卷书多为同一著者(含个人著者和机关团体)所著,所以一般预先都有一个明确的撰写计划,即使此人或团体不能将书完成,续者一般也将遵循前者的撰写计划进行,如《中国通史》的前四册为范文澜所著,后几册则由其他著者续著。

2.在组织形式上,多卷书大多底下只分卷、册、部、篇、辑或集等,如果全书内容较多,卷、册等下面还可再分分卷、分册等,或卷下面分册、册下面分卷,如《曲阜孔府档案史料选编》一书首先分编,编下面又分册。至于如何分法,目前尚无统一的规定。

3.在载体形式上,多卷书的版式、书型、装帧大多一致,即使某些方面存有差异悬殊也不大,有的多卷书连续编码(主要是文艺类的书籍,如三卷本的《西游记》),但大多都分段编码。

4.在出版发行上,多卷书大多由一出版发行者出版发行,卷册数少的多卷书往往一次出版发行,卷册数多的则依卷册分别出版发行,但偶尔也有后面的卷册先于前面的卷册出版发行的现象。

西文多卷书的特征与前述中文多卷书的特征基本相同,但是另有两大特点:

1.具有总书名,而各分卷又具独立性较强的分卷书名的多卷书,是西方国家一种常见的多卷书形式。这种多卷书的各分卷往往同时具有两个书名页,左边的书名页通常是总书名页,用来记载多卷书的总书名及其他事项,右边的书名页一般是分卷书名页,记载分卷书名及属于本卷的其他事项。这一特征,德文多卷书最为典型。

2.随着科学技术的迅猛发展,西文多卷书的形式也越来越多。其中有的类似于丛书,有的类似于连续出版物。如有一种在内容和出版形式上介于期刊和图书之间的出版物——杂志性图书(英文词为"Mook",是 Magazine 和 Book 的合成词),其特点是一套出版物采用一个统一的名称,各分卷册另有单独的题名和编著者;出版的周期较短,时效性特强。这类出版物,有的具有期刊的编排形式和期号，且内容以满足读者的一时需要为目的，颇具期刊特色；而有的版式则接近图书，且知识内容详尽具体，又颇具图书特色。所以这类出版物在文献机构或以刊处理，或以书著录。

至于中、西文多卷书的编次等特点，我们已在前一章中论述，在此不再赘述。

二、多卷书的著录方法

从内容上作为一部书的多卷书，如果一次出齐尤其是一次到馆，理应先进行整套著录，然后再视具体情况进行分析著录。但对不是一次出齐尤其是非一次到馆的多卷书，也可先进行分卷著录或分散著录，然后再视具体情况进行综合著录。

（一）多卷书的先整套著录后分析著录

多卷书的整套著录，如前所述，即视整套书为一编目单位进行集中标引、集中著录，进而在书库中集中排架，在目录中集中反映。根据其每卷书有无独立的分卷书名，多卷书的整套著录又分每卷书无分卷书名的整套著录和每卷书有分卷书名的整套著录。

1. 无分卷书名的整套著录

中文无分卷书名的多卷书，整套著录时使用前一章中编单式整套著录的格式。例：

科技文献检索/陈光祚主编. — 武汉 ：武汉大学出版社，1985.
1(1987.6 重印)

　2 册(582 面)；20cm.

高等学校文科教材
ISBN 7-307-00038-5/G. 20(上)：￥2. 10. — ISBN 7-307-00022-
9/G. 8(下)：￥1. 65

　I. 科… II. …陈… III. IV.

西文无分卷书名的多卷书,整套著录时使用前一章西编单层次整套著录的格式(见下例)。

Eckersley, C. E.
Essential English for foreign students / C. E. Eckersley. — Rev. ed. / by J. M. Eckersley. — London ：Longman,1970—1971.
    4 v. ；ill. ；22 cm.
    Students' books.
    ISBN 0-582-52197-1 (v. 1). — ISBN 0-582-52198-X(v. 2). — ISBN 0-582-52018-5 (v. 3). — ISBN 0-582-52020-7 (v. 4)
    1. Eckersley, J. M. II. Title.

中、西文无分卷书名的多卷书,整套著录可以不做也没必要做分析著录。

2. 有分卷书名的整套著录

中文有分卷书名的多卷书,整套著录时使用前一章中编复式整套著录的格式。例：

1/2

中国共产党军队政治工作七十年史/姜思毅主编. — 北京 ：解放军出版社,1992.6
    6 卷 ；20 cm.
    本馆有
    第一卷,在北伐战争时期萌芽　在土地革命战争奠基/杨宣春,孙庆云撰稿. — 644 页. —ISBN 7-5065-1745-X/D. 189
    第二卷,在抗日战争中成熟/肖裕声撰稿. — 407 页. — ISBN 7-5056-1755-8/D. 190

(见下片)

中国共产党军队政治工作七十年史/姜思毅主编

本馆有

第三卷,在解放战争中丰富发展/孙庆云撰稿. — 413 页. — IS-BN 7-5056-1756-6/D.191

第四卷,保证抗美援朝战争胜利　准备现代化革命军队建设/孙庆云撰稿. — 265 页. — ISBN 7-5056-1757-4/D.192

第五卷,在建设现代化革命军队的道路上曲折前进/杨宝春,张天荣撰稿. — 362 页. — ISBN 7-5056-2084-2/D.242

［￥33.50］

Ⅰ.中… Ⅱ.姜… Ⅲ. Ⅳ.

　　西文有分卷书名的多卷书,整套著录时若对其各分卷册只作简要描述也可使用带"Contents:"附注的单层次整套著录格式,例见 145 页;但若对其各分卷册进行较详细的描述,则应使用多层次整套著录格式,例见 146～147 页。

　　无论是中文有分卷书名的多卷书,还是西文有分卷书名的多卷书,整套著录时或是以整套书的特征为依据选择排检点(中编),或是以整套书的特征为依据选择主要款目标目(西编),虽然这时款目已具目次分析的性质,但若要使这种隐性分析法变为显性分析法,可对其各分卷册使用正规分析法(中编)或"In"式分析法(西编)进行分析著录(见 171 页上例)。

　　当然,如果整套著录的款目只有一张,我们应当尽量采用附加分析的方法来达到分析著录的目的。例如我们对 145 页的例子可作如下的附加分析(见 171 页下例)。

杨宝春
　　在北伐战争时期萌芽　　在土地革命战争奠基/杨宣春,孙庆云撰稿
//中国共产党军队政治工作七十年史/姜思毅主编. ── 北京 ：解
放军出版社,1992.6. ── 第一卷
　　…

Introduction. Tables.
Dewey，Melvil.
　　Dewey decimal classification and relative index / devised by
Melvil Dewey. ── Ed. 19 / edited under the direction of Benjamin
A. Custer. ── Albany（N. Y.）：Forest Press，1979.
　　3 vol. ; 24 cm.
　　Contents：vol. 1. Introduction. Tables ; vol. 2. Schedules. ; vol.
3. Relative index.
　　…
　　Ⅰ. Custer，Benjamin A. Ⅱ. Title. Ⅲ. Title：Introduction. Ta-
bles. Ⅳ. Title：Schedules. Ⅴ. Title：Relative index.

（二）多卷书的分卷著录与分散著录
　　中文多卷书的分卷著录与前述单行本图书的著录的主要差
异,在于书名与责任说明项中先分别著录多卷书的总书名和分卷
书名,然后再著录多卷书的总责任说明和分卷责任说明。至于分
卷书的编次,若有则著录在分卷书名之前。由于我国《图书规则》
将分卷书的编次作为一个特殊的著录单元看待,所以规定著录它
时之前需空一格,而将分卷书名作为副书名看待,所以著录它时之
前用"："标识。例：

> 科技文献检索 上册/陈光祚主编. — 武汉：武汉大学出版社,
> 1985.1(1987.1重印) .
> 　　307页；20 cm.
> **高等学校文科教材**
> 　　ISBN 7-307-00038-5/G.20：￥2.10
> 　　Ⅰ.科… Ⅱ.陈… Ⅲ. Ⅳ.

> 苦难的历程 第一部：两姊妹/(俄)托尔斯泰(Толстой, А. Н.)著；
> 朱雯译. — 北京：人民出版社,1957.10
> 　　369页；19 cm.
> 　　￥1.25
> 　　Ⅰ.①苦… ②两… Ⅱ.①托… ②朱… Ⅲ.
> Ⅳ.

　　这种做法与后来修订颁布的 ISBD(M)相悖。在 ISBD(M)中，虽然它也将多卷书总书名、分卷书编次和分卷书名一起看作是一个正书名，但它将多卷书的总书名视为共同书名，而将分卷书的编次和分卷书名则分别视为附属书名标识和附属书名。因此,当多卷书的各分卷如果只有附属书名标识或附属书名时,著录时需在它们之前用"·"标识。而当多卷书的各分卷如果既有附属书名标识又有附属书名时,在附属书名标识和附属书名前则分别用"·"和","标识。其例式如下：

　　共同书名·附属书名标识[一般资料标识]

　　共同书名·附属书名[一般资料标识]

　　共同书名·附属书名标识,附属书名[一般资料标识]

　　例：

Eckersley, C. E.
Essential English for foreign students. Bk. 1 / C. E. Eckersley. — Rev. ed. / J. M. Echersley. — London : Longman, 1970.
viii, 248 p. : ill. ; 22 cm.
Includes index.
1. Eckersley, J. M. II. Title.

Katz, William A.
Introduction to reference work. V. 1, Basic information sources/William A. Katz. — 4th ed. — New York : McGraw-Hill, 1961.
398 p. ; 23 cm. — (McGraw-Hill series in library education)
Includes bibliographies and indexes.
ISBN 0-07-033333-5
I. Title. II. Title: Basic information sources. III. Sertes.

　　需要强调的是,每卷无附属书名的多卷书,分卷著录后一般可以不作综合著录,但若分卷册数较多,为了消除目录体积臃肿,也可进行综合著录。中、西文各卷无附属书名的多卷书分卷著录后所进行的综合著录,其格式分别与单式整套著录格式(中编)和不带"Contents :"附注的单层次整套著录格式(西编)相同,并应及时将目录中的原分卷著录的各款目抽去。而每卷有附属书名的多卷书,分卷著录后则可对以多卷书共同书名和其总责任者为标目的款目进行综合著录,其著录格式分别与复式整套著录格式(中编)和带"Contents :"附注单层次整套著录格式(西编)相同,届时从目录中抽去的是原先以多卷书共同书名和其总责任者为标目的款目,而将原先以附属书名等为标目的款目留下,以使它们真正起到分析款目的作用。多卷书的附属书名如果十分突出或其知名度大大超出其共同题名,尤其是非一次出齐或非一次到馆时,可对其先进行分散著录。

中、西文多卷书的分散著录格式,实际就是前述西编分析著录法中的丛编分析法著录格式。

例:

三家巷/欧阳山著. — 新 1 版. — 北京:人民文学出版社,1979.5
414 页 ; 20 cm. — (一代风流 ; 第一卷)

￥0.82
本书描写大革命前后广州年轻的无产阶级在政治和道德品质上的成长过程,以 20 年代的中国革命斗争与广阔的都市生活为背景,通过三个不同类型的家庭及其亲友之间的关系,反映了革命势力与反革命势力斗争…

I. ①三…②—…II. 欧…III.　IV. I247.5

再如:

Tolkien, J. R. R.

  The return of the king : being the third part of The lord of the rings / J. R. R. Tolkien. — [Authorized ed.] / with a new foreword by the author. — New York:Ballantine Books,1973.

  544 p. : ill. ,maps ; 18 cm. — (The lord of the rings ; pt. 3)
  ISBN 0-345-25345-0 (pbk.) : ＄1.95
  1. Title. II. Series.

中、西文多卷书分散著录时,如果我们对其丛编项中的共同书名和总责任者进行标目并制成相应的附加款目,自然就会起到综合著录的作用。但是对于卷册数较多的多卷书或为消除目录体积臃肿,我们也可编制专门的综合款目进行替换。这样的综合款目

格式一定是复式整套著录格式（中编）和带"Contents :"附注的单层次整套著录格式或多层次整套著录格式（西编）。例：

> 一代风流/欧阳山著. — 北京 ：人民文学出版社,1979.5～1985.9
> 5 卷(2182 页) ；19～20 cm.
> 子目
> 第一卷,三家巷. — 新 1 版
> 第二卷,苦斗. — 新 1 版
> 第三卷,柳暗花明
> 第四卷,圣地
> 第五卷,万年春

　　需要强调的是,中、西文多卷书无论是先整套著录后分析著录,还是先分卷或分散著录后综合著录,其内容归类的依据都是整套书(西编还需根据对整套书的知识和/或艺术内容负责的个人或团体的情况选取主要款目标目)。至于先综合后分析和先分析后综合,目的都是对多卷书的整体及其各个组成部分进行揭示,以利读者检索和使用。

第二节　丛书的著录

一、丛书的特征

　　中文"丛书"中"丛"概念是指"聚集"之意。所谓丛书,顾名思义,即是将一批本身具有内在联系但又可以单独存在的图书聚集在一起而形成的一种文献类型。据考证,我国的丛书始于南宋,其中又以俞鼎孙、俞经的《儒学警悟》为最早。

　　由于内容的丰富、形式的多样,中文丛书从一开始命名就有

"丛刊"、"丛刻"、"丛编",及"文库"、"汇刻"、"类编"、"集丛"、"全书"等名称。随着丛书的发展和类型的增多,也有使用以下名称命名的,如"汇编"、"集刊"、"集成"、"书库"、"大全"、"系列"、"文丛"、"译丛"、"诗丛"、"选刊"、"选集"、"全集",以及"讲座"、"读物"等。除此之外,也有许多现代丛书不具这一特征,即直接以一套丛书所包含的知识或艺术内容的词语命名。所以我国《图书规则》对丛书所下的定义是"在一个总书名下,汇集多种单行本图书成为一套,并以编号或不编号的方式出版的图书"。

中文丛书也具有中文多卷书在载体形式和出版发行上的一些特征,但其本身的主要特点是:

1. 丛书中的每一种书都是一部内容完整的著作,因此,它们具有自己的书名,可以独立地使用。

2. 虽然有些丛书全由一人或团体编著,但绝大多数的丛书是由多人或多团体编著的,因此往往具有主编者。

3. 有些丛书计划无限期地出版,所以往往没有一个总的目录,但却具有一个国际标准连续出版物号。

中文丛书类型的划分通常有三种:1. 按丛书的内容性质划分出综合性丛书和专题性丛书;2. 按丛书的使用价值划分出学术性丛书和商业性丛书;3. 按丛书编辑出版体例划分出有总目录的丛书和无总目录的丛书等。

西文丛书的表述词,除常见的"Series"外,另外还有:

Advances	进展(丛书)
Books	丛书
Classics	经典丛书
Criteria	评论标准(丛书)
Lecture notes	讲稿
Library	文库
Monographs.	专著丛书

Papers	文集
Proceedings	会议丛书
Progress	进展（丛书）
Publications	丛书出版物
Readings	读物
Records	记录丛书
Reports	报告集
Researches	研究丛书
Reviews	评论丛书
Studies	研究、学习（丛书）
Symposium	会议（丛书）
Text	论题（丛书）
Topics	论题（丛书）
Works	著作集
Writings	著作集

像中文丛书名一样，西文丛书名也有不含上述词语的现象，因此著录时需从丛书名含义及其在著录信息源上所出现的位置加以识别。

西文丛书的特征与中文丛书的特征基本相同，但其类型的划分一般有以下几种：

1. 著者丛书，通常指由一个著者所编著的丛书，或汇集某一著者或若干著者的所有著作的丛书。

2. 出版商丛书，通常指由出版商委托某一著者或若干著者围绕某一主题编著并冠以出版商名称的丛书。出版商丛书一般以赢利为目的，但近年来也出版了一些有学术价值的丛书，甚至还有一些给出版商创牌子的著名的出版商丛书。

3. 专著丛书，通常指有相当规模并计划无限期出版下去的丛书，这类丛书名有的冠以学术机关名称，有的则用专用丛书名，其每一部论著通常按年编号，这类丛书可以说是西方各国广为出版，且学术价值较高的一类丛书，也是我国各馆注意收藏的一类丛书。

至于中、西文丛书的编次等特点，我们已在前一章中论述，在此不再赘述。

二、丛书的著录方法

作为一组书的丛书，尤其是一些综合性丛书，由于其各册的内容相对完整独立，即使是一次出版和一次到馆，一般也应先进行分散著录（AACR$_2$R 中称分析著录）后视具体情况进行综合著录。但对专题性或专科性丛书，只要一次出齐或到馆，也可先进行整套著录后视具体情况进行分析著录。

（一）丛书的先分散著录后综合著录

丛书的分散著录即对丛书中的每一种书进行单独标引、单独著录，进而在书库中单独排架，在目录中单独反映。从著录的角度看，它与一般单行本图书著录无异，只是多了一个丛编项。例：

> 数学/数理化自学丛书编委会数学编写小组编.—新 1 版. —
> 上海：上海人民出版社，1977.12
>   793 页；19cm.—（数理化自学丛书；1）
>   原上海科技版
>   ￥1.55
>   Ⅰ.①数… ②数… Ⅱ.数… Ⅲ. Ⅳ.O1

> 物理/数理化自学丛书编委会物理编写小组编.—新 1 版. —
> 上海：上海人民出版社，1977.12
>   698 页；19 cm.—（数理化自学丛书；2）
>   原上海科技版
>   ￥1.45
>   Ⅰ.①物… ②数… Ⅱ.数… Ⅲ. Ⅳ.O4

化学/数理化自学丛书编委会化学编写小组编. —新 1 版. —
上海:上海人民出版社,1977.12
576 页;19 cm. —(数理化自学丛书;3)
原上海科技版
￥1.25
Ⅰ.①化… ②数… Ⅱ.数… Ⅲ. Ⅳ.O6

丛书的分散著录,如前所述,在西编中也称之为一种分析著
录。例:

The United States—Japan Cooperative Medical Science Program :
third five-year report,1975—1980. — Washington : Bureau of
Oceans and International Environmental and Scientific Affairs :
for sale by the Superintendent of Documents,U. S. Government
Printing Office,1980.
xiv, 214 p. : ill. ; 24 cm. — (East Asian and Pacific series ;
217)
Main series:Department of State publication ; 9127.
Includes bibliographies.
I. Series.

丛书分散或分析著录时,如能按前例那样将丛书名和丛书责
任者选作排检点并予标目,从而形成相应的丛书名和丛书责任者
附加款目,即可不用单独进行综合著录。因为同一丛书的各种书
若都这样处理,目录中的这些款目即会集中在一起,从而起到综合
著录之效果。但若丛书各书分散或分析著录时没将丛书名及丛书
责任者选作附加排检点,为在目录中集中揭示该丛书及各书的具
体情况,包括为使目录体积消除臃肿将已作丛书名和丛书责任者
的诸多附加款目用一、二张综合款目替换下来,则可进行专门的综

合著录。

中文丛书后综合著录的格式,实际就是中编复式整套著录的格式,只是由于丛书分散著录时已分散标引,所以格式中子目处的编次前需先著录每一种书的索书号。即:

整套丛书 ··· 组成部分 ··· 整套丛书

正书名[文献类型标识]=并列书名:副书名及书名说明文字/第一责任说明;其余责任说明. — 版次及其他版本形式/与本版有关的责任说明. — 文献特殊细节. —出版发行地:出版发行者,出版发行期~出版发行期(印制地:印制者,印制期~印制期)

文献总数:图及其他形态;尺寸十附件

附注

子目
1.索书号 丛书编次 :书名/责任说明. — 版次. — 出版年. — 数量及其单位. — 文献标准编号
2.索书号 丛书编次:书名/责任说明. — 版次. — 出版年. — 数量及其单位. — 文献标准编号
3. ………………………………………………………………
………………………………………………………………………………

文献标准编号(装订):获得方式
提要

Ⅰ.书名 Ⅱ.责任者 Ⅲ.主题词 Ⅳ.分类号

这个格式的特点是将分散著录时的丛编项内容分别著录于题名与责任说明项、附注项及文献标准编号与获得方式项,所以本身没了丛编项。另外由于原先分散著录的各书款目还在目录中(这时它们真正起到分析款目的作用),所以著录综合款目的排检项时,可以不把"子目"(或"本馆有")部分著录的各书书名及责任者选作排检点。至于丛书综合著录的主题词和分类号，可以通过再标引后著录，但绝对不再产生丛书总的索书号，因为分散著录时已将一丛书的各种书分散标引和分散排架。

丛书后综合著录时，由于原先分散著录的款目已对具体书的形式特征作了较详细的描述，所以综合款目的子目处一般只著录各种书的题名与责任说明。至于编次前的索书号，为使款目节省篇幅同时也是为了美观划一，可将其往左移动。例：

```
        数理化自学丛书. — 新1版. — 上海 ：上海人民出版社，
     1977.12
        3册 ；19 cm.
        原上海科技版
        子目
01      1：数学/数理化自学丛书编委会数学编写小
18      组编
04      2：物理/数理化自学丛书编委会物理编写小
15      组编
06      3：化学/数理化自学丛书编委会化学编写小
12      组编
        Ⅰ.数… Ⅱ. Ⅲ. Ⅳ.
```

西文丛书分析著录后若要进行综合著录，大多采用西编带"Contents："附注的单层次整套著录格式，其他方面同中编。

中、西文丛书凡符合以下条件之一者，可先分散（或分析）著录后综合著录：

1. 内容广泛，主题众多，彼此联系不大，读者对象不明，且无一定的编撰计划或无丛书的总目录。

2. 全书数量较大，但本馆入藏数量较小，或丛书残缺不全，本馆无法或不打算今后补齐的丛书。

3. 根据本馆的性质和任务,以及读者检索和利用文献的特点,采用分散(或分析)著录更为适宜的丛书。

4. 不是一次出版,尤其是不能一次到馆而读者又急需阅读使用的各类丛书。

(二)丛书的先整套著录后分析著录

中文丛书的先整套著录格式使用中编复式整套著录格式。西文丛书一般不先进行整套著录,但若进行整套著录,可以而且只能采用西编多层次整套著录格式。

例:

1/2

《电脑报》普及教育丛书. — 北京:科学普及出版社,1993.11

10 册 ;19 cm.

本馆有

3:怎样使用排版软件 WPS/尹进渝编著. — 172 页.—ISBN 7-110-03136-5 :￥4.00

4:怎样用 PC 机处理汉字信息/尹进渝编著. — 131 页.— ISBN 7-110-03137-3 :￥3.00

5:BASIC 语言三周通/张为群,谢惠娟编著. — 222 页.— ISBN 7-110-03138-1 :￥3.00

6:易学易用的数据库管理系统 DBASEIII/张汉荣编著.— 181 页

(见下片)

《电脑报》普及教育丛书

本馆有

7：怎样用 PC 机编制游戏程序/叶平编著. — 138 页. — ISBN 7-110-03141-1：￥3.00

8：怎样用 PC 机绘图/田礼恒编著. — 206 页. — ISBN 7-110-03140-3 ：￥3.00

9：怎样动手维修 PC 机/陈世华编著. — 151 页. — ISBN 7-110-03142-X ：￥3.00

10：PC 机实用资料特辑：硬件专辑/郭志忠编著. — 207 页. — ISBN 7-110-03143-8 ：￥5.50

Ⅰ.电… Ⅱ. Ⅲ. Ⅳ.TP3

再如：

Contributions to nephrology / series editors，G. M. Berlyne，S. Giovannetti. — Basel ：S. Karger，c1975－12 v. ：ill.

vol. 1：Proteinuria / volume editors，George M. Eisenbach，Hilmar Stolte & Jan Brod. — 165 p. — 2nd Symposium of Nephrology，June 22，1974，Hannover. — ISBN 3-8055-2183-9：￥75.00

(Cont. on next card)

```
Contributions to nephrology
    vol. 2：Glomerulonephritis / volume editors，R. B. Sterzel，D.
    Thomson & Jan Brod. — 190 p. — 3rd Symposium of Nephrol-
    ogy，June 20—21，1975，Hannover. — ISBN 3-8055-2318-1：
    ￥80. 00
    vol. 3：Medical & surgical aspects of renovascular hypertension /
    volume editors，J. Rosenthal & H. E. Franz. — 170 p. — Proc.
    of an international symposium held in Gunzburg，1975. — ISBN
    3-8055-2341-6：￥75. 00
    ...
```

上例"本馆有"（或"子目"）部分的各具体书名及责任者名称，可视具体情况决定是否选作排检点。也即：如果整套著录的内容一张卡片可以著录完，则应尽量将各具体书的书名及责任者名称选作附加排检点，并予标目制成款目以使它们充当分析款目的作用。但若整套著录的内容超过两张及其以上，则不必再将各具体书的书名及其责任者名称选作附加排检点，而是根据需要进行正规的分析著录（中编）或"In"式分析（西编）。例：

```
怎样使用排版软件 WPS/尹进渝编著
    //《电脑报》普及教育丛书. — 北京：科学普及出版社，1993. 11. —
3
    ...
```

中、西文丛书凡符合以下条件之一者，可先整套著录后分析著录：

1. 内容专一，主题单一，彼此联系紧密，读者对象明确，且有一定的编撰计划或有丛书的总目录。

2. 全书数量不大,册次连贯或编有序号,且一次出版尤其是一次到馆的各类专题或专科性丛书。

总之,中、西文丛书无论是先分散(或分析)著录后综合著录,还是先整套著录后分析著录,其目的都是对丛书整体及其各个组成部分进行疏而不漏地描述,从而有利于读者的检索与利用。

通过以上对中、西文多卷书及丛书的著录进行全面的论述,我们可以得出以下共识:即在手工编目中,无论是丛书的整套著录还是多卷书的整套著录,其实质主要是对整套文献的集中揭示,因此应视具体情况后进行其分析著录;而丛书和多卷书的分散(或分析)著录以及多卷书的分卷著录,其实质主要是一种分析著录,因此应视具体情况后进行其综合著录。以上共识若用图表示即是:

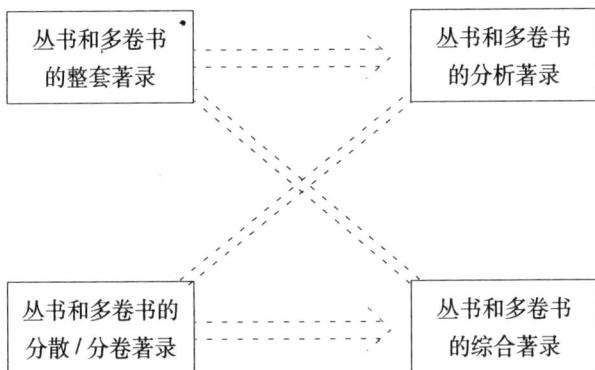

丛书和多卷书 的整套著录		丛书和多卷书 的分析著录
丛书和多卷书的 分散 / 分卷著录		丛书和多卷书 的综合著录

第七章　检索点的选取及其标目

第一节　检索点及标目概述

一、检索点及其数量

（一）检索点

文献著录中原先只有"标目"概念。随着计算机在编目领域中的逐步应用和文献著录标准化的进展，后又出现了"检索点"概念。在机读目录里，检索点是指用以排列和存取文献或记录文献的数据单元；在手检目录里，检索点是指从书目记录中选取、并用以识别和检索该书目记录的任何一个名称、术语或代码。检索点在两种目录中的性质不同，也导致它们的数量差别。

（二）检索点的数量

在手检目录里，说是任何一个名称、术语或代码都可成为检索点，但考虑到读者传统的检索习惯和文献机构所设的目录种类，手检目录中的检索点一般只限于文献的题名、责任者、主题词和分类号四类。当然，一种文献的某一类检索点可有多个，但也应当有所控制。如在中编中，题名检索点一般不超过两个（析出题名可以不受此限），责任者检索点一般不超过四个（析出责任者也不受此限）。这是手检目录和机读目录不同的一点。

其次，手检目录中的检索点不像机读目录那样可以由著录正文中的著录单元充当（只要程序设计时考虑到），它必须将各种选取出来的检索点按规定依次著录在款目下方的排检项（中编）或根查项（西编），以为下一步标目作准备。也即它们处于潜标目状态，只有将它们分别置于相应的标目位置，各类检索点才能成为检索文献的"入口"。至于西编中的主要款目上的主要款目标目，它既是一种标目形式，同时也是一种检索点，或称已经标目化的检索点。

机读目录由于具有一条记录多种款目的特点，所以只要它对一种文献进行比较详尽的著录，就能满足读者各方面的检索需求。从这个意义上讲，机读目录中的任何一个著录项目或单元同时也是一个个检索点。不仅题名、责任者名称是如此，就连文献的标准编号也可成为一个十分重要的检索途径。另外，在机读目录里还可使用组配方法灵活地进行文献检索，如责任者与题名、出版者与出版期等。因此，机读目录的关键是项目内容输入得越多，它所提供的检索点也就越多。由于机读目录的记录中的题名与责任者名称既是著录项目内容，也是一个个检索点，所以它只需补录主题和分类等检索点。而在手检目录里，作为检索点的题名与责任者名还需重新著录。试比较下例同一文献的卡片目录形式与机读目录形式（例子引自《图书馆文献编目》，稍作改动）：

1. 卡片目录形式

> 激光在建筑工程中的应用/欧阳立著. — 北京 ：中国建筑工业出版社，1984.12
>
>   214 页 ；32 开
>
>   ￥1.45
>
>   Ⅰ. 激… Ⅱ. 欧… Ⅲ. 激光应用—建筑工程Ⅳ. TU18

2、机读目录形式

00276anmƀƀ2200109ƀƀƀ4500

1000035000002000022000352100027000572150014000842l

600100009860600150010869000090012300ƀ

19880529d1984ƀƀƀƀgkmyochiyo110ƀƀƀƀeƀ

1ƀ$a激光在建筑工程中的应用$f欧阳立著ƀƀ$a北京

$c中国建筑工业出版社$d1984.12ƀƀ$a214页$dl6开

ƀƀ$a￥1.45Fƀƀ$a激光应用$x建筑工程ƀƀ

$aTU18IƘ

二、标目及其种类

(一)标目及其作用

如前所述,在机读目录里,一种文献只有一条记录,所有可检信息如果汇集在记录的可检字段中,计算机就可根据任何一个可检信息进行检索。因此,在机读目录中不存在什么标目问题。所谓标目,是针对手检目录而言的,即位于款目之首,在目录中提供检索点的单词、词组或类号,通常它是文献内容或形式的某一特征。如在中文手检目录里,一条书目著录加上含有各种检索点的排检项,这还不能进行目录组织,而需要将排检项中的某一检索点置于一定的标目位置(如题名、责任者和主题词等检索点置于款目左上角,具体格式见第三章第三节),使之成为具有特定检索途径的款目——排检用款目。有了各种排检用款目,再依一定的字顺及目录组织规则,就能形成各种检索性目录。由此可见,标目工作是手工编目中从文献著录到目录组织之间的一项十分必要而又十分重要的环节。

标目的作用归纳起来主要有三点:1.决定款目的性质,如前所述,检索点的类型主要有题名、责任者、主题词和分类号,通过标目将其置入相应的标目位置,即能形成相应的题名款目、责任者款目、主题款目和分类款目;2.确定款目在目录中的位置,组织目录的依据是款目的标目,也即款目一旦有了标目,就可分别按照特定文字的字顺及有关目录组织规则或文献机构所采用的主题法、分类法将其组织成各种目录;3.向读者提供检索文献的入口,标目是根据读者的手检习惯与需求从文献中选取出来并代表文献某一特征的单词、词组或类号,因而款目一旦有了标目,也就能为广大读者提供相应的文献检索途径。

(二)标目的种类

标目按其方法,大致可以分为以下两种,即西编中的主附标目法和中编中的交替标目法。所谓主附标目法,就是一开始对文献进行著录时就在该文献的诸多检索点(一般是著者或题名)中选取一个主要标目形式著录在款目的第一行,并将其余次要的检索点著录在款目的根查项,从而形成"目录中一种文献的各种著录最详细、最完整的款目"——主要款目。西编中,由于主要款目标目的选取原则是"著者—题名",从而也形成了两种不同的著录格式,即以著者为主要款目标目的段落式著录格式和以题名为主要款目标目的悬行式著录格式(见第三章第三节)。

主附标目法的第二步,是将款目根查项中的其余次要检索点著录在款目主要标目之上,从而形成各种主题、著者、题名等附加款目和分析款目。具体著录位置和著录方法如下:

Buchanan,R. Ogilvie (Robert Ogilvie),1894—

An illustrated dictionary. of geography / edited. by R. Ogilvie

Buchanan. — London ：Heinemann Education,1974.

...

这是一张以题名为主要款目标目的责任者附加款目。如果附加款目标目的形式过长,移行时需往右再缩进两格著录。在普遍使用单元卡的今天,编目人员通常对附加款目等标目采取在有关检索点下划线的方法。

例：

Wolsch,Robert A.

<u>From speaking to writing to reading</u> : relating the arts of communication / Robert A. Wolsch and Lois A. Wolsch. — New York ;Columbia University,1982.

...

上述划线方法看似简便,但因著录正文中的题名、责任者名称著录与统一题名、统一名称的标目形式有所不同,因而有时难以采用划线的方法或反倒不利于款目的排检。另外,这种方法也不太适合主题等附加款目的标目。

主附标目法与当前和今后计算机编目检索点不分主次的现状和发展趋势相背。我国《西文条例》和 $AACR_2R$ 在承认交替标目的同时,仍保留了主要标目、主要款目、附加标目、附加款目等概念,主要考虑到当前各馆的不同目录体系及编目条件。

所谓交替标目法,就是著录在款目排检项的各题名、责任者、主题词和分类号等检索点的地位平等,可轮流作为标目形式著录在相应的标目位置,从而废除了传统意义上的主要标目、主要款目、附加标目、附加款目等概念。目前,我国和日本等国的文献著录标准即采用这种标目方法。

交替标目法的具体做法是,将排检项中题名、责任者、主题词和分类号等检索点根据需要轮流著录在款目上方较正题名突出一字的位置,换行时往右缩进一字与正题名首字齐(分类号检索点的著录位置应在款目的左中部,但由于款目左上方的索取号中已包含分类号,故可不再重复著录,但附加分类号和分析分类号应在标目位置著录)。与西编情况一样,中编标目也可采用在有关检索点下划线的方法。把与正题名形式相同的题名检索点作为标目,甚至不用加工就可直接进行目录组织。

对于同一类检索点由于标目先后次序不同而产生的第一题名款目和第二题名款目、第一责任者款目和第二责任者款目,我们不妨仍将它们称作题名主要款目和题名附加款目、责任者主要款目和责任者附加款目。但是,这里的主要款目和附加款目与前述主要款目和附加款目已有本质的区别,即这里的主要款目是指一文献同类检索点中起主要作用的款目,这里的附加款目是指一文献同类检索点中起次要作用的款目。

中编通用款目采用交替标目法,克服了传统的基本著录其标目与著录正文的著者或书名相混因而没有客观描述的著录正文可供查考的缺陷。它既能满足文献机构各种目录的不同排检需要,又能避免编制不同款目时的标目重叠;既可利用款目中的著录正文进行国内外书目情报交流,也能带入部分排检点转换成机读目录和满足计算机多途径检索的需要,因而符合现代文献编目的发展趋势。

综上所述可以得出以下结论:1. 检索点是检索点,标目是标目,两者虽然有着千丝万缕的联系,但实属文献编目中的两个不同范畴;2. 检索点的出现源于机读目录的产生,但由于机读目录一下子不可能完全取代手检目录,所以现阶段乃至今后相当长的时期里,检索点将与标目并存;3. 由于文献编目与文献检索的不断计算机化,作为排检线索的记录项目范围也会随之扩大,相反,标目的作用也将随着手工编目的不断缩小而不断弱化乃至最终完全消失。

第二节 中文款目检索点的选取
及其标目形式的选择

一、题名检索点的选取及标目形式的选择

（一）题名检索点的选取

前一节中，我们已提到在实行交替标目法的中文编目中存在题名主要款目与题名附加款目，这是根据题名中的检索点本身的主次而划分的，也即题名检索点的选取存在主次之分。题名中的主要检索点只有一个，而次要检索点可有一个及其以上。如果题名与责任说明项中的题名是一单纯题名，那它就是该款目的题名主要检索点；如果题名与责任说明项中的题名是一交替题名或合订题名，那么列于首位的交替题名或合订题名应是该款目的题名主要检索点。题名主要检索点应著录于款目排检项题名检索点的首位。

题名次要检索点主要包括：1. 文献具有检索意义的副题名（含分卷（册）题名和分辑题名等）；2. 非列于款目首位的交替题名和合订题名（含著录于附注项中的交替题名和合订题名，以后者作检索点标目后款目可起分析著录的作用）；3. 丛编项中的丛编名（以丛编名作检索点标目后款目可起综合著录的作用）；4. 附注项中的目次名、附录名（以它们作检索点标目后款目也可起分析著录的作用）；5. 著录于附注项中除题名原文以外的其他题名（如书脊题名、封面题名或其他别名）。题名次要检索点会有多个（而且分析检索点的数量可以不限），著录时应依次著录在题名主要检索点之后。

我国著录标准中规定，并列题名原则上不选作检索点和作标目。这与 AACR$_2$R 的有关规定不同。我们认为在机读目录中，并列题名由于处于记录的题名部分，所以能够满足读者从并列题名

检索文献的需求(只要程序设计时考虑到),但在手检目录中如果不将并列题名选作检索点和进行标目,读者就无法从并列题名角度检索文献。其实,以并列题名作标目的款目不仅可以排入中文字顺目录,以满足读者的外文检索需求,而且可以排入相应的外文字顺目录,以告读者馆里已经藏有该文献的中文本。台湾的《中国编目规则》甚至将附注项中的外文题名都列入检索点的范围。例(原繁体字现改用简化字):

国际标准书目著录发展史研究/方　仁撰. — 台北市 : 文史哲出版社,民 74[1985]

[16],252 面 ;21 公分

英文书名 : The ISBDs history, 1969—1982

指导教授 : 王振鹄

硕士论文—中国文化大学史学研究所,民 72[1983]

附录 : 提要,巴黎原则,中英名词对照表及参考书目

Ⅰ. 方　仁撰 Ⅱ. 题名 : The ISBDs history

(二)题名标目形式的选择

题名检索点(无论是题名主要检索点还是题名次要检索点)选取出来后,在将它们著录于排检项时,还存在一个标目形式的选择问题。例如受编文献是一根据曹雪芹的未定稿而出版的《石头记》,选取题名检索点时我们将它选作题名检索点,但我们又知道乾隆五十六(1791)年程伟元、高鹗第一次以活字版排印出版时,将它改名为《红楼梦》,清末书坊印行时曾又题作《金玉缘》,其中又以《红楼梦》题名最为著名,于是这个检索点就会出现标目形式的选择问题,也即如何统一标目的问题。

统一标目(Uniform heading)是指同一个人或团体具有不同的名称或名称形式,或同一著作具有不同题名时,必须根据一定的原则和方法确定其中一个固定的名称及其形式或题名为标目,这

个标目即统一标目。统一标目的作用是便于在目录中汇集同一责任者的不同著作和同一著作的不同版本或文本,因此它是提高文献机构目录查准率及查全率的重要因素。

根据巴黎《原则声明》及"读者至上"的服务原则,确定统一标目的选择原则是:统一标目通常应是在经过编目的著作中各种版本上最常使用的名称(或名称形式)或题名;或是公认的权威性参考文献中提到的名称(或名称形式)或题名。中编文献著录中的统一标目的确定,同样遵循上述选择原则,即一般以常用、惯用、通用为基本原则。当难以或无法确定其常用、惯用、通用时,一般可依如下标目关系进行选择,即标目的多寡关系、前后关系、隶属关系、全称与简称关系、思想性与准确性等关系。

从上述统一标目的定义看,其对象包括责任者统一标目和题名统一标目两部分。中编题名统一标目形式的选择规则主要有:

1. 无特殊情况,题名标目形式即采用著录正文部分的题名为统一标目,但对各学科名著、古典著作、宗教经典等应以其较著名或常用的题名为统一标目(如前述的《石头记》应以"红楼梦"为统一标目)。

2. 题名在文献本身各处出现差异,或出版者以不同题名出版同一文献,则以读者所熟知或最能反映该文献内容特征的题名为统一标目(如香港著名作家阮朗(原名严庆澍)在香港地区出版的《苍天》,后在大陆出版时改名《台商香港蒙骗记》,应以后者为统一标目)。

3. 题名前冠有"钦定"、"笺注"、"校订"、"增订"、"新编"、"袖珍"、"绘图"、"插图"等字样,均视具体情况决定是否作为题名标目的组成部分。一般而言,为使同一类文献或同一部著作在目录中集中反映,统一标目应从其实质性题名部分开始(如将黄俊贵、罗健雄的《新编图书馆目录》以"图书馆目录"标目就能使之与李纪有、余惠芳或其他责任者编著的《图书馆目录》在题名目录中排列在一起；再如将《绘画三字经》以"三字经"标目就能使之与《三字经》在题名目录中集中在一起）。

根据上述第1、第2条规定选择出来的统一标目，为使读者从文献原名也能检索到该文献，需对它们作一题名单纯参照；根据上述第3条规定选择出来的统一标目，需对前举冠词作一题名说明参照。这两方面的内容见本书第十章。

二、责任者检索点的选取及标目形式的选择

（一）责任者检索点的选取

中编责任者检索点包括个人名称（即个人责任者）和机关团体名称（即团体责任者），但也分责任者主要检索点和责任者次要检索点。责任者中的主要检索点只有一个，而次要责任者可有一个及其以上。责任者主要检索点的情况是：1.题名与责任说明项中的第一责任说明为一个人或机关团体；2.题名与责任说明项中列于第一责任说明首位的个人或机关团体；3.题名与责任说明项中没有责任说明，但通过其他来源获得并著录于附注项中的第一个个人或机关团体。责任者主要检索点应著录于款目排检项责任者检索点的首位。

责任者次要检索点的情况主要有：1.题名与责任说明项或附注项中除责任者主要检索点以外的个人或机关团体名称（含题名与责任说明项中第二合订文献的责任者，以及著录于附注项中的其他合订文献的责任者，以这些合订文献的责任者作检索点标目后款目可起分析著录的作用）；2.版本项中的与本版有关的责任者（含个人责任者和团体责任者，下同）；3.丛编项中的丛编责任者（以他（或它）们作检索点标目后款目可起综合著录的作用）；4.附注项中的目次责任者和附录责任者（以他（或它）们作检索点标目后款目也可起分析著录的作用）。责任者次要检索点会有多个（而且分析检索点的数量也可不限），著录时应依次著录在责任者主要

检索点之后。

我国著录标准中规定,文献的监修者、监译者、校阅者、收藏者、演唱者等原则上不选作检索点和作标目。另外,责任者的名称如果是一文献题名后加"编写组"、"编委会"或"编辑部"等形式构成,著录时可照录,但一般不将它们选作检索点和作标目。例:

急腹症 X 线诊断学/《急腹症 X 线诊断学》编写组编

图书馆杂志/《图书馆杂志》编辑部

但若上举两例的责任者名称冠有单位名称,如"新华医院《急腹症 X 线诊断学》编写组"、"上海图书馆《图书馆杂志》编辑部",理应可以选作检索点和作标目。

(二)责任者标目形式的选择

如前所述,统一标目的对象除涉及文献题名外,也涉及文献的责任者名称。由于责任者分个人责任者和团体责任者两类(含责任者主要检索点和责任者次要检索点),所以我们下面分别加以论述。

1. 个人责任者标目形式的选择

a. 个人责任者标目应从责任者的本名、笔名、室名、别号及其他别名中选择一个最具代表性的名称作为统一标目形式。如周树人自 1898 年开始写作,至 1936 年逝世歇笔,38 年间先后使用的笔名有 140 多个,其中又以"鲁迅"笔名发表的作品影响最大,所以应以"鲁迅"为统一标目形式。

b. 对于著名著作家或著作较多的责任者,其名称具有两个及其以上者,应按如下顺序选择统一标目形式:责任者经常采用为人熟悉的名称;在责任者众多著作中形式较为一致的名称;责任者最近使用的名称。无法确定者则照录。

c. 责任者名称只有姓或名,除上述两种情况和无从查考只能照录者外,一般应通过查考,采用其姓名全称作统一标目形式。如《经历》的著者署名"韬奋",经查考,"韬奋"即我国著名的新闻学家

"邹韬奋",所以该书应以后者为统一标目形式。

d. 一责任者名称有所改变,即不再使用过去的名称时,应分别以其前后不同的名称作统一标目形式。如著名作家沈德鸿(字雁冰)解放前曾以笔名"茅盾"发表过许多文艺作品,解放后又以"沈雁冰"这个名称作为我国文化界领导人和政务活动家出现,应分别按两个名称作统一标目。

e. 已婚妇女姓名前若冠有夫姓,应将夫姓略去,按其本来姓名形式作统一标目。如胡红霞女士嫁吉鸿昌将军后取名"吉胡红霞",在著录《吉鸿昌就义前后》一书时,应以其原来名称作统一标目(尽管著录时依原规定信息源照录)。

f. 外国责任者采用中国姓名者,其标目按中国责任者的办法选定;但若是一汉译姓氏又出现几种不同的译法,则应根据统一标目的原则加以选定;若汉译姓氏相同但又非同一责任者,应分别在后用"()"加著姓氏原文及名字缩写或全称,若还不能区分则应加著其生卒年。

g. 古今中外责任者名称相同而又非同一责任者,需在标目名称后用"()"加著时代或国别,时代或国别应与题名与责任说明项处同;一国同名异人的责任者若分别著录生卒年还不足以区分时,应再在其后用"[]"著录其职业。

上述七条规定除 g. 条外,应对 d. 条在目录中做相关参照,其余的均做单纯参照,以使同一责任者的不同标目产生联系和将读者从不作标目的文献责任者名称引向用作标目的责任者名称。这两方面的内容见本书第十章。

2. **团体责任者标目形式的选择**

a. 团体责任者原则上以该团体出版物中常用、惯用名称为统一标目。判断常用、惯用的根据一是该文献本身,二是多数出版物对该团体名称的记载。在有全称和简称时,一般以常用或惯用简称为统一标目。如"中共中央马克思 恩格斯 列宁 斯大林著作编译局"应以常用简称"中共中央马、恩、列、斯著作编译局"为统一标目。

b. 各级科研、教育、文化机构责任者一般以其名称直接标目。如"复旦大学"、"首都图书馆"等。但如果其名称意义不明容易混淆时,应冠以上级机构名称。如"上海外国语大学语言文学研究所"、"中国农业科学院原子能研究所"等。

c. 团体责任者的名称出现三个及其以上的层次(即多级机构名称),一般可简化著录,即直接取具有专用名称的机构名称为标目。如"空军政治学院信息管理系《文献工作研究》编辑部"直接取"《文献工作研究》编辑部"为标目。若无专用名称的机构名,只要不致引起混淆,可将中间层次的机构名称略去。例如"北京图书馆中文采编部中文编目组"可以"北京图书馆中文编目组"为标目。

d. 各种会议(含展览会等)责任者以会议名称的全称为统一标目,会议名称中的届次、时间、地点用"()"加著在会议名称之后,时间和/或地点前用":"标识。例如"全国图书馆学情报学中青年学者研讨会(5届:1990:广州)"、"上海图书馆学会年会(1991)"。

e. 相同名称的不同团体责任者,应在名称之后用"()"加著其所在地(含国别),如还不足以区分,再著录创建年。如果所在地和创建年系从其他来源中获得,则应使用"[]"括起著录。如"日本经济研究所(大连)"、"日本经济研究所(上海:1980)"、"日本经济研究所[上海:1985]"。

f. 团体责任者的名称发生变化,即不再使用过去名称时,应分别选择前后不同的名称作统一标目。如"东北图书馆"后改名"辽宁省图书馆",凡是以这两个不同责任者名称出版的文献,应分别选择"东北图书馆"和"辽宁省图书馆"为标目。

g. 我国党政机关及各民主党派组织、人民团体和群众组织等团体责任者的标目形式有些特殊规定,详见《图书规则》附录 A部分。

以上规定中，a.条和 c.条需作单纯参照，以将读者从不用作标目的团体名称指向用作标目的团体名称；f.条需作相关参照，以使同一责任者的不同标目产生联系；g.条一般需作说明参照。这三方面的内容见本书第十章。

第三节　西文款目检索点的选取及其标目形式的规定

一、个人著者做主附款目标目的选取及其标目形式的规定

（一）个人著者做主附款目标目的选取

个人著者（Personal author），AACR₂ 和我国《西文条例》都将其定义为"对著作的知识或艺术内容负主要责任的个人"。例：

Writers of books　　　　图书的作者

Compilers of bibliographies　　书目的编辑者

Composers of music　　　乐谱的作曲者

Cartographers　　　　　地图的绘制者

Artists　　　　　　　　艺术家

Photographers　　　　　摄影作品的拍摄者

在某些情况下，表演者（Performers）也可认为是视听资料的著者。

AACR₂R 对个人著者所下的定义完全同上，但是没在其后例举个人著者的类型，只是强调"本定义的具体用法见本章其后的规则。至于在录音资料中仅起表演者作用的个人见本章第 23 节（录音资料）。"

根据文献的一般情况，个人作主要款目标目的情况主要有：单个责任者的著作（Works for which a single person is responsible），分担责任者的著作（Works of shared responsibility），混合责

199

任者的著作(Works of mixed responsibility)和在编辑指导下产生的文集和著作(Collections and works produced under editorial direction)。分述如下：

1. 单个责任者的著作

所谓单个责任者的著作，是指该著作由一个著者所完成，包括写传人、通讯集作者和书目、索引、文摘的编制者。这类著作一般以单个责任者作主要款目标目，题名作附加款目标目（形式题名一般也可不做附加款目标目）。例：

Romeo and Juliet ; King Liar ; Macbeth / by William Shakespeare

（以著作人"Shakespeare, William, 1564－1616."作主要款目标目，题名作附加款目标目）

Autobiographies / Gertrude Stein

（以自传人"Stein, Gertrude."作主要款目标目，"Autobiographies"之类的形式题名一般不作附加款目标目）

The correspondence of Isaac Newton

（以写信人"Newton, Isaac."为主要款目标目，题名作附加款目标目；若有编者也可选作附加款目标目）

Four modern philosophers : Carnap, Wittgenstein, Heidegger, Sartre / Arne Naess

（以写传人"Naess, Arue."作主要款目标目，以"Carnap, Rudolf."、"Wittgenstein, Ludwig."、"Heidegger, Martin."、"Sartre, Jean-Paul."和题名作附加款目标目）

Molecular biology : a bibliography with abstracts / [compiled by] Elizabeth A. Harrison

（以书目编者"Harrison, Elizabeth A., comp."作主要款目标目，题名作附加款目标目）

2. 分担责任者的著作

所谓分担责任者的著作,是指该著作的同一创作方式的责任者是两人及其以上。分担责任者不超过三人时,取其中的主要责任者作主要款目标目;如果在题名页上没有突出某一主要责任者,则以排列在首位的著者作主要款目标目,其他责任者和题名作附加款目标目。例:

Finite elements / Graham F. Carey and J. Tinsley Oden

(以第一著作人"Carey, Graham F."为主要款目标目,以"Oden, J. Tinsley, jt. auth."和题名作附加款目标目)

Adolesent medicine … / George D. Comerci, Elmer S. Lightner, Ronald C. Hansen

(以第一著作人"Comerci, George D."为主要款目标目,以"Lightner, Elmer S. , jt. auth."、"Hansen, Ronald C. , jt. auth."和题名作附加款目标目)

3. 混合责任者的著作

所谓混合责任者的著作,是指该著作的责任者以不同创作方式参加了某一作品的知识或艺术内容的创作,包括翻译本、改写本、节略本及文艺作品等。翻译本一般以原著者作主要款目标目,译者和题名作附加款目标目。例:

The appearance of man / by Fierre Teilhard De Chardin; translated by J. M. Cohen

(以原著作者"Chardin , Fierre Teilhard De."作主要款目标目,以"Cohen, J. M. , tr."和题名作附加款目标目)

改写本的性质、内容、表达方式和载体的形式有所变化时,如原著是小说改写为剧本,则以改写人作主要款目标目,为原著作名称/题名附加款目;改写人无法肯定时,则以题名作主要款目标目,为原著作名称/题名附加款目。例:

Great expectations : a dramatization based on Charles Dickens' all time great masterpiece : in three acts / by Alice

Chadwicke〔pseud.〕

（以著者笔名"Alice Chadwicke"的真名"Braun，Wilbur."为主要款目标目，以"Dickens，Charles. Great expectations"作名称/题名附加款目）

节略本、增订本、修订本均取原著的作者为主要款目标目，为节略者、修订者作附加款目标目；原著作者对节略本、修订本不再起责任者作用时，则取节略者或修订者作主要款目标目，为原著作名称/题名附加款目。例：

A tale of two cities / Charles Dickens ; abridged, with intro. and notes, by Edith Carol Younghem

（以原著作者"Dickens，Charles，1812－1870."为主要款目标目，"Younghen，Edith Carol."和题名作附加款目标目）

Guide to reference books. — 7th ed. / by Constance M. Winchell ; based on the Guide to reference books, 6th ed., by Isadore Gilbert Mudge

（以修订本著者"Winchell，Constance M."作主要款目标目，为"Mudge，Isadore Gilbert. Guide to reference books."作名称/题名附加款目）

4. 在编辑指导下产生的文集和著作

所谓在编辑指导下产生的文集和著作，是指由编辑指导下收集或摘录不同著者或同一著者专著的汇编，若题名页上没有总题名而只有各单篇专著的题名，则以第一篇专著的著者作主要款目标目，为其他各篇专著作名称/题名附加款目（也可根据需要有选择地为其他单篇专著作名称/题名附加款目）；若题名页上单篇专著的题名超过三种时，也可根据情况省略名称/题名附加款目。例：

Cataloging and classification / by Maurice F. Tauber. Subject headings / by Carlyle J. Frarey

（以第一部著作的作者"Tauber, Maurice F."作主要款目标目，为"Frarey, Carlyle J. Subject headings."作名称/题名附加款目）

The Birds' Christmas Carol ; The story of Patsy ; Timothy's quest ; and other stories / by Kate Douglas Wiggin

（以同一作者"Wiggin, Kate Douglas."作主要款目标目，为"The Birds' Christmas Carol"等题名作附加款目标目）

（二）个人著者做主附款目的形式规定

西编中，对个人著者做主附款目标目的形式规定包括以下两方面的内容：一是名称的选择，二是如何进行著录（即标目首词的确定）。

1. 名称的选择

如果个人著者的名称只有一个，如 William Shakespeare（威廉·莎士比亚），无论是作主要款目标目还是作附加款目标目，都不存在名称的选择问题（同一著者在其不同语种的著作中，使用不同语种形式的名称时，应选择与其多数著作所用的语种相符的名称）。但西方各国的著作者也与我国一样，有时会有两种及其以上的名称。如美国大文豪 Mark Twain（笔名）的真名是 Samuel Langhorne Clemens，英国侦探小说家 Agatha Christie（婚后名）的婚前名是 Agatha Miller，美国前总统 Jimmy Carter（别名）的真名是 James Earl Carter，而拳王 Muhammad Ali 的原名是 Cassius Cassius Clay。另外，一些个人著者的同一名称还有几种不同的形式。如英国作家 George Bernard Shaw 另有 G. Bernard Shaw 和 Bernard Shaw 两种名称形式，我国著名数学家 Hua Logeng 另有 Hua Loo-keng 的拼法。为使同一著者的不同著作在目录中得到集中，当一个著者具有不同的名称或同一名称具有不同形式时，编目时就应从中选择一种作为规范名称（即统一标目名称），并为文献上出现的但又不用作标目规范名称的名称作一单纯参照。

《原则声明》颁布前，美国的 ALA 条例对个人著者统一标目采取的是取著者真名、全名作统一标目的"严格原则"，如 Mark Twain 这一笔名虽然十分常用、惯用和通用，但那时也只能以其真名、全名 Clemens，Samuel Langhorne 作统一标目。这一原则无论是对读者的检索还是是对馆员的编目都不方便。《原则声明》颁布后，AACR 将上述原则改变为统一标目必须是某一著者的所有著作中经常出现或使用的全称。到了 AACR$_2$，则又改成选择为人熟知的习见名为统一标目的"占优势原则"，另在某些方面它还体现了统一标目的"宽松原则"。如当某一著者在其不同著作或同一著作中出现不同假名而又没有一个较为显著时，则这些不同的名称均可进行标目，并为它们做一相关参照。AACR$_2$R 在此基础上，又对同一著者使用一个或几个不同的假名或真名与假名混用的问题作了进一步的调整，即采取了"独立书目单元原则"——同一著者的不同名称可根据其不同著作类型或确定使用其真名，或确定使用其假名。如 Stewart，J. I. M. 这一真名用于其"严肃"小说和评论著作，而其笔名 Innes，Michael 则用于侦探小说中。这一规定又减少了馆员对确立著者"习见名"所化的劳动量，同时也更方便了读者的文献检索。

总之，西编中的个人著者统一标目原则与中编一样，即选为人熟知的名称作统一标目（这个名称可能是著者的真名，也可能是其笔名、浑名、贵族头衔、荣誉称号、宗教名、首字母、短语或其他类型的名称），并为不用作标目的名称作一单纯参照或为两个及其以上都用作标目的名称作一相关参照。这两方面的内容见本书第十章。

2. 标目首词的确定

中编的标目问题，我们讲到统一标目即可，因为怎样著录一般问题不大。但在西编中，统一标目确定后还要进行标目首词的确定。所谓标目首词（Entry word 或 Entry element，后者也有译作

"排检单元"的），是指一条款目的标目中被选为首要排检依据的部分，通常它是用作标目的个人著者的姓氏、团体名称和题名除去首冠词后的首词。

我们在讲"个人著者做主附款目标目的选取"时已发现，欧美国家的个人著者名称一般在题名页上的出版形式是名在前、姓在后，所以著录时照录，但作标目时应将他们的姓氏调前作标目首词。例如 Paul W. Winkler 标目时的形式为"Winkler, Paul W."。以先姓后名顺序出现的东方人与匈牙利人名称作标目时，一般只需加上相应的标点符号即可，如 Hua Loo-keng（中国人）和 Mikszáth Kálman（匈牙利人）标目时的形式分别为"Hua, Loo-keng."和"Mikszáth, Kálman."。但若中国人的名称是一笔名，中间则不加标点符号，如"Lun Xun."（鲁迅）、"Mao Dun."（茅盾）（试比较"Mark, Twain."）。

欧美国家人的姓氏除单姓形式外，也有复姓形式。一般复姓形式不管其中间有无连词符相连（西班牙语国家人的复姓之间用字母"y"连接），均应作为标目首词著录（中国人的复姓拼写时连写，标目时也一起作为标目首词著录；但葡萄牙语人的复姓，仅后一部分作标目首词）。已婚妇女的复姓一般以丈夫姓作标目首词，但操法语、捷克语、匈牙利语、意大利语、西班牙语的已婚妇女的复姓需一起作标目首词。例：

著录形式：	Cecil Day-Lewis
标目形式：	Day-Lewis, Cecil.
著录形式：	David Lloyd George
标目形式：	Lloyd George, David.
著录形式：	Ouyang Wen（欧阳文）
标目形式：	Ouyang, Wen.
著录形式：	Winnie Palmer McDonald
	（名）（娘家姓）（丈夫姓）

标目形式：	McDonald, Winnie Palmer.
著录形式：	Joan Mendès France（法语）
	（名）（娘家姓）（丈夫姓）
标目形式：	Mendès France, Joan.

　　欧美国家人的姓氏另一特殊形式是有些姓氏冠有前缀。姓氏前缀既可以是区别语或形容词，也可以是冠词或介词，甚至是介词和冠词连用或两者合二为一的形式（即缩约词）。标目时，姓名前缀的著录形式取决于著者使用的语言或其定居国的惯用形式。如英语国家的著者一律将前缀（d'，de，de la，le，du，van，vander，von，l'）作为姓的一部分放前著录。法语国家的著者姓氏前缀若是冠词（如 le，la）或冠词和介词的缩约形式（如 du，des），也作为姓的一部分放前著录；若是介词 de，则不作为姓的一部分处理；若是介词和冠词分写的形式（如 de la），则其中的冠词作为姓的一部分放前著录。德语国家的著者姓氏前缀若是冠词或冠词和介词的缩约形式（如 am，vom，zum）也作为姓的一部分放前著录；但前缀 van，von，von der，von and zu 则不作为姓的一部分处理；来源于荷兰语带前缀的德语名称与德语带前缀的名称著录规则相同，但对来自其他语种的德语名称，则按有关语种规则处理。例：

著录形式：	Walter de la Mare（英语名称）
标目形式：	De la Mare, Walter.
著录形式：	Charles de Gaulle（法语名称）
标目形式：	Gaulle, Charles de.
著录形式：	Jean de la Fontaine（法语名称）
标目形式：	La Fontaine, Jean de.
著录形式：	Ludwig van Beethoven（德语名称）
标目形式：	Beethoven, Ludwig van.
著录形式：	Hans Otto de Boor（来自荷兰语的德语名称）

标目形式：　　　　De Boor，Hans Otto.

按照以上规则标目的责任者名称，有时还会出现同名异人现象，所以还需进行必要的名称附加说明。西编中，个人名称附加或用名称全称对名称缩写进行补充说明，或用"Jr."、"Ⅲ"等来区别有血缘关系但名称相同的第二、第三代，但主要是用加著者生卒年代或享誉盛名年代的方法。例：

Winkler，Paul W.（Paul Wahl）

Winkler，Paul W.（Paul Walter）

King，Martin Luther.

King，Martin Luther，Jr.

Smith，John，b. 1825

Smith，John，d. 1859

Smith，John，fl. 1484

Smith，John，1934—

Smith，John，fl. 1634—1672.

Smith，John，1837？—1896

Smith，John，ca. 1748—ca. 1820

Smith，John P.（John Perceval），1841—1890

Smith，John P.（John Perceval），1871—1953

二、机关团体做主附款目的选取及其标目形式的规定

（一）机关团体做主附款目标目的选取

19世纪之前的西方图书馆目录中，责任者款目只有个人著者标目的款目。19世纪中叶开始将机关团体名称列为检索书目信息的依据，如克特说过"机关团体可以作为它所出版的或由它负责的作品的著者。"所以在本世纪初的AA条例中，著者的广义定义是"一书的创造者或对图书的存在负有直接责任的个人或团体。"又如1949年ALA条例将著者的概念定义为"对图书、文献、艺术

或音乐作品的'知识内容'负责的个人或团体。"

1961年,《原则声明》对机关团体作为标目的情况作了限定,即凡符合以下条件者方可作为团体标目:1.著作的内容表明它是一个机关团体的集体思想或活动的,虽然它是个人根据其职权签署的;2.题名或题名页的措词结合出版物的性质,清楚地表明它的内容是由某一集体负责的。据此,AACR仍将机关团体划归著者范畴,即著者是"对一著作的知识和艺术内容负主要责任的个人或团体",ISBD颁布实施后,AACR$_2$改变了上述著者定义的看法,即只对个人著者和机关团体下定义,而不给机关团体责任者下定义,代之以机关团体出版物的性质和类型作为选择团体名称为主附款目标目的标准。AACR$_2$和AACR的区别在于:后者对团体标目的选取比较注重于题名页表述的措词形式,即凡在By,Prepared by,Sponsored by等字样后面出现的机关团体名称,均可作为主要款目标目,而前者则着重于机关团体出版物的性质和类型。

AACR$_2$和AACR$_2$R给机关团体(Corporate body)所下的定义是"有一个特定的名称,作为一个实体或可以作为一个实体行动的一个组织或一批人。典型的机关团体有协会、公共机构、商行、非赢利性企事业单位、政府、政府机构、宗教团体、各地教会及各种会议。"我国《西文条例》给机关团体所下的定义与上述定义大同小异,即"具有特定名称,作为或可能作为一个整体行动的一群人的组织。典型的例子如党团组织、政府、政府机关、宗教团体、学术团体、企业等。也包括临时性特设组织,如会议、探险队、运动会、展览会等。"

根据《西文条例》和AACR$_2$R,以团体名称做主要款目标目的文献只限于以下六种出于机关团体的出版物:

1.记载有关机关团体内部行政事务的出版物,如记载其内部的方针政策、程序、活动、政策声明、财政预算、财政报告、工作人员情况(工作人员名册)以及关于该团体本身情况的资料(目录、财产

208

目录和会员指南)等文献。例：

Official congressional directory：for the use of the United States Congress

（以题名中的"United States. Congress."作主要款目标目，以题名作附加款目标目）

Annuaire statistique de la justice，1982 / Ministere de la Justice

（以"France. Ministere de la justice"作主要款目标目，以题名作附加款目标目）

2. 某些类型的法律、政府或宗教出版物，如法律条令、命令、布告、条约、管理规章、宗教法规及宗教礼仪的著作。例：

The Constitution of the Federal Republic of Nigeria 1979

（以宪法管辖国家的名称"Nigeria."作主要款目标目，在主要款目标目下作统一题名"[Constitution（1979)]"，其本身题名可作附加款目标目）

Convention between the Government of the United Kingdom of Great Britain and Northern Ireland and the Government of the Arab Republic of Egypt for … ：Cairo，25 April 1977

（以条约签约国"Egypt."作主要款目标目，并在主要款目标目下作统一题名"[Treaties, etc. Great Britain, 1977 Apr. 25]"，并以条约另一签约国"Great Britain. Treaties, etc. Egypt，1977 Apr. 25"和题名作附加款目标目）

3. 记载有关机关团体的集体思想的文献，如政党的纲领、宣言、委员会的报告、对外政策立场的官方声明及其他有关文献。例：

[Report，1949—1951 / Royal Commission on National Development in the Arts, Letter, and Sciences]

（以报告者"[Canada. Royal Commission on National Development in the Arts，Letters，and Sciences]"作主要款目标目，形式题名一般不作附加款目标目）

The educated woman : prospects and problems / formulated by the Committee on the College Students，Group For the Advancement of Psychiatry

（以报告者"Group for the Advancement of Psychiatry. Committee on the College Student."作主要款目标目，以题名作附加款目标目）

4. 报导有关会议、考察队及特设临时组织等机关团体的集体活动的报告，如会议录、论文集，探险考察结果报告和展览会、博览会及节庆会等活动的记录。例：

Progress in photosynthesis research : proceedings of the Ⅶ International Congress on Photosynthesis Providence，Rhode Island，USA，Aug. 10－15，1986 / edited by J. Biggins

（以题名中的正式会议名称"International Congress on Photosynthesis (7th : 1986 : Providence，R. I.)"作主要款目标目，编者"Biggins，J.，ed."和题名作附加款目标目）

Clinical use of growth hormone : present and future aspects : proceedings of the second Meeting of the International Growth and Development Association，Taormina on Sea，May 19 － 22，1986 / volume editors Z. Laron，O. Butenandt

（以题名中的机构会名"International Growth and Development Association. Meeting (2nd : 1986 : Taormina，Sicily)"为主要款目标目，以第一编者"Laron，Z.，ed."和题名作附加款目标目）

5. 记录演出团体的集体活动的录音、影片和录像，这些演出

团体如果作为主要款目标目,它们所担负的责任除演出外还应担负其他的责任。例:

Exile on Main Street [sound recording] / he Rolling Stones

(以负责作曲、制作和演出的摇滚乐队"Rolling Stones."作主要款目标目,题名作附加款目标目)

6. 出自某一机关团体的测绘制图资料,这类团体不仅限于资料的出版发行,而且应对资料的制作负有主要责任。例:

International tectonic map of Arfica / Association of African Geological Surveys ; United Nations Educational, Scientific and Cultural Organization

(以负责出版和制作的"France. Association of African Geological Surveys."作主要款目标目,以"Unesco"和题名作附加款目标目)

需要强调的是,国家元首及政府首脑代表政府机关团体所做的官方报告(包括咨文、宣言和命令),其主要款目标目应用政府(国家)名称、官员的官职名称、任期及个人的姓或姓名。这种标目形式也应看作机关团体的一种。但这类文献不应包括国家元首及政府首脑的个人演说、通讯集及其他著作。例:

Letters and proclamations of the President

(以"United States. President (1809—1865:Lincoln)"作主要款目标目,以"Lincoln, Abraham, 1809—1865."和题名作附加款目标目)

Speeches and addresses of Abraham Lincoln

(以"Lincoln, Abraham, 1809—1865."作主要款目标目,以题名作附加款目标目)

国际政府间组织的首脑和教皇的著作也按上述两种情况处理。

总之,新的西编条例虽然缩小了机关团体作主要款目标目的范围,但却增加了编目的难度,即要从以前形式识别转变到对文献的性质和类型识别上来。

(二)机关团体做主附款目标目的形式规定

像个人著者标目一样,一旦确定了团体名称作为主附款目标目,紧接着就要考虑采用何种适当的标目形式。AACR₂和《西文条》都强调除从属标目的从属团体和从属标目的政府团体外,团体的标目名称应是直接识别该团体最著名的名称形式。其依据通常是该团体用其官方语言在其出版的文献上所用的形式。这里的官方语言系指该团体所属国的法定语文;这里的出版系指作为文献责任者的团体所发出的文献,而非作为文献出版家的出版。此外,团体的标目名称应当取自文献的主要信息源,在主要信息源没有提供其官方语言的正式名称的情况下,可从参考信息源(包括该团体所出的一切文献资料)中选取。例:

A-400 Group.

American Library Association.

Aslip.

Church of England.

Conference "American-Allied Relations in
    Transition"…

F. W. Woolworth Company.

MEDCOM.

Yale University.

团体标目的译名在有音译和意译时,应尽量选用意译名,如 Nibon Seisansei Homhu(音译名)和 Japan Productivity Centre(意译名),应选后者作为标目;团体标目的名称在有全称和简称时,应选读者熟知的全称或简称,如 Unesco 和 United Nations Educational, Scientific, and Cultural Organization,应选前者作为标目;

212

如果团体名称在不同时期改用不同的名称,则应根据文献出版时期的团体用名分别标目,如 Farmers' High School 1862 年改为 Agricultural College of Pennsylvania,1874 年改为 Pennsylvania State College,1953 年又改为 Pennsylvania State University。团体名称标目时应省略其首冠词(如 the,les,der 等)和"Inc."等用语,如果此类用语已构成团体名称的完整概念的不可分割部分,或省略后难以表明其团体名称时,则不得省略,如 Peter Davies Limited,Time Inc. 等。

与著者标目一样,当团体名称不能显示其本身性质或当两个及其以上的团体名称重名时,则应在团体标目名称之后附加简略而恰当的注释说明(如附加概念名称、区域名称、地点名称和有关年代等)。与著者标目所不同的是,这些附加内容应一律用"()"括起,并与标目名称间空一格(在附加部分中,不同类型内容之间应用":"分隔,并在":"前后各空一格)。附加部分的用语应一律使用英语,若附加的地理名称无对应的英语词,可用原区域语言的地理名称。例:

Apollo II (spacecraft)

Bounty (ship)

Republican Party (Ill.)

Republican Party (Mo.)

Loyola University (Chicago)

Loyola University (New Orleans)

Scientific Society of San Antonio (1892－1894)

Scientific Society of San Antonio (1904－)

St. James' Church (Manhattan,New York : Catholic)

St. James' Church (Manhattan, New York : Episcopal)

AACR₂R 对原 23 章"地理名称"中的有关地理名称标目附加说明的规定作了大幅度的简化,它规定:联邦制国家(美国、加拿大、南斯拉夫等)的地名用州名、省名、地区名加以说明；其他类型的国家地名均以该国国名作补充说明，但不列颠群岛的地名除外，它以该地区所在的地理名称(如 England，Ireland，Northern Ireland，Scotland，Wales，Isle of Man，或 Channel Islands)作附加说明。

地理名称除了用于区别两个及其以上具有相同名称的机关团体和作为会议名称的附加部分外，还可用作政府机构名称的一级标目(即从属标目的政府团体的一级标目)。该类地理名称应参照国际标准化组织已有的标准"ISO 3166－1974"和我国《汉语拼音中国地名手册》修订本执行。前者规定政府的惯用名称是其行使管辖权区域(国家、省、州、市、县、郡、区等)的英文地理名称。如République Francaise 使用英文词 France；Commonwealth of Massachusetts 则直接使用 Massachusetts；英国正确的标目名称应是 United Kingdom，但为照顾历史仍可酌情使用以往目录中的 Great Britain(目前《British National Bibliography》也在沿用这一形式)。

至于从属标目的从属团体，如果其名称本身具有独立识别性，应以该从属团体名称独立标目。如"Harvard Medical School."直接标目即可，而不必要以其"Harvard University. Medical School."形式标目。但若从属团体名称不具有独立识别性，则应以主体或母体机构名称和/或其他上级层次名称与该从属团体名称复合标目，简称从属标目。例：

主体或母体 Americian Libaray Association.

(一级层次)

分支或部门 Resources and Technical Service Division.

(二级层次)

分支或部门 Cataloging and Classification Section.

(三级层次)

214

分支或部门 Polocy and Research Committee.

（四级层次）

从属标目在不影响其识别时，可酌情省略其中的某一或某些层次。如上例标目时可将第三层次略去而不影响对其识别。

凡同一团体的不同标目形式（包括团体名称与标目名称的不同、标目名称之间的不同、标目名称省略部分的不同、标目名称附加部分的不同、标目层次的不同等），原则上或进行单纯参照，或进行相关参照。这两方面的内容见本书第十章。

三、题名做主要款目标目的选取与统一题名的使用

（一）题名做主要款目标目的选取

概括地说，凡不符合前述以个人著者和机关团体作主要款目标目的文献，均以题名为主要款目标目，并悬行著录。具体规则如下：

1. 著作题名页没有提供责任说明，或虽提供责任说明但著者名称不明或无法肯定，则以题名为主要款目标目。例：

Go ask Alice / author anonymous

（题名页上明确说明著者匿名，故以题名为主要款目标目）

Medical observations and inquires / by a physician

（著者是一内科医生，但无具体名称，故以题名为主要款目标目）

2. 著作虽然符合个人著者或机关团体作主要款目标目，但若数量超过三个，则以题名为主要款目标目，第一个责任者可作附加款目标目。例：

Atlas of total body radionuclide imaging / Evnest W. Fordham…[et al.]

（个人著者超过三人，以题名作主要款目标目，"Fordham, Evnest W."作附加款目标目）

Anglo-American cataloguing rules / prepared by the American Library Association … [et al.] ; edited by Michael Gorman and Paul W. Winkler

（机关团体超过三个，以题名为主要款目标目，第一编者"Gorman, Michael, 1941 — "和第一个机关团体"American Library Association."作附加款目标目）

3. 著作出自机关团体，但不符合以机关团体或个人著者作主要款目标目，则以题名为主要款目标目，机关团体和/或编者作附加款目标目。例：

How to run a small business / by J. K. Lasser Tax Institute ; editor, Bernard Greisman

（题名主要款目标目，机关团体"J. K. Lasser Tax Institute."和编者"Greisman, Bernard, ed."作附加款目标目）

Orthogonal expansions and their continuous analogues: proceedings of a conference held at Southern Illinois University, Edwardsville, April 27—29, 1967 / edited by Deborah Tepper Haimo

（会议录的题名页上没有出现正式会议名称，也无机构会名和著者，应以题名为主要款目标目，编者"Haimo, Deborah Tepper, ed."为附加款目标目）

4. 汇编本的题名页上凡有总题名的，均以总题名为主要款目标目，编者作附加款目标目，或为著录在附注项中的单篇著作作名称/题名附加款目标目。例：

Advances in law and child development : a research annual / editor, Robert L. Sprague

（题名主要款目标目，编者"Sprague, Robert L., ed."作附加款目标目）

Masterpieces of architectural drawing / edited by Helen

Powell and David Leatherbarrow

（题名主要款目标目，第一编者"Powell，Helen，ed."作附加款目标目）

5. 其他以编者出版的著作（包括百科全书、词典及人名录等，但不包括书目、索引和文摘），均以题名为主要款目标目，编者作附加款目标目。例：

Textbook of medical virology / edited by Erik Lycke and Erling Norrby

（题名主要款目标目，第一编者"Lycke，Erik，ed."作附加款目标目）

Contemporary poets/editor，James Vinson

（题名主要款目标目，编者"Vinson，James，ed."作附加款目标目）

6. 宗教团体的经书，一律以统一题名作主要款目标目，受编文献的编者、译者和题名作附加款目标目。例：

The Bible in its ancient and English versions /edited by H. Wheeler Robinson

（以统一题名"Bible.English.1940."为主要款目标目，编者"Robinson，H.Wheeler."和题名作附加款目标目）

Love lyrics from the Bible : a translation and literary study of the song of songs / Marcia Falk

（以统一题名"Bible. O. T. Song of Solomon. English & Hebrew. Falk. 1982."作主要款目标目，责任者"Falk，Marcia."和题名作附加款目标目）

（二）统一题名的使用

如前所述，统一标目包含统一题名。AACR₂对统一题名所下的定义是"一是编目上用于识别不同题名的同一著作的特定题名；二是用于排列某个著者、作曲者或机关团体的若干著作或作品选(如全集，一些特殊文学或音乐体裁的作品等)所采用的通用集合题名。"为了理解和称呼上的方便，我们将前一种统一题名称之为"标准题名"(其作用是集中属于同一著作但使用不同题名的版本和文本)，后一种统一题名称之为"类型题名"(其作用是集中同一责任者的同一文献类型)。

统一题名中的类型题名所用的词语通常有：Correspondence，essays，novels，plays，poems，prose works，selections，short stories，speeches 和 works 等。例：

Maugham，W. Somerset.

[Works]

Complete works…

Maugham，W. Somerset.

[Works. Spanish]

Obras completas…

Maugham，W. Somerset.

[Selections]

Wit and wisdom of Somerset Maugham…

Lenin，Vladimir Ilich，1870—1924.

[Selections. English]

Selections from Lenin…。

统一题名中的标准题名主要用于同一作品以不同的正题名出版的文献(不包括再版或修订版时改换题名的文献)和法律、宪法、条约等法规文献。

1. 用于作品以不同的正题名出版的标准题名

作品以不同的正题名出版的文献，既包括公元 1500 年以后创作的著作，也包括 1500 年之前的古典佚名作品和各种宗教经书，所不同的是后两者均要以标准题名作主要款目标目，并不加方括号。但其共同的选取原则是取为人熟知的题名(即习见题名)，所

218

以著录时应要先查规范档或有关参考资料、目录及该文献的不同版本，若无从查考或难以确定，则以其最早的版本作标准题名。例：

Shakespeare，William.

　[Romeo and Juliet]

　Romeo and Juliet…

Shakespeare，William.

　[Romeo and Juliet]

　The tragedy of Romeo and Juliet…

Shakespeare，William.

　[Romeo and Juliet. French]

　Roméo et Juliette…

Shakespeare，William.

　[Romeo and Juliet. German]

　Romeo and Julia…

Arabian nights. English.

　Arabian nights…

Arabian nights. English.

　The thousand and one nights…

Arabian nights. French.

　Le livre des mille nuits et une nuits…

Arabian nights. Romanian.

　1001 de nopti…

Bible. English. 1907.

　The modern reader's Bible…

Bible. English. 1904.

　The new-century Bible…

Bible. English. 1846.

The Holy Bible⋯

2. 用于法律、宪法和条约等法规文献的标准题名

属于一个管辖范围的法律及法律汇编用"[Laws, etc.]"作统一题名；属于一个管辖范围的宪法、宪章用"[Constitution]"或"[Charter]"等作统一题名；国家级政府间和国际政府间组织等签订的条约、协定及条约汇编用"[Treaties, etc.]"作统一题名。例：

Australia.

[Laws, etc.]

Australian national companies and security legislation⋯

California.

[Laws, etc.]

Statutes of California and digests of measure⋯

Cameroon.

[Constitution]

Constitution of the United Republic of Cameroon 1979⋯

United Nations.

[Charter]

Charter of the United Nations⋯

France.

[Treaties, etc. 1920 Aug. 10]

Tripartite agreement between the British Empire, France, and Italy⋯

Iceland.

[Treaties, etc. International Bank for Reconstruction and Development, 1953 Sept. 4]

Guarantee agreement⋯ between Republic of Iceland and International Bank for Reconstruction and Development⋯

从以上诸例可以看出,在以个人著者或机关团体作主要款目标目时,统一题名应置于主要款目的标目与正题名之间,并用"〔〕"括起;在主要款目是以题名标目时(如古典的佚名作品、各种宗教经书、某些多国条约以及以题名为主要款目标目的其他文献),即以统一题名作主要款目标目,并不加"〔〕"著录。至于附加款目中的名称/题名标目,可以不加"〔〕"(例见前);统一题名的名称/题名参照也不用加"〔〕"(例见本书第十章)。

我国《西文条例》和 AACR₂ 都将"统一题名"这一章列为选择项目。所以,对于具体的文献机构是否采用统一题名、采用统一题名后是否都用所规定的各种附加说明,应由具体的文献机构自己决定。需要考虑的决定因素是:1.文献机构的性质与任务;2.馆藏量的规模与大小;3.受编文献是否十分著名和以题名为主要款目标目;4.文献机构的人力与物力,特别是馆员的业务素质高低。

AACR₂R 在原统一题名定义中现又加上了"将一著作的标目与另一不同著作的标目区分开来的特定题名"内容,也即扩大了原来统一题名的外延。另悉,台湾中国图书馆学会分类编目委员会1990 年起修订的《中国编目规则》也增订了统一题名(台称"划一题名")的内容。这些都应引起我国编目界尤其是中文编目界的重视。

第八章 连续出版物著录

第一节 连续出版物的意义和特征

一、连续出版物的意义

据国际标准化组织公布的 ISO4－1972 (E)《文献工作——期刊刊名缩写的国际规则》,连续出版物的定义是"带有号码或年月顺序连续出版,并准备无限期地出版下去的一种出版物"。1977年,ISBD(S)第一标准版对连续出版物所下的定义是"印刷或非印刷形式的出版物,以连续分册形式发行,常印有数码或年月标志,并且计划无限期地连续发行"。我国《连续出版物著录规则》(以下简称《连续规则》)参照 ISBD(S)的上述定义,给连续出版物所下的定义是"印刷或非印刷形式的出版物,具有统一的题名,定期或不定期以连续分册形式出版,有卷期或年月标识,并且计划无限期的连续出版"。而 1987 年的 ISBD(S)r 则对连续出版物的定义进一步规范为"以编码或年月为序而把内容分为连续部分,以一种或多种载体形式,定期或不定期地进行无限期连续出版的出版物"。

无论是 ISBD (S)还是我国的《连续规则》,连续出版物概念的外延都包括期刊、报纸、年度出版物(年鉴、指南等),以及成系列的报告、学会会刊、会议录和专著丛书。这可能是受西方各国对上述文献类型大多采用集中统一的整理加工方法的影响所致。然而在我国,即使在使用了连续出版物概念之后,文献机构对连续出版物的文献也局限于期刊和报纸。也即虽然在概念上承认了年度出版物以及成系列的报告、学会会刊、会议录和专著丛书等属于连续出版物,但仍将它们作为图书进行整理加工。据此,本章举例以期刊和报纸为主。

二、连续出版物的特点

连续出版物的特点,顾名思义,就是连续出版。而这个连续出版指的是创办时就计划无限期地连续出版,也即无论这一出版物今后是否发生停刊,只要创办时意在连续出版,它就属于连续出版物范畴。这也是国内外标准和规则将年度出版物以及成系列的报告、会刊、会议录和专著丛书等纳入连续出版物的原因所在。连续出版物的这一本质特征,将它与一般的图书和其他文献类型区分开来,同时也产生了一些其他辅助特征。

1. 有统一的题名。如前所述,连续出版物是一种连续性、系统性的出版物,所以通常它用一个统一的题名进行统驭。连续出版物的题名按其性质,大致可以划分为两类:一类是与图书题名相近的题名,也即独特性题名;一类是众多出版物通用的题名,也即通用题名。前一类题名像图书题名一样,力求做到与其他连续出版物都不相同,如《人民日报》、《解放军报》、《Times》(时代周刊)、《Chemical Abstracts》(化学文摘)等。后一类题名没有本身的特点,用在一般连续出版物上都可以,如《通报》(Bulletin),《报告》(Report),《会志》(Journal),《年度报告》(Annual Report)等。正是由于连续出版物要有一个统一的题名,因此当一连续出版物的题名发生变更时,应按照新的规则和规定重新编目(AACR$_2$R 认为,只有在正题名中增、减或改动任何一个词(冠词、介词、连词除外),或其头五个词的词序发生变动(首冠词除外)时才被认为是变更了题名)。

2. 分期编号出版。由于连续出版物具有一个统一的题名,所以编辑出版时需用卷、期或年、月等编号予以标识。连续出版物的编号大多用卷、期或年、月作标识,但也有一年内用四季名称(如Winter,Spring,Summer 和 Fall)作标识,以及用一、两个文字字母作卷号的。除此之外,时有发生卷、期标识改用年、月标识,或年、月标识改用卷、期标识的现象。此外绝大部分的连续出版物除有一种标识系统外,另有一个第二标识系统(大多表现为总期号的记载)。总之,不管一种连续出版物使用什么或有几种标识系统,我们都将它们看成是识别某一特定连续出版物的标识。

3. 多人撰写多人编辑出版。连续出版物的内容大多是由众多的单篇文章组成,加之它计划无限期的出版下去,所以一般很少由固定的一个人或一批人撰写。同理,一种连续出版物在其编辑出版过程中,也会经常发生责任者和出版者变更的现象。据统计,连续出版物责任者的变更约 15～20 年发生一次。至于频繁变更出版地和出版者的情况,尤以几地的学术团体轮流编辑的连续出版物为最多。如中国修辞学会华东分会主编的《修辞学习》,一开始(1982 年)由江西人民出版社出版,1985 年起改由江西教育出版社出版,1988 年又改由上海复旦大学出版社出版,即几乎每 3 年变更一次。

4. 内容新颖、广泛和多样。连续出版物尤其是其中的报纸和期刊,由于它们的出版周期较短,所以能及时报道最新的动态、科技成果和学术研究方面的情况。另外像日报一类的报纸,其内容几乎涉及国内外政治、军事、科技和文化的各个方面。就是期刊,也有许多是反映众多知识或学科领域的刊物。由于连续出版物的内容一般是由不同的作者撰写而成,所以它的内容和形式也就活泼多样,从而赢得广大读者的欢迎,也是众多文献机构花大力收藏它的原因所在。

三、连续出版物的类型

前面阐述连续出版物的概念外延时，我们已将连续出版物按其出版特征划分为期刊、报纸、年度出版物以及成系列的报告、会刊、会议录和专著丛书等。下面我们将按连续出版物的内容特征、载体形式以及出版频率等进行划分。

（一）按内容特征划分

连续出版物若按内容特征可以大致划分为宣传性、普及性、专业性、检索性和情报性等类型。对专业和高校文献机构来说，后三类连续出版物是其收藏的重点。

1. 专业性连续出版物。专业性连续出版物包括各种学报（Acta⋯）、汇刊（Transactions of⋯）、学会会刊（Journal）等理论性较强的学术性刊物，以及各专门学科的应用技术刊物。专业性连续出版物还应包括科研、企事业单位内部出版的各种报刊以及各种年鉴、手册、指南及会议录等。

2. 检索性连续出版物。检索性连续出版物是主要登载各学科或综合性文章的摘要或篇名的刊物，如各种文摘（Abstracts）、摘要（Digest）、索引（Index）、引文索引（Citation index），以及各种进展（Advances）、进展报告（Progress）等。检索性连续出版物按报道的文献类型，还可划分成单一文献类型和多种文献类型两大类。

3. 情报性连续出版物。情报性连续出版物是报导某一行业或学科的最新消息或成就的刊物，如各种消息或新闻（News）、通讯（Letter）、新闻通讯（Newsletter）和通报（Bulletin）等。50 年代末 60 年代初，除缩短出版周期外，情报性连续出版物还采用快报和简讯（Short communication）等形式出版。

（二）按载体形式划分

连续出版物若按载体形式可以大致划分为印本型、缩微型和机读型等类型。文献机构过去大多收藏印本型连续出版物,现时缩微型和机读型连续出版物也日见增多。

1.印本型连续出版物。印本型连续出版物包括各种以油印、铅印、胶印和影印方式出版的连续出版物。印本型连续出版物虽然存在占用库房空间大等缺陷,但是它们具有阅读方便、使用舒适等优点。所以在现代技术设备较差的文献部门或机构,目前大量使用和受读者欢迎的仍是这种形式的连续出版物。

2.缩微型连续出版物。缩微型连续出版物主要是指以缩微平片等形式出版的连续出版物(国外也有刊物同时以印刷和缩微两种形式出版)。缩微型连续出版物虽然存在阅读不便、保管要求高等缺陷,但是它们具有容量大而占用空间小等优点,这也是许多馆将一些过期报刊(尤其是报纸)制成缩微胶卷的原因所在。

3.机读型连续出版物。机读型连续出版物是指专门用于计算机输入磁盘、光盘等的一种新型连续出版物。目前的中、小文献机构或情报服务部门还无能力购买这种连续出版物,所以它较适用于大型文献机构或情报部门作为检索服务的一种手段。另外近年来国外通过"信息高速公路"传送的电脑杂志正方兴未艾。机读型连续出版物与缩微型连续出版物的优缺点基本相同。

(三)按出版频率划分

连续出版物若按出版频率(即出版周期)大致可以划分成定期和不定期两类。不定期连续出版物多出现在连续出版物创办初期,连续出版物定期刊行后,一般都有自己的刊期。中、英文常用的刊期名称有:

Annual	年　刊
Biannual	半年刊
Biennial	双年刊
Bimonthly	双月刊
Biweekly	双周刊

Daily	日　报
Fortnightly	双周刊
Monthly	月　刊
Quarterly	季　刊
Semiannual	半年刊
Semimonthly	半月刊
Semiweekly	三日刊(半周刊)
Weekly	周　刊

在定期和不定期连续出版物之间，还有另外一类连续出版物，这种连续出版物虽然出版频率没有一定，但在一定时间内保证出版一定的期数，一般使用"Issued…"等词语。如"Issued twice a month"(每月两期)，它与 Semimonthly 的区别在于前者两期不固定间隔时间，也许两期都在上半月出版，也许两期都在下半月或甚至在月中出版，而后者则必须每半个月出版一期。这类词语还有：

Twice a week	每周两期
Twice a year	每年两期
3 times a month	每月三期
4 times a year	每年四期

此外，连续出版物若以其所用的文字大致可以划分成中文连续出版物和外文连续出版物，或原文连续出版物和翻译本连续出版物；若按其出版者大致可以划分成政府连续出版物、团体连续出版物、专业出版商连续出版物、工商企业连续出版物和私人连续出版物等。

第二节　连续出版物著录概述

一、著录项目

连续出版物的著录项目设置,我国的《连续规则》与 ISBD(S)一致,一共设有八大著录项目。即:

1. 题名与责任说明项;
2. 版本项;
3. 卷、期、年、月或其他标识项;
4. 出版发行项;
5. 载体形态项;
6. 丛刊项;
7. 附注项;
8. 标准连续出版物号与获得方式项。

与前述普通图书的著录相比,连续出版物的著录多了一个"卷、期、年、月或其他标识项",少了一个"提要项"和"排检项"(中编)或"根查项"(西编)。

连续出版物中增设卷、期、年、月或其他标识项,是 ISBD(G)中的"文献(或出版物类型)专用项"和我国《著录总则》中的"文献特殊细节项"在连续出版物著录中的具体表现。因为连续出版物是计划无限期出版的,所以它从什么时候开始出版,并以什么标识形式出现,这是读者所关心的事项。此外,如果某一连续出版物中途停止出版了,那么它的停止时间和卷期同样也是读者所关心的事。总之,卷、期、年、月或其他标识项用来著录一连续出版物的第一册和最后一册的卷、期或年、月等标识。

连续出版物不用著录提要项,是因为连续出版物的内容多由众多的单篇文章所组成,并且计划一期一期地往下连续出版,它们虽然大体上有一个总的方向,或围绕着某一中心主题,但从整体来说并无一个比较具体的内容,因此即使主观上想要著录提要项,客观上也难以做到。这就是我国著录规则在普通图书等规则上仍保留提要项而在连续出版物的规则中不设提要项的原因所在。

中、西文编目条例和规则中对连续出版物不著录排检项(或根查项),其部分原因可能是目前大多数文献机构对连续出版物只设立题名目录和分类目录(而且一般多实行单款目制)。其实,要组成一个完整的目录体系,其他目录(如责任者目录和主题目录)也是必不可少的。文献编目部门可根据需要分别按照中编图书的排检项和西编图书的根查项著录中、西文连续出版物的排检项和根查项。

另外,作为具体的文献编目部门,著录连续出版物时还需具体反映连续出版物的馆藏情况。因为作为文献机构,对一些连续出版物可能中途进行收藏,也可能中途停止收藏,甚至在连续出版物漫长的出版过程中漏订了某些卷期,这就需要通过一定的手段或方法予以揭示。当然,如果对一连续出版物收藏齐全,也可省略著录馆藏内容。这是具体编目部门与国家书目著录连续出版物的不同之处。

二、著录信息源

连续出版物的主要信息源,如前所述,应是连续出版物的题名页。但从西文连续出版物的实际出版情况看,只有极少部分的学术性期刊以及成系列的会议录、年鉴、手册等书刊两可的连续出版物才有题名页。而中文连续出版物这方面的情况则更为混乱,它们不仅没有像图书那样的题名页,而且有的连续出版物连封面页和版权页的信息也不完整。为此,我们将连续出版物的主要信息源规定为其题名页或代题名页。所谓代题名页,即指连续出版物的封面页和版权页,如果封面页和版权页所提供的信息产生矛盾,还需参考连续出版物的其他信息源。例:

1. 西文连续出版物的题名页和版权页:

Educational

Documentation and

Information

Bulletin of International Bureau of Education

Vocational guidance

Prepared for the International Bureau of Education by the International Association for Educational and Vocational Guidance

Year 45 No. 181 4th quarter 1971

Unesco: IBE   Paris : Geneva

Published by the
United Nations Educational, Scientific and
Cultural Organization
Place de Fontenoy, 75 Paris 7ᵉ, France
Printed in Switzerland by Courvoisier S. A.,
La Chaux-de-Fonds

2. 中文连续出版物的封面页与版权页：

ISSN 1001—8867

中　国　图　书　馆　学　报

ZHONGGUO TUSHUGUANXUEBAO

BULLETIN OF

THE LIBRARY　　　　1

SCIENCE　IN

CHINA　　　　　　1991

Bulleting of the Library Science in China
(Quarterly)

No. 1 1991 Serial No. 77

中国图书馆学报　编委会

主　　编　　黄俊贵

副主编　　丘　峰　　刘喜申

编　　委　　金恩晖　　孟广均

王启宇　　程亚男

中国图书馆学报

1991 年第 1 期 [总第 17 卷第 77 期]

1 月 15 日出版

编　辑　者：中国图书馆学报编辑部

（北京文津街七号　邮政编码：100802）

出　版　者：书目文献出版社

（北京文津街七号）

印　刷　者：北京通县兰空印刷厂印刷

发　行　者：北京市报刊发行局

国外发行：中国国际图书贸易总公司

（中国国际书店）北京 2820 信箱

国内统一刊号：CN11—2746

国内代号：2－408

国外代号：Q184

定　　价：2.50 元

至于连续出版物的规定信息源,ISBD(S)和我国《连续规则》规定基本一致,列表如下:

著录项目	规定信息源
1.题名与责任说明项	题名页或代题名页
2.版本项	题名页或代题名页
3.卷、期、年、月或其他标识项	题名页或代题名页, 其他文前栏目和书尾题署
4.出版发行项	题名页或代题名页, 其他文前栏目和书尾题署
5.载体形态项	出版物本身
6.丛刊项	出版物中任何地方
7.附注项	出版物本身或以外的 任何地方
8.标准连续出版物号与 获得方式项	出版物本身或以外的 任何地方

最后需要强调的是:1.这里的主要信息源和规定信息源的论述,均不包括报纸,报纸的著录信息源应是其大报头和小报头等处;2.无论是主要信息源还是规定信息源,都应出自连续出版物的本题名下的第一册。也即著录连续出版物时,不考虑其出版的先后,而应找出本题名下的第一期连续出版物进行著录,即使后来出版的连续出版物具有正式的题名页或其著录信息更加完整也是如此。当然,可将以后各期所提供的信息补著于附注项。

如果没有收藏本题名下的第一册连续出版物,文献编目部门可致函该连续出版物的编辑或出版部门询问有关详情,以进行准确著录;或根据《全国中文期刊标准著录手册》(大连海运学院出版社,1993),《全国西文连续出版物联合目录(1978－1984)》(书目文献出版社,1990),《乌利希国际期刊指南》(Ulrich's International Periodical Directory,Including Irregular Serials and Annual)和《EBSCO 国际连续出版物指南》(EBSCO Publishing：The Serials Directory；An International Reference Book)著录。《乌利希国际期刊指南》1992～1993 年度的 31 版,收录的品种(不包括日报,但包括每周五日报)达 126000 种;而《EBSCO 国际连续出版物指南》1992 年的第 6 版,收录的品种(包括日报)就达 141000 种。可以说,这两种指南虽然收录各地的小报小刊和非拉丁化语文的报刊较少,但仍是目前世界上收录报刊、年鉴和不规则连续出版物最多的目录。中国图书进出口总公司 1993 年编制的第 8 版《外国报刊目录》,也基本是依上述两种指南为主而编制的,所以它们一般能够满足我国各文献编目机构的著录需求。若文献机构没有收藏本题名下的第一册,上述指南或目录中也没提供该连续出版物的信息,则可根据本机构收藏最早的一册著录,此时需在附注项作一著录依据附注。

三、著录格式

西文连续出版物的著录格式,若以题名为主要款目标目则用悬行式著录格式;若以责任者为主要款目标目则用段落式著录格式(两种格式详见第三章第三节)。

西文连续出版物约 90％是取题名为主要款目标目的,其具体情况如：1. 由编者根据自身编辑、出版的宗旨,将多人著作汇集而成的连续出版物,由于各期具有多个责任者,所以应取题名为主要款目标目;2. 科学进展之类的连续出版物在无对其内容负责的责任者的情况下,应取题名为主要款目标目;3. 在编者指导下,由各个责任者撰稿的连续出版物,应取题名为主要款目标目。以上三种情况,都可以视编者的知名程度选作附加检索点。例：

Quarterly journal of current acquisitions / The Library of Congress. —
Vol. 1, no. 1 (1943, Jully / Sept.) —vol. 20, no. 4 (1963, Sept.). —
[Washington, D. C. ; for sale by the Supt. of Docs. , U. S. Govt.
Print. Off.], 1943—1963.
20 v. : ill. ; 26 cm.
Quarterly. — Continued by: The Quarterly journal of the Library
of Congress = ISSN 0041-7939. — Supplement to: Annual report of
the Library of Congress=ISSN 0083-1565.
ISSN 0090-0095 =Quarterly journal of current acquisitions.

西文连续出版物取责任者为主要款目标目的具体情况有:1.
符合个人著者作主要款目标目的连续出版物(见第七章第三节有
关内容);2. 符合机关团体作主要款目标目的连续出版物(见第七
章第三节有关内容);3. 如果连续出版物的题名仅是一个通用题
名,但在主要信息源上又明确反映有对该连续出版物负主要责任
的机构,则应取该机构名称作主要款目标目(例见 236 页上)。

前一例《Quarterly journal of current acquisitions》1963 年停
刊,所以使用完结款目(Closed entry)著录、而后一例《Bulletin》还
在继续出版,所以使用开口款目(Open entry)著录。另外,由于连
续出版物的附注内容较多,因此即使在卡片格式中,两条以上的附
注一般也连贯著录,只需在第二及其以后的附注之前使用". —"
标识。这些规定在中编连续出版物著录中也是如此。

Canadian Aural / Oral History Association.

Bulletin / Canadian Aural / Oral History Association. — Vol. 1，(Mar. 1975)- . — [Ottawa]：the Association，1975—

V. ；28 cm.

Irregular. — Added title page title：Bulletin / Société canadienne d'histoire orale & sonore.

ISSN 0318-9600＝Bulletin—Canadian Aural Oral History Association.

中编连续出版物的著录格式同西编以题名为主要款目标目的著录格式。即：

正题名[文献类型标识]＝并列题名：副题名/第一责任说明 ；其余责任说明. — 版本/与本版有关的责任说明. — 卷、期、年、月或其他标识. — 出版地：出版者,出版年(印制地：印制者,印刷年)

文献总数：插图 ；尺寸＋附件. —（正丛刊名/与丛刊有关的责任说明,国际标准连续出版物号 ；丛刊编号）

附注

标准连续出版物号＝识别题名：价格（年份）

上述中、西编连续出版物的卡片格式在转换成书本格式时,均采用一条龙著录格式,也即从题名与责任说明项一直连贯著录到标准连续出版物号与获得方式项,另外在对原来以段落起行的著录项目冠以". —"。

第三节　连续出版物主要著录规则

连续出版物的旧刊（或过刊，是指著录当年之前收藏的连续出版物）著录类似于丛书、多卷书的整套著录，也即著录旧刊时，需将馆藏这一连续出版物的所有卷期找齐，然后从中找出本题名下的第一册或馆藏最早的一册进行著录，至于以后卷期中发生的变化信息则依次著录于附注项。如果该连续出版物还在继续出版，则进行开口著录。开口著录的标志反映在卷、期、年、月或其他标识项、出版发行项和载体形态项三处。从此意义上讲，连续出版物的著录属于综合著录中的整套著录。

连续出版物的新刊（指著录当年出版的连续出版物）的著录类似于多卷书的分卷著录，即一收到该连续出版物的第一卷期就可进行著录。新刊的著录肯定使用开口著录。至于该连续出版物以后卷期发生的变化，则在以后及时补著于附注项。从此意义上讲，连续出版物的著录不是一次完成的，只要该连续出版物还在出版，随时可能发生补著的情况。

连续出版物除卷、期、年、月或其他标识项著录特殊外，其他著录项目与普通图书大同小异，所以在后面的规则阐述时，重点讲授与普通图书的不同之处，并将各个著录项目所用的例式略去。

一、题名与责任说明项

连续出版物的题名与责任说明项也包括正题名、文献类型标识（或一般资料标识）、并列题名、其他题名信息和责任说明等著录单元。中编中的主要项目是正题名和第一责任说明，西编还包括并列题名。

1. 正题名

连续出版物的正题名若是一个通用题名也需著录,这时为加分辨应作责任说明;题名页或代题名页上如果只有简称题名或简称题名与全称题名并列,则直接著录简称题名或选择简称题名作正题名著录,全称题名作其他题名信息处理;正题名中含有责任者或出版者名称,则照录;当只有个人名或团体名而无别的题名时,则将个人名或团体名作正题名,为加识别,可在个人名或团体名后用"[]"加著通用题名;若正题名中含有逐期而变的日期或编号,则予省略并以"…"替代,若日期或编号在正题名之首,省略之后则不加"…"。例:

局报/上海铁路管理局

P. M. L. A. :publications of the Modern Language Association of America

空军政治学院学报

Société d'études de la province de cambrai :[bulletin]

上海市财政局…年度报告

分辑连续出版物的正题名通常由一个各辑共有的共同题名和一个属于自己的分辑题名所组成。著录时先著录共同题名,后著录分辑题名,之前用"."标识;分辑连续出版物如果只有分辑编号或分辑标识而无分辑题名,分辑编号或分辑标识前也用"."标识;分辑连续出版物如果既有分辑编号或分辑标识也有分辑题名,则依次著录,但分辑编号或分辑标识前用"."标识,分辑题名前用","标识。例:

国外科技资料目录·公路运输

Acta Universitatis carolinae · Philologica

世界图书 · A 辑

Journal of polymer sciences · part A,General papers

由主刊名和副刊名组成的复合题名也按上述规则著录。

分辑题名和副刊名如果比其共同题名和主刊名更为重要或突

出，题名部分也可只著录分辑题名或副刊名，而将共同题名作为丛刊名著录于丛刊项，主刊名则著录于附注项（著录主刊时，也应在其附注项注明副刊情况）。例：

萌芽·增刊

中国政治 ... —（复印报刊资料）

British journal of applied physics ... —（Journal of physics；D)

采矿专辑

（附注项注：本刊系：有色金属的副刊）

有色金属

（附注项注：有副刊：采矿专辑）

2. 并列题名

若连续出版物的题名页或代题名页上出现几个文种的题名，则以其中主要的题名作为正题名，若分不出主次，则以其第一个题名或其正文中主要使用的语种题名作为正题名，其余的均可视为并列题名著录；若一连续出版物的并列题名较多或在著录时没有打印该文种的机器设备，可在附注项进行文字注明。例：

计算机世界＝China computer world

Archives européennes de sociologie ＝ European journal of sociology＝Europaäisches Archiv für Soziologie

外国语＝Foreign languages＝Langucs Etrangeres＝Frends-prachen

（附注项注：本刊另有俄文、日文并列题名）

3. 责任说明

连续出版物的责任者系指对其内容负责的团体或个人（如连续出版物的编著者、插图者和修订者等）。一连续出版物的题名中若含责任者，或其责任者的名称系题名加"编辑部"、"编委会"或"杂志社"等字样组成，一般可不重复著录责任说明，或将其简略著录成"该刊编辑部"、"该刊编委会"或"该刊杂志社"等形式;但若题名中的责任者名称系其简称,而在规定信息源上又出现其全称时,后者则予著录。

连续出版物的责任说明著录规则与普通图书大同小异,不同之处在于:正题名和并列题名各有责任说明时,应将它们分别著录于正题名和并列题名之后;若一连续出版物既有编辑者、又有主办者或创办者时,责任说明部分著录编辑者,而主办者或创办者可在附注项著录;若一连续出版物的责任说明发生变动,则应及时在附注项中补著。例:

文献工作研究/该刊编辑部

四平师院/四平师范学院

A. L. A. Bulletin / American Library Association

工业微生物/工业微生物科技情报站,上海工业微生物研究所

Studies in natural history / State University of Iowa;G. W. Martin, editor

Statistical yearbook / Statistical office of the United Nations = Annuaire statistique / Bureau de statistique des Nations Unies

高等学校计算机数学学报=Numerical Mathematics in Journal of Chinese Universities /［南开大学］…

（附注项注:本刊受教育部委托创办）

修辞学习/中国修辞学会华东分会…

（附注项注:1988 年起原编者与复旦大学中国语言文学研究所合编）

二、版本项

连续出版物的版本项也包括版本说明、并列版本说明、与本版有关的责任说明、附加版本说明和附加版本说明后的责任说明等

著录单元,其著录规则与普通图书基本相同。

中、西文连续出版物版本项的著录重点是其版本说明。ISBD (S)和我国《连续规则》中共有的版本说明有地区版本说明、特殊内容(或关系)版本说明、特殊版式或外形版本说明和文种版本说明,而对其中的特殊内容(或关系)版本说明的英文词"Special interest edition statement",现在国内有不同的理解和译法,我们在此不作评论,只从两个规则中各举一例:

1. 地区版本说明:

. — 北京版

. — Northern ed.

2. 特殊内容(或关系)版本说明:

. — 农业版

. — Ed. pour le médecin

3. 特殊版式或外形版本说明

. — 盲文版

. — Large print ed.

4. 文种版本说明:

. — 朝文版

. — English ed.

除此之外,我国《连续规则》多一个时间版本说明,而 ISBD(S) 则多一个版次说明。例:

. — 下午版

. — 星期日版

. — Reprint ed.

. — 2nd ed.

. — 2nd revised ed.

需要注意的是,中、西文连续出版物中表示卷号或年份的说明 (如"1st ed.","1916 ed."等)应著录于卷、期、年、月或其他标识项;表示定期修订的说明(如"每六个月修订一次"等)应著录于附注项。

三、卷、期、年、月或其他标识项

如前所述,卷、期、年、月或其他标识项用来著录一连续出版物的第一册和最后一册的卷、期或年、月等标识,中间用"～"(中编)或"—"(西编)连接;若在著录时该连续出版物还在继续出版(不管编目机构是否还在收藏),则在起讫号后空两格(中编)或四格(西编)往下著录。

中、西文连续出版物一般总有一个标识系统,而这种标识系统可以是卷、期标识系统,也可以是年、月(或期)标识系统。如果是卷、期标识系统,在著录卷、期后还可在后用"()"加著其第一期和最后一期的年月;如果年、月(或期)标识系统中的年份使用非公元纪年,除照录外还需在后用"[]"加著公元纪年。例:

. — Vol. 1, no. 1 (1992. 2)～

. — Vol. 6, no. 1 (Jan. 1971)—vol. 11, no. 12 (Dec. 1975)

. — 1971, no. 1～1975, no. 12

. — 民国 70[1981], no. 1～

连续出版物的标识系统有时会从卷、期标识系统转换为年、月(或期)标识系统,有时也会从年、月(或期)标识系统转换为卷、期标识系统,甚至在卷、期标识系统内还会出现重新编号的现象(这时中文连续出版物上在新的编号之前往往冠以"新辑"等字样,而在西文连续出版物中则往往使用"New Series"或"Second Series"等字样)。后一标识系统在《连续规则》中称之为"后继标识系统"。后继标识系统紧接着前一标识系统著录,之前用";"标识。例:

. — Vol. 1, no. 1 (1980. 1)～vol. 6, no. 12 (1985, 12) ;1986, no. 1～

. — 1965, no. 1—1980, no. 4 ; vol. 17, no. 1(1981)—

242

vol. 26,no. 4（1990）

. — Vol. 1（1962）～vol. 6（1967）；新辑,v. 1（1968）～

. — Vol. 1, no. 1（Jan. 1941）—vol. 4, no. 5（May 1950）；

n. s. ,vol. 1,no. 1（June 1950）—vol. 3,no. 12（May 1952）

当连续出版物的各期有一个以上的标识系统时,第二和其余的标识系统可以著录在卷、期、年、月或其他标识项,也可著录于附注项;若在卷、期、年、月或其他标识项著录,第二和其余的标识系统依次著录在第一标识系统之后,并在其前使用"＝"标识。第二标识系统在中文连续出版物中往往以"总期号"的形式出现,总期号若在非第一期上出现而后来出现的总期号又包括了第一期,这一方面需在卷、期、年、月或其他标识项用"[]"加著第二标识系统,另一方面还需在附注项中注明起用总期号的具体卷、期或年、月（或期）。例:

. — Bd. 1, Nr. 1—Bd. 6, Nr. 3＝Nr. 1（Frühling 1970）—Nr. 24（Winter 1975）

. — 1980, no. 1～1990, no. 6,＝总 1～总 66

. — Vol. 10, no. 1（1985. 1）～　　＝[总 1]～

（附注项注:本刊第 2 卷第 1 期起使用总期号）

连续出版物中的报纸,一般是以年、月、日为第一标识系统,总期号为第二标识系统。例:

1916,4,1～1920,6,8＝[总 no. 1]～1530

四、出版发行项

连续出版物的出版发行项也包括出版发行地、出版发行者、发行者的职能说明、出版期、印制地、印制者和印制期等著录单元,其中的第一出版地、出版者和出版期是必备的著录单元,其著录规则也与普通图书同。

1. 出版地

连续出版物的出版地若用两种语种表达时,则按正题名所用的语种著录;出版者或发行者名称不详时,可著录其详细地址(若该地址系取自规定信息源,可在出版地后用"()"加著,否则应用"[]"加著);如果找不到出版地名,也无法考证或推测,也需在出版地位置著录"[出版地不详]"、"S.1."或其他文字的对应词。例:

. — 硖石[浙江]

. — Cambridge,Mass.

. — 南京(902 信箱 323 分箱)

. — Paris (66,avenue de Versailles,75016)

(注:上例系订购地址)

. — [上海?]

. — [S.1.]

2. 出版者

在保证易解、明确、不含混而且符合国际惯例的情况下,出版者的名称可用简称著录;当出版者是一个人或团体时,如果其名已以全名形式出现在题名与责任说明或版本项中,则可采用适当的缩写或简称著录;无出版者时,印刷者不能代替出版者著录,而需著录"[出版者不详]"、"s.n."或其他文字的对应词。例:

. — 上海 :人民

图书馆学通讯/中国图书馆学会. — 北京 :该学会

Liste des périodiques recus au Centre national de recherches agronomiques. — Versailles : C. N. R. A.

. — 北京 :邮局[发行者]

. — [S.1. : s. n.]

3. 出版期

连续出版物的出版期先著录第一期的出版年,若该连续出版物还在继续出版,则采用开口著录,若已停止出版,则在起讫号后著录最后一期的出版年;第一期和最后一期的出版年在多数情况

244

下与卷、期、年、月或其他标识项中的日期一致,但也可能与之不一
(如晚一、二年出版的年鉴等);第一期或最后一期无出版日期,可
著录其版权年或印刷年,若版权年和印刷年也没有,则可加"[ ]"推
测著录。例:

　　. — 上海 : 复旦大学出版社,1976~

　　. — London : Oxford University Press,1963—1970.

　　. — 上海 : 天马书店,1934~1938(印)

　　. — Paris : Imprimerie nationale,[1978?]—

五、载体形态项

　　连续出版物的载体形态项也包括文献总数、插图、尺寸(报纸
一般著录开本)和附件等著录单元,其中文献总数和尺寸是必备的
著录单元,其著录规则基本也与普通图书同。所不同的是连续出
版物的文献总数要待其停止出版后才予统计著录(例见 235 页),
否则则以开口著录(例见 236 页);而其插图和附件只有该连续出
版物的每期(或大部分)都有时才予著录,否则则在附注项著录。

六、丛刊项

　　连续出版物的丛刊项所包含的著录单元及其著录规则与普通
图书基本相同。

　　两种以上具有各自独立题名的连续出版物集合在一个共同题
名之下,这个共同题名就可视为丛刊名。也即只有分辑题名单独
作为该连续出版物的正题名著录时,才具丛刊项的著录条件(例见
239 页)。连续出版物的丛刊项在西编中是一必备的著录项目。

　　连续出版物的共同题名往往不具"丛刊"或"译丛"等字样,如
我国最大的丛刊《复印报刊资料》题名中就无"丛刊"等字样,但却
拥有 100 种左右的分辑,而题名中含有"丛刊"字样的却几乎都不
属于丛刊,因此需加辨别。

七、附注项

连续出版物由于是连续不间断地出版,所以其附注项的著录内容远比普通图书要多,但根据其性质,连续出版物的附注内容大致也可分为关于著录项目的附注和关于连续出版物本身的附注两大类。ISBD(S)和我国《连续规则》中规定,在这两类附注之前必须著录的第一条附注是连续出版物的出版周期说明。另外,连续出版物的沿革变化说明在上述标准和规则中是与版本项附注放在一起列出的。考虑到其重要性,本教材将它单独列出说明。

在中、西编中,连续出版物的附注只有部分内容是必备的著录单元,本教材认为这些必备的著录单元首先是连续出版物的出版周期说明和沿革变化说明,所以本教材将它们放前阐述。

（一）出版周期说明

连续出版物的出版周期未在题名与责任说明项指明时,需在附注项注明;已在题名与责任说明项指明的,按规定也需在附注项中重复著录。以上两类的著录包括定期、不定期以及在一定时间内出版一定期数的说明。如果连续出版物的信息源上没有提供出版周期的说明,通过其他途径也无法得知出版周期的情况,则可在出版周期处著录"出版周期不详"字样,待以后得知后再改著。例:

. — Quarterly

. — Monthly (except Aug.)

. — Monthly (during school year)

. — Several times a week

. — Issued twice a month

. —Six issues yearly

. — Irregular

连续出版物的出版周期有第二和第三次变化时,可依次著录,并在其前用";"标识,其后用"（）"加著这一出版周期的卷、期或年、月(或期)情况(中编)。若出版周期变动在四次及其以上,除国家书目需依次往下著录外,一般可改著成"出版周期有变化"、"Frequency varies"或其他文字的对应词。例:

. — Six issues yearly,1950－1961 ; monthly,1962—

. — 不定期(1980~83);季刊(1984~90);双月刊(1991~)

(二)沿革变化说明

连续出版物的沿革变化情况归纳起来大致有以下四种情况:继承、改名;合并、改出;分裂,分出;吸收、并入。

1. 继承、改名

改名后的连续出版物继承改名前的连续出版物,一方面需在前者款目的附注项用"本刊继承:××××"、"Continues :××××"或其他语言的对应词著录改名前的连续出版物名;另一方面需在后者款目的附注项用导语"本刊改名:××××"、"Continued by:××××"或其他语言的对应词著录改名后的连续出版物名。例:

世界汉语教学 ... —本刊继承 : 对外汉语教学

对外汉语教学 ... —本刊改名 : 世界汉语教学

Pointer ... —Continues:Monthly Scottish news bulletin

Monthly Scottish news bulletin ... —Continued by:Pointer

《连续出版物工作》的编著者认为,一种连续出版物继承另一连续出版物时,只有在继承者的卷期号与前一种相续时才能称为改名;若其卷期号从头开始只能称作停刊改出。这种区分虽然在著录上一样,但却影响到索取号的给出。

2. 合并、改出

新的连续出版物是由两种或两种以上的连续出版物平等合并而成(这种情况一般使用新的标识系统),一方面需在前者款目的附注项用导语"本刊由:××××,与:××××合并而成"、"Mer-

ger of：××××,and：××××"或其他语言的对应词著录被合并
的连续出版物名；另一方面在后者款目的附注项使用"本刊与：×
×××合并,改出：××××"、"Merged with：××××to be-
come：××××"或其他语言的对应词著录另一被合并的连续出
版物名,以及合并后改出的连续出版物名。例：

水利水电建设 ...—本刊由：水力水电,与 ：中国水利合并
　　而成

水力发电 ...—本刊与：中国水利合并,改出：水利水电建设

中国水利 ...—本刊与：水力发电合并,改出：水利水电建设

Journal of applied chemistry. Abstracts ...—Merger of：
British abstracts. B1,Chemical engineering,fuels metallur-
gy,applied electrochemistry, and industrial inorganic chem-
istry,and：British abstracts. B2,Industrial organic chemistry

British abstracts. Bl,Chemical engineering, fuels metallur-
gy,applied electrochemistry,and industrial inorganic chem-
istry ...—Merged with：British abstracts. B2,Industrial
organic chemistry to become：Journal of applied chemis-
try. Abstracts

3. 分裂、分出

分裂与分出是两个不同的概念。分裂是指两种或两种以上的
连续出版物是由一连续出版物分裂而成并后者不再出版。著录时
一方面需要在新的连续出版物的款目附注项用导语"本刊继承：×
×××的一部分"、"Continues in part：××××"或其他语言的对
应词著录被分裂的连续出版物名；另一方面需在被分裂的连续出
版物的款目附注项用导语"本刊分成：××××,与：××××"、
"Split into：××××,and：××××"或其他语言的对应词著录分
裂出来的连续出版物名。例：

计算机科学 ...—本刊继承：计算机应用与应用教学的一

248

部分

应用数学与计算机数学 ... —本刊继承：计算机应用与应用数学的一部分

计算机应用与应用数学 ... —本刊分成：计算机科学，与：应用数学与计算机数学

Proceedings / Institution of Mechanical Engineers. Part 2 ... —Continues in part：Proceedings—Institution of Mechanical Engineers

Comparative biochemistry and physiology ... —Spit into ：Comparative biochemistry and physiology. A，Comparative physiology；and：Comparative biochemistry and physiology. B，Comparative biochemistry

分出是指新的连续出版物是从另一连续出版物中分出的，而且后者继续出版。著录时一方面需在新的连续出版物的款目附注项用导语"本刊自：××××分出"、"Separated from：××××"或其他语言的对应词著录另一被分出的连续出版物名；另一方面需在被分出的连续出版物的款目附注项用导语"××××年自本刊分出：××××"、"××××，separated：××××"或其他语言的对应词著录新分出来的连续出版物名及其年份。例：

原子动力通讯 ... —本刊由：台电工程月刊分出

台电工程月刊 ... —19—年自本刊分出：原子动力通讯

Jeugdboekengids ... —Separated from：Boekengids

Boekengids ... —1965，separated：Jeugdboekengids

4. 吸收、并入

吸收分两种情况。一种是一连续出版物吸收另一连续出版物后其题名和编号系统保持不变。著录时一方面在吸收另一连续出版物的连续出版物的款目附注项用"××××年本刊吸收：××××"、"Absorbed in ××××：××××"或其他语言的对应词著录

被吸收的连续出版物名及其年份；另一方面则需在被吸收的连续出版物的款目附注项用"本刊并入：××××"，"Absorded by：×××"或其他语言的对应词著录吸收进的连续出版物名。例：

人民文学 ... —1958 年起吸收：文艺学习

文艺学习 ... —本刊并入：人民文学

Philosophical magazine ... —Absorbed in 1827 ：Annals of philisophy

Annals of phyilosophy ... —Absorbed by ：Philosophical magazine

吸收的另一种情况是连续出版物在吸收另一连续出版物后改出一种新的连续出版物（其编号系统一般也续用前一连续出版物的编号系统）。著录时一方面需在新的连续出版物的款目附注项用导语"本刊由：××××吸收：××××后改名"或其他语言的对应词分别著录原连续出版物名和被吸收的连续出版物名；另一方面需在原连续出版物和被吸收的连续出版物的款目附注项，分别用导语"本刊吸收：××××，并改名：××××"和"本刊并入：×××，并改名：××××"或其他语言的对应词著录被并入的连续出版物名、改名的连续出版物名和所并入的连续出版物名、改名的连续出版物名。例：

电影艺术 ... —本刊由：中国电影吸收：国际电影后改名

中国电影 ... —本刊吸收：国际电影，并改名：电影艺术

国际电影 ... —本刊并入：中国电影，并改名：电影艺术

另需指出的是，上述附注项中所列的连续出版物名，在国家书目中还可在后补著其 ISSN。

（三）关于著录项目的附注

连续出版物的著录项目附注像普通图书一样，凡是没有在各著录项目或难以在各著录项目中反映的信息，都可通过附注项予以补充说明。下面仅举一些例子说明：

美国科学新闻 ... —本刊系 Science News 的中译本

Journal of the Professional Institute ... —Full name of the
institute：Professional Institute of the Public Service of
Canada Bulletin of the Faculty of Science

搏击 ... —有副刊：柔道与摔跤

New French books ... —Englsih edition of ：Bulletin cri-
tique du livre francais＝ISSN 0007-4209

航空模型＝Model Airplane ... —1983 年起有总期标识

American journal of ′difestive diseases ... —Vols. for Aug.
1973—Dec. 1974 called also vol. 1, no. 7—vol. 2, no. 12

写作 ... —1982, no. 2 起由武汉大学出版社出版

Bild and Ton ... —No. 4 published in 1939, no. 5 in 1946

中国气功 ... —1987～1988 年两卷刊高 28 cm

Ear and hearing ... —Each issue numbered 10, 20, 30, etc.
in series

（四）关于连续出版物本身的附注

连续出版物本身情况的附注主要包括两方面。一是关于连续
出版物的索引附注；一是关于连续出版物的目次附注。其中，连续
出版物的索引也只著录附在下卷某一期中的前卷索引以及单独出
版的当年或累积索引，也即无需著录即期索引或在本卷末期刊登
的当年或当卷索引。例：

石油与天然气文摘 ... —有 1980～1981 年度题目索引

The American journal of pathology ... —Indexes：Vols. 1—
25, 1927—1951 in vol. 26, no. 1

中医杂志＝Journal of Traditional Chinese Medicine ... —
1979 年起有英文目次及文摘

California law review ... —Includes：Bibliography of North-
west materials

关于连续出版物本身的附注还包括著录依据附注,也即如果连续出版物的著录不是依据本题名下的第一册著录,需用一条附注注明作为著录依据的馆藏第一册情况。例:

渔业机械仪器 ... —根据 1977,no. 1 著录

Educational documention and information ... —Description based on:vol. 45,no. 171

八、标准连续出版物号与获得方式项

连续出版物的标准连续出版物号与获得方式项包括标准连续出版物号、识别题名和获得方式三个著录单元。中编必备的著录单元是标准连续出版物号,西编还包括识别题名的著录。

(一)标准连续出版物号

连续出版物的标准连续出版物号分国际标准连续出版物号(即 ISSN)和中国标准刊号。港、台及世界各地出版的连续出版物一般载有 ISSN 信息。而我国大陆出版的连续出版物在标准化著录实施之前,一般刊有国内统一刊号信息,标准化著录实施之后,一般同时有 ISSN 和国内统一刊号等信息,进入 90 年代,则逐步开始按《中国标准刊号》(GB 9999－88)登载中国标准刊号等信息。著录 ISSN 的连续出版物,需以字母 ISSN 开头,8 位数字之间无论第四和第五个数字之间原先有无短横,均需用短横连接。若连续出版物的 ISSN 发现被印错,则应著录正确的号码,并在其后用"()"加著"更正"、"corrected"或其他语言的对应词。例:

REIT fact book ... —ISSN 0095-1374

The Soviet journal of glass physics and chemistry ... — ISSN 0360-5043 (corrected)

中国标准刊号一般分两行刊出:第一行为 ISSN;第二行为国内统一刊号。例:

刊号：$\dfrac{\text{ISSN 1001-8867}}{\text{CN 11-2746/G2}}$

第二行的国内统一刊号斜线前为报刊登记号，斜线后为分类号（目前报纸的国内统一刊号后还未加分类号，也很少刊印ISSN）。著录卡片目录的款目一般只著录连续出版物的ISSN，即使在国家书目中也只在ISSN号后再著录一下报刊登记号，并将后者置于"（）"中。例：

西北纺织工学院＝Journal of Northwest Institute of Textile
  Industry ... —ISSN 1001-7305

中国生漆＝ Journal of Chinese Lacqure ... — ISSN 1001-
  7067（CN 61-1098）

（二）识别题名

连续出版物的识别题名（Key-title，又称"关键题名"），是指国际连续出版物数据系统（International Serials Data System，简称ISDS）给每种登记ISSN的连续出版物指定的一个特有的、区别于任何其他连续出版物题名的题名，一般即是连续出版物的正题名，必要时需加限定词（如责任者名称等）以区别其他相同的题名。由于识别题名与ISSN结合使用具有识别、检索、管理连续出版物的作用，所以ISBD（S）规定即使连续出版物的识别题名与其正题名一致，也需冠以"＝"著录在ISSN之后。例：

The Relation of foreign trade to the domestic economy ：re-
  port ... —ISSN 0092-8126＝The Relation of foreign trade
  to the domestic economy

Proceedings of the…annual symposium on reduction of costs
  in hand-operated glass plants ... —ISSN 0362-2991＝Pro-
  ceedings of the annual symposium on reduction of costs in
  hand-operated glass plants

Port financial information ／ prepared by Finance Division，

National Ports Council ... —ISSN 0305-571X＝Port finan-
cial information—National Ports Council

Image. — Niagara ed ... —ISSN 0319-3012＝Image. Niaga-
ra edition

Where it's at ... —Saskatoon ：Saskatoon Galleryand Con-
servatory Corporation，1973－1974 ... —ISSN 0381-9450
＝Where it's at（Sastatoon）

Kritika ... —Budapest ：Hirlapkiadó，1972—　　　 ... —
ISSN 0324-7775＝Kritika（Budapest. 1972）

鉴于连续出版物的识别题名是由 ISBD 中心控制的，一般文
献机构较难完全掌握，因此在我国除国家书目外，一般文献机构可
不著录此单元。

（三）获得方式

连续出版物的获得方式也分两类：非卖品和价格。其中的非
卖品包括"只供会员"、"只供交换"、"免费赠送"、"函索即赠"、"not
for sale"、"free loan"、"for hire"、"private recording，not for sale"
等。这类获得方式照录即可。

至于通过采购获得的连续出版物，西编规定对有单期价格和
订购价格，以及有一期价格和一年（或一卷）价格者需依次著录，订
购价格和一年（或一卷）价格前也用"："标识；对外国人、协会成员
有优惠特价，以及个人或机构有不同价格者也需依次著录，优惠价
和机构价置于"（）"内。例：

. — ISSN 0335-0584＝Centre hebdo ：FF 1. 50 per issue

. — ISSN 0335-0959＝Norscope ：＄1. 20 per issue ：＄20. 00
p. a.

. — ＄30. 00 per year（＄25. 00 to association members）

. — ￡3. 00 to individuals（￡8. 40 to libraries and institu-
tions）

中编则规定,价格若需著录,则著录其一年的订价,然后再用"()"在后补充说明这一订价的具体年份。例:

. — ISSN 1001-8867(CN 11-2746)= 中国图书馆学报:￥10.00(1991)

九、馆藏记录

ISBD(S)对连续出版物的馆藏记录未作专门的规定,但说可作附注著录。著录部分以 ISBDs 为依据的 AACR₂ 和 AACR₂R 第 12.7B20 条款也作了类似的规定。这表明,西方编目界对连续出版物的馆藏记录是作附注处理的。这可能是由于西方文献机构的馆藏连续出版物一般收藏较齐或缺藏较少的缘故。但在我国如果这样处理势必造成馆藏说明的附注内容过长,而使标准出版物号远离第一张款目上的主要内容。据此,《连续出版物工作》的编著者建议使用此一方法的我国文献机构,可将标准连续出版物号与获得方式项同前面的附注项位置对调。这种建议虽然有悖于 ISBD(S)著录项目顺序的规定,但不致引起误解,也不会因此而影响机读目录的编制,但却能克服前述方法的缺陷,和使馆藏说明更易修改和补充。

在我国,连续出版物的馆藏记录目前通常使用以下两种方法:一种是将馆藏记录以划到卡的形式印刷在编目卡的反面;一种是将馆藏记录单列一项放在标准号与获得方式项的后面(一般用续片)著录。前一种方法的优点是馆藏清楚、精确,但缺点是每期到刊后都要及时在公务目录和读者目录上同时划到,因此工作量较大,且年深月久之后目录卡片会因此而大量增加。第二种方法虽然也存在类似的问题,但它可以进行适当的变通。也即遇到藏少缺多时,使用导语"本馆有"、"Library has"或其他语言的对应词著录实际馆藏的情况;若遇藏多缺少时,则用导语"本馆缺"、"Library lacks"或其他语言的对应词著录实际缺少的情况。如果一连续出版物的馆藏齐全,当然也可省略著录。

至于连续出版物馆藏说明的具体著录方法,一般同其卷、期、年、月(或期)的编号系统一致。即以一年或一卷为著录单位(占一行位置),若有第二标识系统者也可予以著录;若是卷、期编号系统者,还可在后加著具体年份。报纸虽然也以年为一著录单位,但对以月为装订单位者,在年份之后还需著录其馆藏月份。例:

环境科学…

本馆有

Vol. 11,no. 1～6＝总 102～107 1989

Vol. 13, no. 1～6＝总 114～119 1991

Vol. 15, no. 1～ ＝总 126～ 1993

Built environment quarterly…

Library lacks

Vol. 4,no. 1～4 1978

Vol. 14,no. 1～4 1988

Vol. 17,no. 1～4 1991

光明日报…

本馆缺

1981,1～12

1985,1～12

The Age

Library has

1985,1～12

1989,1～12

1992,1～

第四节　连续出版物论文索引的编制

前述连续出版物的著录,如同普通图书的整套著录,即它只能反映整个连续出版物的全貌以及回答馆藏有哪些连续出版物和某一连续出版物的馆藏情况。因此,在对连续出版物整套著录后,应像普通图书整套著录后进行必要的分析著录一样,再进行论文索引或论文目录的编制,以便及时有效地向读者报道或推荐包含在连续出版物中的重要文献,引导读者获得最新信息及最有价值的知识。

一、中文连续出版物论文索引的编制

中文连续出版物论文索引的种类,可与图书目录的种类相同。其中分类索引最具使用价值。分类索引的分类号既可直接利用《中国图书资料分类法》的分类号,也可自行编制更为详尽的专业分类表。前者可为一般图书馆和资料室所使用,后者则更适合于专业图书馆和情报室。

如前所述,论文索引的著录款目实际就是分析款目,其著录方法也即分析著录法。其中,中文连续出版物论文索引的书本著录格式可参照我国《检索期刊条目著录规则》(GB 3793－83)中的期刊论文著录格式:

```
分类号
顺序号　中文题名＝外文题名[刊,文种]/著者//
刊名(国别或地名). — 年,卷(期)—所在页码
　提要。图×表×参×(文摘员)
主题词　　　　　　　　　　　　　　　　　索取号
```

上述书本格式共分四段：第一段和第四段分别著录分类号和主题词及索取号；第二段著录期刊论文的顺序号、题名、著者及所在期刊的刊名、卷期和页码；而第三段则主要著录期刊论文的提要及图表等情况。其卡片格式，我们建议使用以下经简化了的格式：

分类号　中文题名/著者
　　　　//刊名．— 年，卷（期）．— 所在页码

照此著录出来的卡片款目既可以按分类顺序组织分类索引或目录，也可按其题名或著者的字顺组织相应的索引或目录。当然如果标有主题词（可放在第三段著录），还可按主题词的字顺组织主题索引或目录。但较经济的做法是：先只组织分类索引或目录，后再编制具有题名、著者和主题索引功能的书本式分类论文题录。具体方法如下：将最新著录出来的论文索引卡片款目按其类号排在相应类号卡片款目的最前面或最后面，以引导读者获得最新信息。集一段时间（一般为一年）后，再依分类顺序编制年度书本式分类论文题录。为使编制出来的年度书本式分类论文题录同时具有著者和/或主题索引的功能，可在每篇论文题名前加著顺序号（其作用一是为了使所有款目排序，二是在后面的著者索引和/或主题索引处代表款目标识），而原先每张款目上著录的分类号则可同类合并著录在所有同类款目之首（即不必再在每条款目之前重复著录其分类号），并采取"一条龙"连续著录法。例：

A 图书馆学理论

A1　总论

900001　十年来我省图书馆学研究概述/何鼎富//福建图书馆学刊．— 1990，no.1．— p.23～30

900002　现代社会对图书馆理论的挑战/段鸣芳//图书馆学、信息学、资料工作．— 1990，no.1．— p.7～12

900003　　………………………………………………………

上举两例都属"Al"类（即图书馆学理论总论类），其顺序号"900001"和"900002"（用计算机排版时可由计算机自动给出）分别表示它们是1990年度书本式分类论文题录的第一篇和第二篇，同时它们在后面的著者索引和/或主题索引处出现，可引导读者根据其顺序号查阅具体的著录内容。也即一条这样的记录，可同时具有两种及其以上索引或目录的功能。

　　在无力编制书本式年度分类论文题录的文献机构可只单独组织卡片论文索引或目录，并用参照系统与馆内的卡片式图书目录联系起来，以便增加读者的检索广度和检索效能。连续出版物数量较少的文献机构还可不单独组织各种论文索引或目录，而将其并入相应的图书目录，以减少目录多头的现象。

二、西文连续出版物论文索引的编制

　　如果说我国的文献机构在无力编制中文连续出版物的论文索引或目录的情况下，还可利用《全国报刊索引》（分哲社版和科技版）等检索性刊物加以弥补的话，那么编制西文连续出版物论文索引或目录的工作就更具有现实意义。

　　编制卡片式西文连续出版物论文索引或目录的格式，我们可以借用 AACR$_2$ 和 AACR$_2$R 中的"In"式分析法。当然，根据西文连续出版物的特点以及我国读者检索的习惯，西文连续出版物论文索引或目录的著录内容可以进行适当的简化，即只著录论文题名、一般资料标识（如果含有各种类型的连续出版物）、著者、论文所在出版物中的页码、尺寸、斜体"In"、出版物名、版本说明、卷、期、年、月或其他标识。至于分类号的著录，也可像中编款目一样著录在款目的左上角。

　　例：

```
Class    High-tech libraries of tomorrow-today / by
no.      Thom Gillespie. — p. 46—49 ; 29 cm.
         In Library journal. — Vol. 116, no. 2 (Feb. 1991)
```

```
Class    Implementation of Segnet and its experimental
no.      performance/L. M. Lye, F. T. Yap and W. C.
         Wong. — p. 478—486; 29 cm.
         In Computer communications. — Vol. 13, no. 8
         (Oct. 1990)
```

　　这样著录出来的卡片款目既可像中文连续出版物论文索引一样单独组织分类等索引或目录,也可与中文连续出版物论文索引或目录合二为一或与西文图书目录合排。至于年度分类论文题录的编制方法,也与中文年度分类论文题录基本相同。

　　总之,中、西文连续出版物的著录工作相对来说是有限的,但是编制连续出版物论文索引或目录的工作却是无限的。我们不强调对所有的连续出版物都进行论文索引或目录的编制,但是对于重要或专业连续出版物编制论文索引或目录却是项具有十分现实意义的工作,因为它相对于专门机构编制的索引或目录更具时效性和针对性。当然在无人力、物力编制的条件下,文献机构也可将近期收到的连续出版物的目次复印或打印成册,分送到有关部门或个人,以在某种程度上弥补不编论文索引或目录的缺憾。

第九章 其他类型文献的著录

第一节 地图资料著录

一、地图资料的意义与特征

地图资料简称地图,古称舆图,舆者地也,所以狭义的地图是指按照一定的数学法则,运用符号系统概括地球上各种自然和社会经济等现象的平面图。而我国《地图资料著录规则》(以下简称《地图规则》)则将地图资料定义为"按照一定的数学原理,用形象化的符号(或影像),经过科学综合,显示地球(或其他星球)表面现象的信息载体。"按此定义,地图实指各种地面测绘图,包括描绘天体与天象的天图,以及各种立体图和地(星)球仪等。既然《地图规则》已对地图作了广义解释,所以再用"地图"(Map)二字有点名不符实。本书认为,上述概念可像 ISBD (CM)那样使用"测绘制图资料"(Cartographic materials)加以概括,并像 ISBD (CM)那样将它定义为"以各种比例显示地球或任何天体的全部或部分的一切资料,如二维和三维的地图和平面图,数字地图,航空、航海和天体图,地(天)球仪,立体图,剖面图,航空、卫星和太空摄影图,遥感影像图,图集,鸟瞰图等。"但为论述的方便,以下我们仍用"地图"简称。

地图具有以下特征,即形象直观性、地域方位性、绘制技术性和形制特殊性。

所谓形象直观性,是指地图所反映的内容直观形象、一目了然。它不仅可以直接描述出制图对象的形象特征和分布规律,还可显示这些对象在时空中的变化和发展,以及它们之间的相互关系。这些因素决定地图是政治、经济、文化、教育、军事、外交、工程技术、科学研究等领域及人类日常生活中不可缺少的文献资料。

所谓地域方位性,是指地图所反映的知识内容,分别以某一地区、某一国家或整个地(天)球表面为特定范围,通过图的形式向人们展现其中的自然或社会等现象。其图名所显示的地理范围,则是这一特征的主要表现。这一特征决定了地图在单独组织目录时,一般只编制主题目录(即地区目录)与分类目录。因为读者查阅地图,总是从某一地区或某一类目出发来查明某一地地图或某一类地图。

所谓绘制技术性,是指地图在绘制过程中为适应图形本身的特殊要求而采用的数学计算和投影技术。例如表示图上距离与地面实际距离之比的比例尺,再如将弧形球面用平面图加以表示的投影法及经纬度、等高线等标志。这一特征将地图与一般文献资料区分开来,同时也决定了地图著录时需要设一个专门的著录项目——数学数据项。

所谓形制特殊性,是指虽然有些地图具有与普通图书一样的形制(如地图集等),但也经常以挂图、折图、卷轴等形式出现,甚至是用各种材料制作的地球仪、天球仪和立体模型等。这一特征决定了地图载体形态项的著录有别于其他文献的载体形态项著录。

具有上述特征的地图资料种类繁多。从内容性质分,有行政区划图、经济物产图、地质图、地形图、航空图、星空图、海图、河道图、气候图、雨量图、水文图、矿产图、交通图、邮政图,以及人口分布图及环境状况图等;从反映的地域范围分,有世界地图、国家地图、省区地图、县市乡镇村图及地带地图等;从反映的地理时代分,有当前形势图、古代形势图、一定时期内的各种形势图等；从其用途分，有军事地图、民用地图、专业地图（如航空地图、教育地图、旅游地图）等；从地图的物质形式分，有折叶图、卷轴图、单幅图、组合图、地图集及立体图和地（天）球仪等。另外若按其比例尺分，有大比例尺（1：20 万或更大）图、中比例尺（1：20～1：100 万）图和小比例尺（小于 1：100 万）图。

二、地图资料的著录特点

ISBD(CM)和我国《地图规则》共有的地图著录项目有：

1. 图名与责任说明项；

2. 版本项；

3. 数学数据项；

4. 出版发行项；

5. 载体形态项；

6. 丛编项；

7. 附注项；

8. 标准编号与获得方式项。

我国《地图规则》另外设有提要项和排检项。其实，在卡片著录格式中，西编地图也应具有一个根查项。

地图的主要信息源是地图本身或其容器、盒套、地球仪支架，以及地图附带的文字材料或说明书，它们也可作为地图的图名与责任说明项、版本项、数学数据项、出版发行项和丛编项的规定信息源。在上述项目中凡取自地图资料以外（如书目、目录等）的信息需用"[]"括起著录，或将它们著录于附注项。

关于西文地图的卡片著录格式仍受制于其主要款目标目的选取结果。尽管文献机构的编目人员始终认为地图应选图名或主题标题作主要款目标目，但受克特编目条例的传统影响，英美两国官方编目机构制定的 AACR$_2$ 和 AACR$_2$R 一贯坚持地图应取制图者(Cartographer)为主要款目标目。我国的《西文条例》规定与前一致,即地图资料若有制图者,则应取制图者为主要款目标目(采用段落式著录格式),而不管其制图者是一个人还是团体。但若地图资料的制图者超过四个(含四个),或无制图者,则以题名为主要款目标目(采用悬行式著录格式)。

我国《地图规则》对地图所规定的通用款目卡片格式与图书通用卡片格式基本相同。即:

正图名[文献类型标识]=并列图名:副图名和说明图名文字/第一责任说明;其余责任说明. — 版次及其他版本形式/与本版有关的责任说明. — 比例说明;投影说明(坐标说明;二分点说明). — 出版地:出版者,出版期(印制地:印制者,印制期)

　数量和特定资料类型:其他形态细节;尺寸或开本十附件. — (正丛编名=并列丛编名:副丛编名和说明丛编名文字/丛编责任说明,国际标准连续出版物号;丛编编次.附属丛编名)

　附注

　标准编号:获得方式

　提要

　Ⅰ.图名Ⅱ.责任者Ⅲ.主题词Ⅳ.分类号

上述著录格式在转换成书本格式时,以及地图的整套著录、分析著录及后综合著录的卡片格式和书本格式也与普通图书相应的著录格式基本相同。

从前述中编地图的著录格式看,中、西文地图的各著录项目(数学数据项除外)所包含的各著录单元及其著录方法也与普通图书所包含的著录单元和著录方法基本相同。所以,本节仅对地图特有的著录项目——数学数据项和特殊的著录项目——载体形态项的著录单元及著录方法作些介绍。

(一)数学数据项

264

中、西文地图的数学数据项含有比例说明、投影说明、坐标说明和二分点说明四个著录单元。其中，坐标说明是选用单元。

1. 比例说明

比例说明即地图中所用的比例尺，其表示方法通常有三种：一种是数字式（又分分数式和比例式两种）；一种是文字式（即直接用文字来说明地图上的某一长度单位代表地面或空间的距离长度）；一种是线段式（即用一定长度的线段作为比例尺，说明缩小的分数，并注明其长度单位）。

比例说明是地图著录的必备著录单元，即使在图名中已含比例说明，数学数据项也应重复著录。比例说明若是数字式可统一采用比例式形式著录（"1"与分母间的"："前后不空格）；若是文字式或线段式，需将它们转换成相应的比例式形式加"[]"著录。另在中编时，对于中国古地图凡用计里划方的方法表示比例尺时，应一律照录；在西编中，比例式前还需用"Scale"或其他语言的对应词作导语。例：

1：3000000 双色中国地图 ... —1：3000000

. — Scale[1 ：63360],one in. to one mile

（注：上例文字式比例转录在比例式形式之后，前用"，"）

山东全图 ... —五里方

. — Scale［ca.1：277740］

（注：上例比例式依分度线推算得出，一方面加"[]"著录，另一方面可在前用"ca."或在后用"approx."表示）

地形模型、断面图等除有水平比例尺外，还具垂直比例尺，著录时一律先著录水平比例尺后著录垂直比例尺。垂直比例尺前一方面用"，"标识，另一方面需冠"垂直比例"、"vertical scale"或其他语言的对应词；天体图的比例，以毫米度形式的角表示；凡地图上未注比例尺，或比例尺不等时，应著"未注比例"、"Not drawn to scale"或"比例不等"、"Scale indeterminable（比例不明）"或其他语

265

言的对应词。例：

　　. — 1：744080，垂直比例 1：96000

　　. — Scale 88 mm per 1⁰

　2. 投影说明

　　投影说明是指依据某种条件，将地球椭圆球面上的点、线、面转换到平面上的方法说明。地图投影按其要求特征可分为正形投影、等积投影和任意投影；按经纬线投影后的形状可分为方位投影、圆锥投影、圆柱投影、多圆锥投影和伪圆锥投影等。

　　投影说明只用于著录世界地图、全国地图或广大地区图时方予注明，若有其他辅助说明投影法的文字（如经纬网、军事坐标网等），又实属必要可以加著于后。另外，投影说明一般只有在地图资料上载明时方予著录（前用"；"标识）。西编在著录投影说明时还可使用标准缩写。例：

　　世界地图 ... —1：5000000 ；等差分纬线多圆锥投影

　　埃及＝Egypt ... —1：2500000 ；等角圆锥投影（E25°～E41°/N 22°～N32°）

　　；conic equidistant proj. standard parallels 40° and 21°N

　3. 坐标说明和两分点说明

　　坐标说明属于选用单元，也即只有国家书目或集中编目部门发行的统编卡方予著录，其他目录可予省略。著录时，坐标说明需用"（）"括起。

　　坐标说明分地图坐标说明和天图坐标说明。地图坐标说明是为了明确依如下顺序规范的地图的最大区域限度：地图最西边～最东边的限度（以经度表示）；地图最北边～最南边的限度（以纬度表示）。经纬度均以 60 进制的度（"°"）、分（"′"）、秒（"″"）来表示。著录时，需在度、分、秒的前面加上北、南、东、西的英文大写字母（"N"、"S"、"E"、"W"或其他语言的对应词）；两组经纬度之间用"/"隔开，前后不空格；每边的经度或纬度与其对应边的经度或纬

266

度之间用"～"（中编）或"—"（西编）隔开，前后也不空格。例：

(E 79°～E86°/N20°～N12°)

(E110°30′—E120°30′/N25°15′—N22°10′)

(E15°00′00″～E17°30′45″/N1°30′12″～S2°30′35″)

(W 74°50′—W74°40′/N45°05′—N45°00′)

天图坐标说明著录图中心的赤经或图所覆盖区域的西、东赤经范围，以及图中心的赤纬或图所覆盖区域的北、南赤纬范围。赤经用"RA"或其他语言的对应词表示，其后以"小时"（"hr."）、"分"（"min."）乃至"秒"（"sec."）标记；赤纬用"Decl."或其他语言的对应词表示，其后也以"度"、"分"、"秒"标记。北天球用正号（＋），南天球用负号（一）；赤经和赤纬之间用"/"隔开，前后也不空格；著录两个赤经或两个赤纬时，每个赤经或赤纬用"to"（至）或其他语言的对应词与其所对应的赤经或赤纬相连；著录天图坐标时，也应同时著录二分点说明（二分点用一年代表示，前冠缩写词"eq."（二分点）或其他语言的对应词）。例：

(RA 16 hr. /Decl. — 23°；eq. 1950)

(RA 2 hr. /Decl. ＋30°；eq. 1950)

(RA 16 hr. 30 min. to 19 hr. 30 min. /Decl. — 16°to— 490；eq. 1950，epoch 1948)

（二）载体形态项

地图的载体形态项包含数量和特定资料标识、其他形态细节、尺寸或开本、附件四个著录单元。其中，附件为选用著示单元。

1. 数量和特定资料标识

中文地图的数量和特定资料标识著录与图书的相应著录单元规则基本相同，只是地图以幅图、面叶形式出现或一幅分切数张、散页进行函装时才按地图有关规定著录。另外，当图名不能反映地图资料类型时，根据需要可将有关地图资料标识的名称（如：地球仪、天球仪、立体模型等）著录于数量之后。例：

. —— 8 幅

. —— 78 面

. —— 1 幅分切 4 张

. —— 77 面(1 函)

. —— 1 架天球仪

. —— 1 件立体模型

西文地图的数量和特定资料标识的著录则更强调著录其特定资料标识。为此,ISBD(CM)专门设一附录作为英语国家编制特定资料标识表的基础。它们是:

Atlas   图集

Diagram   图表

Globe   地(天)球仪

Map   地图

Model   模型

Plan   平面图

Profile   纵断面图

Remote sensing image   遥感影像图

Section   横断面图

View   鸟瞰图

我国《西文条例》53～54 页则有比这更为详尽的资料标识。当然若遇数幅图载于同一版面、一幅或数幅图分为几个部分印制,或本身是一图集时,可同中编一样著录。例:

. —— 12 maps

. —— 1 globe

. —— 6 maps in 1 sheet

. —— 8 maps in 2 sheets

. —— 1 aerial chart in 6 sections

. —— 2 plans in 8 sections

. — 1 atlas（viii,286 p.）

2. 其他形态细节和尺寸

地图的其他形态细节单元依次著录地图的图幅数目（如地图集）、色彩、物质材料（纸张不著录）和支架或镶框等内容。著录时，第一形态细节前用"："标识，第二及其以后的形态细节前使用"，"。例：

. — 1 atlas：250 col. maps

. — 2 幅：彩色,拆叠加面

. — 1 relief model：col.,plastic

. — 1 架地球仪：木制

. — 1 globe：col.,plastic,mounted on wooden stand

除圆面地图之外，二维地图的尺寸一律以"长×宽"的形式著录（不论其宽度是否小于其长度）；除地（天）球仪和球体剖面图以外，三维资料的尺寸一律以"长×宽×高"的形式著录；地（天）球仪、球体剖面图及圆面二维资料均著录其直径。例：

. — 1 幅：彩色；65×40 cm

. — 2 maps：col.；60×40 cm each sheet

. — 6 幅：彩色；图廓不等

. — 1 model：col.,plastic；45×35×2 cm

. — 1 架地球仪：塑料；28 cm

第二节　标准资料著录

一、标准资料的意义与特征

广义的标准资料是指与标准化工作有关的一切文献,它包括标准形成过程中的各种档案、宣传推广标准的手册及其他出版物,以及揭示和报道标准资料信息的目录和索引等。本节所讲的标准资料是其狭义概念,即按规定程序制订,经公认权威机构(主管机关)批准的一整套在特定范围(领域)内必须执行的规格(Specification)、规则(Rules,Instruction)和技术要求(Requirement)等规范性文献。

现代标准资料产生于 20 世纪初。1901 年英国成立了第一个全国性标准化机构,并于同年颁布了第一批国家标准。此后,美、法、德、日等国相继建立全国性标准化机构,并出版了各自的国家标准。我国也于 1957 年成立了国家标准局,次年颁布了第一批国家标准(GB)。目前,国家标准中影响较大的有美国的 ANSI、英国的 BS、日本的 JIS、法国的 NF,以及前苏联的 ГОСТ 和前联邦德国的 DIN 等。而国际标准化机构中最重要、影响最大的则是 1947 年成立的国际标准化组织(ISO)和 1906 年成立的国际电工委员会(IEC),也即凡由它们制定或批准的标准一般都具有广泛的国际影响。

从文献著录的角度看,标准资料在题名、责任者和时间三个方面具有自己的特征。从题名方面看,标准名称除简短明确地反映标准化对象或标准的主题外,必要时还在标准化对象前加有说明部分,以明确它与其他类似标准的区别。标准名称一般由标准化对象的名称和所规定的技术特征两部分组成(在封面和首页一般是将两者分写成两行）。此外,在国家标准的封面和首页名称下面,一般印有其相应的外文并列名称,名称上方一般还注明标准的级别以及标准号码。这些都给还未颁布标准著录规则的标准化著录,带来难以决定是先著录标准名称还是先著录标准号或其他信息的困惑。

从责任者方面看,标准资料一般有提出者（通常由某一机构提出）、起草者（包括机构和个人）和批准或颁布者（通常由标准化组织批准或颁布）。这些都给责任说明的著录带来困惑,即哪些责任说明应著录于题名与责任说明项,哪些应著录于附注项,以及同时出现机构和个人名称时是著录机构名、个人名还是一起依次著录。另外,在实行主、附款目制的西编中,主要款目标目应当如何选取,这一问题若不先解决,势必影响到其著录格式的选用。

从时间方面看,标准资料通常具有出版日期、发布日期和实施日期等。前者著录于出版发行项,而后两者则应怎么著录？此外,标准资料应随技术的不断进步而不断更新（按惯例标准应 5 年左右修订一次）,而一旦新标准获得批准或通过,势必取代旧标准。这些应如何著录？

具有以上特征的标准资料若按其性质,可划分为技术标准和管理标准。其中,技术标准按其内容又可分为基础标准、产品标准、方法标准、安全和环保等标准;管理标准按其内容可分为技术管理标准、生产组织标准、经济管理标准、行政管理标准、管理业务标准、工作标准等。标准资料若按适用范围可划分为国际标准、区域标准、国家标准、专业（部）标准和企业标准。另外,标准资料若按其成熟程度又可划分为法定标准、推荐标准、试行标准和标准草案等。

据国际标准化组织统计,截至 1980 年,世界上已有各类标准1000 多种,75 万件,连同标准化方面的会议文件、技术报告等共达120 万件。另据我国国家级的标准资料收藏中心——国家标准局综合研究所标准文献馆统计,截至 1988 年,它已收藏国外标准资料 35 万件,并与 42 个国家和组织建立了资料交换关系。上述两个数字如果加上近十多年的发展和我国标准资料的数量,那就更多了。因此,各文献机构应结合本机构的性质、任务收集有关的标准资料,并做好编目管理工作。

二、标准资料的著录特点

如前所述,国内外目前还未颁布专门的标准资料著录规则。但据 ISBD(G) 和我国《著录总则》以及标准资料的实际,中、西文标准资料的著录项目应有:

1. 标准名称、标准号与责任说明项
2. 版本项
3. 出版发行项
4. 载体形态项
5. 附注项
6. 标准编号与获得方式项
7. 排检项(或根查项)

与普通图书相比,标准资料的著录项目不设丛编项。但中文标准资料可根据我国的著录传统,增设一个提要项。至于标准资料的主要信息源,单项标准由于篇幅短小,所以一般只有信息记载较多的封面页而无专门的题名页。但标准资料的合订本或汇编本,一般具有专门的题名页。单项标准又因篇幅短小,所以其版权页一般也印在封底页,另按《标准化工作导则 标准编写的基本规定》(GB 1.1—87) 和相应的国外标准,标准的提出者和起草者多以"附加说明"的形式刊印在标准资料的末页。就此可以规定,合订本和汇编本标准的各个著录项目的规定信息源应与普通图书同。而单项标准各个著录项目的规定信息源应包括标准资料的封面页、末页及版权页。

我国《检索期刊条目著录规则》(GB 3793－83)曾对技术标准的书本著录格式作出如下的规定。即：

> 分类号
> 顺序号 中文题名＝外文题名:标准号［标,文种］/起草者 . —出版日期. — 总页码
> 　提要。图×表×参×（文摘员）
> 主题词　　　　　　　　　　　　　　　　　　　索取号

这里需要强调的是:1.该格式将标准号视为标准名的一部分,著录在标准名之后,并用":"标识;2.该格式中的起草者包括执笔人和起草单位。

1986 年之后出版的国内编目教材,则根据我国《图书规则》的著录项目和通用款目的卡片格式,对标准资料的卡片格式规定如下:

> 标准名称 标准号［标准类型］/第一提出者,其他提出者;第一起草者,其他起草者. — 版本. — 出版地:出版者,出版期（印制地:印制者,印制期）
> 　页数;开本
> 　附注
> 　标准编号（装订）:获得方式
> 　提要
> 　Ⅰ.标准名称Ⅱ.标准号Ⅲ.主题词Ⅳ.分类号

80 年代末期,前述国家标准局综合研究所标准文献馆根据标准资料的特点、实际使用的情况以及我国《著录总则》的精神,制订出如下著录格式:

標準号及正题名＝并列题名 ：副题名及说明题名文字[文献类型标识]/第一责任者 ；其他责任者. — 版次及其他版本形式. — 发布日期 ；实施或试行日期 ；修改补充日期及修改补充次 ；确认日期 ；执行日期. — 出版地或发行地 ：出版者或发行者,出版日期或发行日期(印制地:印制者,印制日期)

页数 ；图或标样 ；尺寸或开本＋附件

附注

标准书号(装订) ：获得方式

提要

Ⅰ.题名Ⅱ.标准号Ⅲ.分类号Ⅳ.主题词

本书认为,后一格式除比前两格式除著录内容更显周全外,另具以下特点:1.此格式将前两格式中的标准名与标准号著录位置对调,符合标准资料的本身特点(即便于组织标准资料最常用的目录——标准号目录)和国际惯例(如《ISO Catalogue》这一检索工具除分类索引、主题索引和废弃标准目录外的标准序号目录,就是先著录标准号后再著录其标准名的);2.此格式将标准资料的发布日期、实施或试行日期、修改补充日期及修改补充次等(前两格式规定将它们著录于附注项)更为重要的书目信息,调前作为文献特殊细节著录,这不仅符合 ISBD(G)和我国《著录总则》的精神,而且能给目录使用者带来极大的方便,同时也使前两格式的附注项著录内容得到分流。当然,为与 ISBD(G)和《著录总则》修订稿保持一致,后一格式最好能将文献类型标识调至标准正题名后著录,分类号和主题词的著录位置最好也能互调,以与其他文献著录保持一致。 例:

GB 3792.1—83 文献著录总则［YS］＝ General bibliographical description/全国文献工作标准化技术委员会提出；全国文献工作标准化技术委员会第六分委员会起草. — 国家标准局 1983.7.2 发布；1984.4.1 实施. — 北京：中国标准出版社,1983.12

7 页；30 cm

本标准主要起草人：黄俊贵

￥0.24

本标准与 ISBD（G）内容基本一致,是制订各种文献著录标准的依据

Ⅰ.文…Ⅱ.GB 3792.1—83 Ⅲ. Ⅳ.

对于标准合订本或汇编本,由于其题名页上一般不反映所合订或汇编的标准及其号码,所以可以从题名开始著录,并无需著录文献特殊细节等内容。例：

文献工作国家标准汇编.3［YS］/全国文献工作标准化技术委员会编. — 中国标准出版社,1988.7

277 页；30 cm

ISBN 7-5066-0093-5/Z.017：Y6.65

本书汇编了 1986～87 年间国家标准局发布的 8 项文献工作领域的国家标准

Ⅰ.文…Ⅱ. Ⅲ. Ⅳ.

如果本文献机构已经收藏了上述汇编本中的所有单项标准,则可不必进行分析著录,否则应予进行。例：

GB 5798－86 中国标准书号［YS］＝ China standard book number/全国文献工作标准化技术委员会提出；第七分会"书号"小组起草.
　　//文献工作国家标准汇编. 3/全国文献工作标准化技术委员会编. —北京：中国标准出版社,1988.7. — 第 158～160 页
　　本标准的目的在于…

　　综上所述,作为重要排检点的责任者在标准资料的著录中已经显得微不足道,取而代之的是其标准号码,即使标准资料的题名,作为排检点之一其实也不那么重要了。因此,西文文献编目若以传统的"著者—题名"原则对标准资料选取主要款目标目并以此决定其主要款目的格式,就一无可能二没必要了。说它没有必要,是因为若按英美编目体系的"著者"概念及机关团体作主要款目标目的六大类型(见第七章有关内容),西文标准资料的主要款目标目应选其颁布者,但若所有的西文标准或只以 International Standardization Organization, International Electrotechnical Commission,或只是以 American National Standards Institute, British Standards Institution 等作标目,由此形成的字典式目录或责任者目录还有多大的检索意义？ 因此本教材认为,西文标准的著录也应像中文标准一样,从其标准号、标准题名一直著录到根查项(也即不必进行主要款目标目的选取)。至于西文标准的著录格式,则可借用西编中的悬行格式,因为它能使标准资料的标准号突出醒目,同时也便于组织标准号目录和标准题名目录。

第三节　非印刷型资料著录

　　本教材前面讲的普通图书、连续出版物、地图资料及标准资料

等文献统称印刷型文献,它们基本是以纸张为存贮介质,以印刷为记录手段而生产出来的文献。本节所讲的非印刷型资料,是指不按传统的印刷方式而通过现代技术手段将知识等信息记录和贮存在纸张以外的物质载体上所产生的所有文献,主要包括缩微资料、视听资料和计算机文档等。非印刷型资料虽然不像印刷型资料那样具有悠久的历史(如缩微资料和视听资料等都是19世纪末才被发明并在有限的范围内使用,而计算机文档只是本世纪60年代才被发明出来并逐步推广使用的),但在当今的文献机构,这些资料类型大有后来居上之趋势,所以我们在重视印刷型文献著录的同时,也应注意这些新型文献的著录。

一、缩微资料的著录

缩微资料指用缩微照相的方式将原始文献(含有文字等视觉符号)缩小若干倍数存储在感光材料上,并借助于专用阅读器而使用的文献。

缩微资料既包括对已有文献资料的缩摄(即缩微复制品),也包括直接以缩微制品形式出版的原始文献(即缩微件)。由于缩微复制品只是原始文献的一种特殊的载体替代形式,所以其著录项目的设置应同中、西文相应文献类型的著录项目设置。至于缩微件的著录项目,需要根据本身所记录的文献类型确定。

缩微资料的主要信息源为题名帧或题名卡,如果不能由此提供或充分提供著录信息,可将片顶能直接目读的数据视为主要信息源。在不能由主要信息源获得著录信息时,可依次根据缩微资料的其余部分、容器、附件印刷材料或任何其他来源获得著录信息,但与资料具有永久性联系的信息源应优先于与资料仅有临时性联系或容易丢失的信息源。

根据 AACR₂R 及我国《西文条例》,西文缩微复制品的主要款目著录格式取决于原始文献的主要款目标目,而缩微件的主要款目著录格式应视其本身的情况或采用段落式著录格式（即以个人或机关团体作主要款目标目），或采用悬行式著录格式（即以题名为主要款目标目）。我国《非书资料著录规则》（以下简称《非书规则》）为缩微资料所制定的卡片格式如下：

分类号　　　　　　　　　　　　　　载体代码索取号
　正题名＝并列题名 ：副题名及说明题名文字［语种］/第一责任者 ；其他责任者 .—版次及版本形式/与本版有关的责任者. — 出版发行地 ：出版发行者，出版发行期（制作地 ：制作者，制作期）
　数量 ：型号 ；缩率 ；色别＋附件. —（系列正题名分卷（集）号＝系列并列题名 ：系列副题名及说明题名文字/系列责任者，国际标准系列编号）
　附注
　标准编号 ：价格
　提要

中、西编缩微资料著录的区别和特点如下：

1. 西编在题名与责任说明项的正题名后先用"［microform］"著录一般资料标识，然后在载体形态项的第一著录单元标明其特定资料标识；而中编在书本格式的语种说明前只著录其载体代码，卡片格式由于其索取号前已著录载体代码，故在题名与责任者项不再重复。中编的载体代码和西编的特定资料标识列表如下：

缩微资料名称	中编载体代码	西编特定资料标识
开窗式缩微卡	MC	aperture card
单轴盒式缩微卷片	MD	microfilm cartridge
双轴盒式缩微卷片	MH	microfilm cassette
开盘缩微卷片	MK	microfil reel
缩微平片	MP	microfiche
缩微封套卡	MF	
缩微照片	MS	microcard
缩微印刷片	MY	microprint
缩微片条		microfilm slip

2. 缩微资料的版本、出版发行及丛编（中编称"系列"）等项著录内容依其本身的情况著录，但缩微复制品如果载有原始文献的版本、出版发行及丛编等信息，可在附注项中著录。

缩微资料的出版发行项除著录缩微资料本身的出版地、出版者和出版期外，若有制作地、制作者和制作期也可在后用"（）"予以著录；若无出版地、出版者和出版期而有印制地、印制者和印制期，可将后三者作为前三者著录。这一规则同样也适用于后面的视听资料和计算机文档的出版发行项著录。

3. 中编缩微资料的载体形态项（原名"数据规格项"）第一著录单元仅著录缩微资料的数量，其中单轴和双轴盒式缩微卷片的单位使用"盒"，开盘卷片的单位使用"盘"，其余的均使用"张"。西编载体形态项的第一著录单元为"数量及特定资料标识"，另对可数的缩微平片密度（一般以"格"（frame）表示）可用"（）"在后著录（frame 缩写成，"fr."）。例：

. — 1 卷

. — 8 张

. — 2 microfiches (147 fr.)

. — 3 microfiches（ca. 120 fr. each）

载体形态项的第二著录单元——其他形态细节著录缩微材料的负片（negative）、缩率、幅式、插图说明和色彩说明等。其中缩微资料的缩率超出标准缩率 16x—30x 范围的应予著录；开盘缩微片和缩微片条的画幅幅式分竖片（cine mode）和横片（comic mode）两种；而缩微资料的插图说明仅著录缩微件中的插图情况，缩微复制品的插图说明可在附注项中著录。例：

. — 3 卷；黑白

. — 1 microfilm reel：negative，ill.

. — 1 microfilm reel：diazo，14x，col.

. — 1 microfilm reel：cine mode

缩微资料的尺寸一般也以厘米著录其高与宽，只有缩微胶卷仅著录其宽度，并以毫米计；如果缩微平片的长度与宽度符合常规标准（即 10.5×14.5cm），可以省略著录。缩微资料另有附件，也予著录。例：

. — 20 aperture cards；9×19cm.

. — 1 microfilm cartridge；35 mm.

. — 7 张；15×14 cm.

. — 1 microfilm reel；16 mm. ＋1 v.（30 p. ：22 cm.）

二、视听资料的著录

视听资料指以磁性材料、光学材料等为记录载体，利用专门的机械装置记录与显示声音和图像的文献。视听资料包括录音资料、录像资料、投影资料及电影片等大类，但从一般的文献机构所收藏的视听资料看，主要是录音资料和录像资料两大类。

（一）录音资料的著录

录音资料从其内容可以分为音乐资料和非音乐资料两大类，其中后者又可分为现场录音资料和有声读物两种。因此，录音资料的著录项目或与乐谱资料同，或与普通图书等出版物同。

　　录音资料的主要信息源是唱片本身及其正反两面标签、录音带的容器和/或标签。如果著录信息不能由主要信息源提供，应依次根据所附的文字材料、容器和其他来源获取著录信息；如果文字材料和主要信息源所提供的信息一样，或比主要信息源所提供的信息更多更准确，则应优先选用文字材料。

　　根据 AACR$_2$R 和《西文条例》，西文音乐资料应以作曲者为主要款目标目，演唱者等为附加款目标目（这是针对一部作品及同一个人或团体的两部及其以上作品而言的。如果录音资料含有不同个人或团体的作品并有一个总题名时，根据 AACR$_2$R 的有关规定，则应由演唱者作主要款目标目，其他演唱者和/或演奏者可作附加款目标目，但演唱者超过四人或没有一个主唱者，则以题名为主要款目标目；对于含有不同个人或团体的作品而无总题名的录音资料，则以主要表演者为主要款目标目，或以第一部作品为主要款目标目，其他作品及其主要表演者可以选作附加款目标目）；现场录音资料一般应选演说者、发言者等为主要款目标目。如果录音资料属于某一演出团体，或其内容属于某一团体的自身事务或资源，也可以该机关团体名称作主要款目标目。凡以个人或团体名称为主要款目标目者，均使用段落式著录格式；以题名为主要款目标目者，均使用悬行式著录格式。至于西文有声读物，则参照普通图书等的标目原则选取主要款目标目及其著录格式。我国《非书规则》对录音资料所制订的著录格式如下。即：

```
分类号                              载体代码索取号
   正题名＝并列题名：副题名及说明题名文字［语种］/第一责任
者；其他责任者. — 版次及版本形式/与本版有关的责任者. — 出
版发行地：出版发行者,出版发行期(制作地：制作者,制作期)
   数量(实际播放时间)：材质；长度；转速；声响＋附件. —（系
列正题名分卷(集)号＝系列并列题名：系列副题名及说明题名文
字/系列责任者,国际标准系列编号)
   附注
   标准编号：价格(商标名称)
   提要
```

中、西编录音资料著录的区别和特点如下：

1. 西编在题名与责任说明项的正题名后先用"［sound re-cording］"著录一般资料标识,然后在载体形态项的第一著录单元标明其特定资料标识；而中编这方面的著录同前缩微资料的著录。中编的载体代码和西编的特定资料标识列表如下：

录音资料名称	中编载体代码	西编特定资料标识
盒式循环录音带	AX	(sound) cartridge
盒式录音带	AH	(sound) cassette
开盘录音带	AK	(sound) reel
唱片	AP	(sound) disc

表中"sound"加圆括号表示可著录可不著录。

2. 中编录音资料的载体形态项(原名"数量规格项")第一著录单元著录录音资料的数量及实际播放时间。前者的数量单位或用"盒"(用于盒式循环带和盒式录音带),或用"盘"(用于开盘录音带),或用"张"(用于唱片)；后者则以"分"、"秒"计,其中分以"'"标识,秒以"″"标识,并在数量后用"()"括起著录。西编载体形态项的第一著录单元为"数量及特定资料标识",另在其后也应用"()"著录实际播放时间,但其"分"、"秒"习惯使用缩写词"min."和"sec."。例:

. — 1 盒(50′30″)

. — 1 disc (50 min.)

. — 1 tape reel (ca. 90 min.)

载体形态项的第二著录单元——其他形态细节一般只著录录音资料的转速和声道数。其中录音带以"ips"(ips 即 inches per second)为单位著录其转速(即每秒运转多少英寸),唱片以,"rpm"(rpm 即 revolutions per minute)为单位著录其转速(即每分钟多少转);声道数则分别选用"单声道"(mono.)、"立体声"(stereo)和"四声道"(quad.)著录。例:

. — 1 tape reel (16 min.):7 1/2 ips

. — 1 disc (45 min.):33 1/3 rpm

. — 1 disc (56 min.):stereo

. — 2 discs (66 min.):33 1/3 rpm, mono.,stereo

录音资料的尺寸,中编规定盒式磁带以"分"计其长度(如"60′"、"90′"等),开盘磁带以"米"计其长度(如"360 m"),唱片则以"厘米"计其直径(如"17.5 cm"、"25 cm"等);而西编则统一以"英寸"(in.)著录盒式磁带的外形尺寸(长×宽)和宽度、开盘磁带的直径和磁带宽度,以及唱片的直径,其中盒式磁带的外形尺寸和宽度、开盘磁带的宽度若属标准规格可不著。录音资料另有附件,也应在后著录。例:

. — 1 cassette (85 min.):mono.;7 1/4×3 1/2in.,1/4 in. tape

. — 1 tape reel (60 min.);7 1/2 ips, mono.;7 in.,1/2 in. tape

. — 5 discs : 33 1/3 rpm, stereo. ; 10－12 in.

. — 1 disc (50 min.) : 33 1/3 rpm, stereo. ; 12 in. ＋
1pamphlet (11 p. : col. ill. ; 32 cm)

3. 录音资料的标准编号应根据其产地分别著录中国标准音像制品编号(China Standard Recording Code,简称 CSRC)和国际标准音像制品编号(International Standard Recording Code,简称 ISRC),ISRC 由国际标准化组织第 46 技术委员会(即 ISO/TC46)负责研制,1986 年正式颁布为国际标准,它由 12 个包括拉丁字母和阿拉伯数字的字符组成。例:

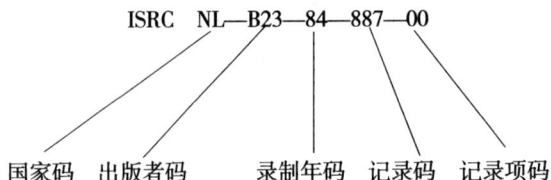

ISRC NL—B23—84—887—00

国家码　出版者码　　录制年码　记录码　记录项码

其中,国家码采用双字母的国际标准代码;出版者码用 3 个字符(包括字母与数字)表示;录制年码由录制年份的最后两位阿拉伯数字表示;记录码用 4 位或 3 位数字表示(一年内按出版顺序分配);记录项码指一种录音制品中每一独立节目的代码,用 1~2 个数字表示(其中的"0"或"00"表示一录音制品的整体记录项码)。CSRC 则根据 GB 13396－92 制定,它的前半部分即 ISRC,后半部分则由视听资料的载体代码和《中图法》分类号两部分组成,中间用"."分隔。著录时连贯著录。例:

. —ISRC CN－X05－93－0004－0/A. H

由于 ISRC 和 CSRC 是识别录音、录像或音像混合资料的标准代码,所以在著录录像资料的标准编号时也应按此规定著录。

(二)录像资料的著录

录像资料按其载体形式主要分为录像带和激光录像盘两类。

284

其著录项目的设置与录音资料大同小异。

录像资料的主要信息源应是录像资料本身,尤其是其片头部分。如果从主要信息源上不能获取著录信息,则应依次从录像资料上的标签、所附的文字材料、容器或其他来源中获取著录信息。

对于具有多种责任方式,并难以从中确定主要责任者的录像资料,根据 AACR₂R 和《西文条例》,应以题名为主要款目标目,并以悬行格式著录。但若录像资料为一人所编、导、摄,或一人所拍的专题纪录片,则应以该责任者为主要款目标目,并以段落格式著录。符合机关团体作主要款目的录像资料,也可以该机关团体名称作主要款目标目,并也以段落格式著录。我国《非书规则》对录像资料所制定的著录格式如下:

分类号　　　　　　　　　　　　　　　　载体代码索取号
　正题名＝并列题名 :副题名及说明题名文字[语种]/第一责任者 ;其他责任者. — 版次及版本形式/与本版有关的责任者.—出版发行地 :出版发行者,出版发行期(制作地 :制作者,制作期)
　数量(实际播放时间):型号 ;长度 ;制式 ;色别 ;声响＋附件.
— (系列正题名分卷(集)号＝系列并列题名 :系列副题名及说明题名文字/系列责任者,国际标准系列编号)
　附注
　标准编号 :价格(商标名称)
　提要

中、西文录像资料著录的区别与特点如下:

1. 西编在题名与责任说明项的正题名后先用"[videorecording]"著录录像资料的一般资料标识,然后在载体形态项的第一著录单元标明其特定资料标识;而中编这方面的著录也同前录音资料的著录。中编的载体代码和西编的特定资料标识列表如下:

录像资料名称	中编载体代码	西编特定资料标识
盒式循环录像带	VX	videocartridge
盒式录像带	VH	videocassette
开盘录像带	VK	videoreel
激光录像盘	VP	videodisc

2. 中编录像资料的载体形态项（原名"数量规格项"）第一著录单元也是著录数量及实际播放时间。其中，录像资料的数量单位或用"盒"（用于盒式循环录像带和盒式录像带），或用"盘"（用于开盘录像带），或用"张"（用于激光录像盘）；录像资料实际播放时间的著录规则与前述中编录音资料同。西编载体形态项的第一著录单元的名称及其著录方法，也与前述西编录音资料同。例：

. —1 盒(45′)

. — 1 videoreel (75 min.)

. — 1 videodisc (ca. 50 min.)

载体形态项的第二著录单元——其他形态细节主要著录录像资料的声响、色别和制式等内容。录像资料的声响分有声（西编用"sd."表示）和无声（西编用"si."表示），其中无声也可省略著录；录像资料的色别分彩色（西编用"col."表示）和黑白（西编用"b&w"表示）；制式则分 PAL（我国大陆和香港等国家和地区采用）、NTSC（美国、加拿大和日本等国家和地区采用）、SECAM（前苏联及东欧国家和地区采用）等。例：

. — 1 videoreel (15 min.):sd.

. —1 盒(45′):彩色,PAL

. — 1 videocassette (24 min.) : sd. , b&w with col. introductory sequence

录像资料的尺寸，中编规定录像带以"英寸"著录其宽度，录像盘则以"cm."著录其直径；西编则统一规定使用"in."分别著录录

286

像带的宽度和录像盘的直径。录像资料另有附件,也应予以著录。例:

. — 1 videodics (ca. 20 min.) : sd. ,b&w ; 8 in

. — 1 盒(45′):彩色,PAL;3/4 英寸

. — 1 videodics (38 min.) : sd. ,col. ; 12 in. +1teacher's guide

三、计算机文档的著录

计算机文档是指专供计算机识读、受控运行和加工处理数据的特殊编码形式的资料。70 年代之前,文献机构中的微机应用不太普遍,以数字形式记录的文献也还不多,所以当时的 ISBD(NBM),AACR$_2$ 以及后来我国以其作蓝本而编制的《西文条例》都只将它作为非书资料的一种而纳入自己的标准和条例,并命名为"Machine-readable data files"(机读数据文档)。1985 年我国颁布的《非书规则》也是如此,只不过改用了"机读件"(Machine-readable data)这个术语而已。

进入 80 年代,文献机构中的微机应用大为广泛,微机文档也层出不穷,不用说专业文献机构,就在一般的文献机构中也收藏了许多如数字型音像资料以及微机软件等新型的文献载体。为了适应这一新的情况,AACR$_2$R 全面改写了 AACR$_2$ 原来第 9 章的内容,并将原有的章节名称改之为"Computer files"(计算机文档)。1990 年,IFLA 编目委员会专门编制的《国际标准书目著录(计算机文档)》(简称"ISBD(CF)")也正式颁布问世。

计算机文档从其所包括的类型来说主要有三种:一是作为计算机加工对象的数据类(Computer data),二是控制计算机自身运行的程序类(Computer program (s)),三是前两者兼而有之的数据和程序类(Computer data and program(s))。从此情况看,它不包括如运算器一类的电子器件,但计算机程序文档中则应包括计

算机目的程序文档(Computer object program(s))。为了反映计算机文档的这一特征,AACR$_2$R 和 ISBD(CF)特将 ISBD(G)的资料(或出版物类型)专用项改作适用于计算机文档著录用的"文档特征项"(File characteristics area)。也即计算机文档的著录比缩微资料和视听资料多一著录项目。

过去由于机读数据文档时常没有固定于特定的载体,因此造成机读数据文档著录的主要信息源不像图书等文献的主要信息源那么规范。对此,AACR$_2$R 对计算机文档的主要信息源采取了如下一条原则:即在内信息源(Internal sources)上提供了正规信息的前提下应以内信息源为准(内信息源首先是指题名屏(Title screen(s)),其次是主菜单(Main menus)和程序语句说明(Program statement);若无法从内信息源中得到信息,则应依次取自文档载体及其标签、文档文件和由出版发行者在包装容器上所印的文字材料。

西编中,计算机文档与其他非印刷型资料著录一样,可以著者或题名作主要款目标目(分别使用段落式和悬行式著录格式)。从著者做主要款目标目的情况看,一是计算机文档的程序编制者,二是符合团体作主要款目标目的机关团体(只有计算机文档的数据和程序全部属于该团体时)。我国《非书规则》对机读件所制订的卡片格式如下:

分类号　　　　　　　　　　　　　　载体代码索取号

　正题名＝并列题名 ：副题名及说明题名文字［数据或程序］/第一责任者；其他责任者. — 版次及版本形式/与本版有关的责任者. — 出版发行地：出版发行者，出版发行期（制作地 ：制作者，制作期）

　数量 ：直径 ；长度或宽度 ；信息道 ；密度 ；校验＋附件. —（系列正题名分卷（集）号＝系列并列题名 ：系列副题名及说明题名文字/系列责任者，国际标准系列编号）

　附注

　标准编号：价格

　提要

中、西编计算机文档著录的区别与特点如下 ：

1. 西编在题名与责任说明项的正题名后先用"［Computer file］"著录计算机文档的一般资料标识，然后在载体形态项的第一著录单元标明其特定资料标识；而中编这方面的著录同前录像资料的著录。中编的载体代码和西编的特定资料标识列表如下（见290 页）。

290 页表中"computer"加圆括号表示可著录可不著录。

2. 计算机文档的类型，中编置于题名与责任说明项的题名部分最后著录，而西编现在则将其著录在文档特征项。$AACR_2R$ 还将在计算机文档中获得的有关信息，在此项文档类型后用"（）"具体著录其文档（File）数、记录（Record）数或语句（Statement）数。

①数据文档及记录和/或字节（Bytes）数的著录：

. — Computer data (1 file ：350 records)

. — Computer data (550 records)

. — Computer data (1 file ：600 records,2400 bytes)

计算机文档名称	中编载体代码	西编特定资料标识
穿孔带	RC	
穿孔卡	RK	
计算机磁盘	RP	(computer) disk
计算机磁带	RD	
匣式计算机磁带		(computer) cartridge
盒式计算机磁带		(computer) cassette
卷式计算机磁带		(computer) reel
计算机光盘		(computer) laser optical disk

②程序文档及语句和/或字节数的著录：

. — Computer program (1 file：200 statements)

. — Computer program (2150 statements)

③对于多部分组成的计算机文档，应在文档数后具体著录出每一文档的记录（或语句）和/或字节数。例：

. — Computer data (3 files：100,460,550 records)

. — Computer programs (2 files：4300,1250 bytes)

. — Computer data (2 files：ca. 330 records each)

. — Computer data (2 files：800,1250 records) and programs (3 files：7260,3490,5076 bytes)

如果上述文档单元数量不能简明地著录，此项内容可以略去，但若认为重要而一定要著录，可在附注项中补著。

3. 中编计算机文档的载体形态项（原名"数量规格项"）第一著录单元著录计算机文档的数量，其中磁盘的数量单位为"盘组"或"片"，磁带和穿孔带的数量单位为"盘"，穿孔卡的数量单位为"张"。西编载体形态项的第一著录单元也仅著录计算机文档的数量及特定资料标识。例：

.——1盒

.——2 disks

.——3 laser optical disk

载体形态项的第二著录单位——其他形态细节主要著录计算机文档的声响和色别,以及磁道和密度。其中,中、西编的声响和色别与录像资料的声响和色别著录同。例:

.——1 disk：col.

.——1 tape reel：sd.，col.

.——1盒：9道,800 bpi

载体形态项的第三著录单元——尺寸同样应根据计算机文档所用载体的不同而采用不同的著录方法。如对计算机磁盘和光盘以"in."为单位著录其直径;匣式计算机磁带以"in."著录其匣子的长度;盒式计算机磁带以"in."为单位著录其盒子的长度与宽度;卷式计算机磁带则不用著录尺寸。计算机文档的其他物质载体尺寸可用"cm."著录。如果计算机文档是由两个及其以上的载体组成,且尺寸大小不一时,可同时著录出其最小和最大尺寸。计算机文档另有附件,也应在后著录。例:

.——1 disk：col.；5 1/4 in.

.——1 chip cartridge；3 1/2 in.

.——1 cassette；3 7/8×2 1/2 in.

.——1 card；9×6cm.

.——3 disks；3 1/2—5 1/4 in.

.——1 disk：col.，3 1/2 in.＋1 v.(51p.：ill.；20 cm.)

4.在对计算机文档的附注项著录时,AACR$_2$R 新设了一个附注内容——系统要求(System requirements),并将它作为首条附注内容反映。系统要求附注可提供使用计算机文档的先决条件,它包括名称、型号、存贮器的容量、机器数值、操作系统名称、软件要求及计算机外围设备、硬件等内容。在 AACR$_2$R 中,此条附注

规定要用统一的导语"System requirements:"引出。例:

. — System requirements: 48k RAM ; Aplle Disk II with controller ; col. monitor

. — System requirements: Commodore Super PET SP 9000 ; 64k ; Commodore BASIC, version 4. 0 ; dual disk drive

. — System requirements: IBM PC or 100% compatible ; 218k ; DOS 1. 1 to DOS 2. 1

第十章　标目的参照与控制

第一节　标目参照法

一、参照法的意义与著录格式

文献编目的第一步是文献著录，其结果是完成了通用款目（中编）和主要款目（西编）的编制；第二步是款目检索点的选取及其标目，其结果是完成了文献的完全著录，即形成了各种排检用款目和其他辅助款目（含各种综合款目和分析款目）。但在目录组织之前，它还不能解决以下问题：1.由于编目员选用的标目是经过加工的规范标目（即统一标目），但如果读者不是从统一标目，而是以从题名页或其他信息源上获取的责任者和/或题名形式来查找文献怎么办？以及读者不是从编目员所取的标目首词来查找文献怎么办？2.虽然文献的责任者和/或题名形式大多就是统一标目形式，但有些文献的责任者和/或题名另有其他的统一标目形式，怎样才能把事实上的同一责任者和/或题名形式联系起来以扩大读者的检索途径？3.目录组织是依特定文字的特定字顺以及有关目录组织的规则进行款目排列的，但如果读者不知道标目选取的有关原则或款目排列的有关通则怎么办？这些就是本节通过参照法所要解决的问题。

参照法（简称"参照"，References，又称"引见法"或"参见法"）

是目录组织中反映标目、标目之间以及目录组织等原则的手段,按其性质可分为单纯参照(See references)、相关参照(See also references)和说明参照(Explanatory references)三种。其著录格式分别如下:

(一)单纯参照著录格式

```
不用作标目的名称或题名或主题词或分类号
  见(See)
用作标目的名称或题名或主题词或分类号
  附注
```

(二)相关参照著录格式

```
 用作标目的名称或题名或主题词或分类号
   参见(see also)
 另一用作标目的名称或题名或主题词或分类号
    附注
```

(三)说明参照著录格式

```
 说明项目
   说明文字


```

以上格式,中编从卡片自上往下的 1.5 cm 从左往右的 2.5 cm 处开始著录;西编从卡片自上往下的第四行从左往右的第九格或十一格开始著录。参照内容不多时,"见"或"see","参见"或

"see also"的上下可各空一行。

通过以上三种格式可以看出,参照法的作用大致包括:1.指引读者从不用作标目的词或类号去查找用作标目的词或类号;2.揭示某一标目或目录与另一标目或目录的关系与联系;3.说明文献统一标目的有关原则与各种目录组织的有关规定。有学者认为,参照不以反映检索对象的具体内容与形式特征为目的,所以不能将其称作为"款目"而只能称之为"片"。这种划分其实并无多大的实际意义。

二、各种参照的具体编制

参照若按其内容,也可分为个人著者参照、团体名称参照、文献题名参照、文献主题词参照和文献分类号参照。本书仅对前三种参照举例说明。

(一)个人著者参照按其性质可分为单纯参照、相关参照和说明参照三种。

1.个人著者单纯参照包括著者不同名称、名称的不同形式及不同的标目首词的参照。例:

周树人
　见
鲁迅
Saint-Aubin,Horace de
　see
Balzac,Honoré de
韬奋
　见
邹韬奋
Lewis,C. Day-
　see

Day-Lewis，C.

西编中，用于著者名称的参照中还应包括一类特殊的参照，即名称/题名参照（Name-title references）。例：

Ashe，Gordon

　　The croaker

　　see

Creasey，John

Lu Hsun

Ah Q cheng chuan. English

see

Lu Xun

A Q zheng zhuan. English

2. 个人著者相关参照：

茅盾

　　参见

沈雁冰

沈雁冰

　　参见

茅盾

Innes，Michael

　　see also

Stewart，J. I. M.

Stewart，J. I. M.

　　see also

Innes，Michael

3. 个人著者说明参照一般用于同一个著者以三个及其以上的名称标目的情况。例：

马克·吐温（Mark Twain）

本馆也按下列形式标目：

吐温，马克（Twain，Mark）

克莱门斯，塞缪尔·兰霍恩（ Clemens，Samuel Lang-
horne)

Gustaf Adolf，King of Sweden

Kings of Sweden with this name are entered in a single
sequence of all the kings of Sweden with the first name
Gustaf，e. g.，

Gustaf Ⅰ Vasa，King of Sweden

Gustaf Ⅱ，Adolf，King of Sweden

Gustaf Ⅲ，King of Sweden

同时应为"吐温，马克"、"克莱门斯，塞缪尔·兰霍恩"及
"Gustaf Vasa，King of Sweden"等作一类似的说明参照。另在西
编中，还可针对各种分写的姓氏前缀作一参照，以说明目录组织中
这些前缀的排列。例：

De la

Some names beginning with this prefix are also entered
under La(e. g.，La Bretèque，Pierre de)and others under
the name following the prefix (e. g.，Torre，Marie de la).

编制这一参照的同时，也应为"La"作一类似参照。

（二）团体名称参照按其性质也分为单纯参照、相关参照和说
明参照三种。

1. 团体名称单纯参照包括会议的一般名称和特定名称、团体
名称的不同形式、词首字母缩略词、数字、缩写词、不同的标目形式
等参照。例：

Nutrition Symposium (1953 ：University of Toronto)

 see

Symposium on Protein. Metabolism (1953 ：University of

Toronto）

中国作家协会

见

全国作协

U. N. E. S. C. O.

see

Unesco

二十一世纪出版社

见

21 世纪出版社

Sankt Annen-Museum

see

St. Annen-Museum

北京图书馆中文采编部中文编目组

见

北京图书馆中文编目组

中、西编尤其是西编中,用于团体名称的参照还应包括地理名称的参照。例:

锡兰(Seylon)

见

斯里兰卡(Sri Lanka)

Aix-la-Chapelle (Germany)

see

Aachen (Germany)

2. 团体名称相关参照:

东北图书馆

参见

辽宁省图书馆

辽宁省图书馆

参见

东北图书馆

British Iron and Steel Research Association

see also

Iron and Steel Institute

Iron and Steel Institute

see also

British Iron and Steel Research Association

3. 机关团体说明参照一般包括标目范围和数个标目等参照。例：

中国人民解放军

简称著录为"解放军"。例：中国人民解放军总政治部,简称著录为"解放军总政治部"。请从"解"字查起。各军、各兵种、军事院校及各地方军区也是如此。

Pennsylvania State University

see also the earlier heading

Pennsylvania State College

Agricultural College of Pennsylvania

Farmers' High School

另在西编中,还经常需对首字母缩略词作一说明参照。例：

N. A. T. O.

see North Atlantic Treaty Organization

Whenthese initials occur in a title or other heading without spaces or full stops, they are filed as a single word.

并同时要为"NATO"作一类似的说明参照。

(三)题名参照按其性质也分为单纯参照、相关参照、说明参照三种。

1. 题名单纯参照：

石头记

　见

红楼梦

Yih King

　see

Yi Jing

2. 题名相关参照：

奥德赛

　参见

奥德修纪

奥德修纪

　参见

奥德赛

Klage

　see also

Nibelungenlied

Nibelungenlied

　see also

Klage

3. 题名说明参照：

最新实用

　凡题名以冠词"最新实用"四字开始的,请从其后的实质性题名查起。如查《最新实用时装裁剪》请从"时"字查起。

Arabian nights

　For separately published parts of this collection, see Ali Baba

Sindbad the sailor

［etc.］

以上各类参照的编制一定要以其实用性和经济性为原则。有些附加款目可以替代参照的功能,应尽量采用附加的方法。如李行健、刘叔新编著的《怎样使用词语》修订后出第二版时改名为《词语的知识和应用》,如果馆里两个版本均已收藏,在对后者编目时与其作一"词语的知识和应用 参见 怎样使用词语"这一相关参照,倒不如编一以"怎样使用词语"为标目的附加款目更加实用;如果馆里只收藏后一版本,对其编目时与其作一"怎样使用词语 见 词语的知识和应用"这一单纯参照,也不如编一以"怎样使用词语"为标目的附加款目更加实用。因为参照不以揭示文献内容和形式特征为目的,且没有索取号的记载,所以读者通过它既无法了解该文献的内容和特征,而且也无法"一次到位"地进行索取。何况参照需要另行编制,而附加方法只需多印一张款目进行标目即可,因而也更经济。

相反,对某些多题名多版本的文献,若做一张适当的参照既可替代许多附加款目,又能给检索者带来许多方便。例:

Hamlet

For editions of this work，see

Shakespeare，William

Hamlet

第二节 标目的规范控制

一、规范档及其款目著录格式

前一节通过各种参照的编制,编目工作有效地解决了不用作标目的词和类号与用作标目的词和类号之间的查检问题、一统一标目和目录与另一统一标目和目录之间的联系问题，以及怎样向读者提供统一标目原则和目录组织规则等问题。但是作为馆员，在为读者提供检索方便的同时，也需将所确定的统一标目及其编制的各种单纯参照和相关参照记录在案，以对各种标目进行有效的规范控制。

我国《西文条例》曾对这种规范控制提出过编制参照记录卡（References record card）的方法，其著录格式如下：

```
    作为标目的规范名称

    ×    名称
    ×    名称
    ××    名称
    ××    名称
```

这一格式也从卡片自上往下的第四行自左往右的第九格或十一格开始著录作为标目的规范名称（即统一标目），移行时往右再缩进四格；空一行后著录"×"和／或"××"，其中"×"表示"见自"（See from），"××"表示"参见自"（See also from），"×"和"××"后面接着分别著录"见自"的名称（即不用作标目的词）和"参见自"的名称（即另一用作标目的词），"见自"的名称和"参见自"的名称前需空一格。通过这一参照记录卡可以看出，它的作用相当于款目中的排检项，即将目录中已作的有关单纯参照和相关参照集中起来成为编目工作的情况记录。若将一批这样的记录卡及其相应的参照（含说明参照）按照特定文字的特定字顺组织起来，即可形成为统一款目标目而制作备查的文档——规范档。

规范档若按 IFLA1984 年颁布的《规范与参照款目规则》（即GARE）可分为：1. 名称规范档（统一作为目录标目的个人、机关团体名称和标目中使用的行政区域名称及统一题名）；2.丛编规范档（统一作为目录标目的丛编名称，并记录丛编综合或分散著录的处理方法）；3.主题规范档（统一作为目录标目的主题词）。本教材仅对第一种规范档（重点是个人著者和团体名称的规范档）进行阐述。

如前所述，规范档由规范款目（即参照记录卡）、参照款目（即单纯参照和相关参照）和一般说明款目（即说明参照）组成。根据GARE，它们新用的标识符及著录格式如下：

（一）规范款目著录格式

```
规范标目
    ＝并列标目
标目说明
    〈单纯参照根查
    《相关参照根查
编目员注释
编目机构名称 ；编目条例或标准，日期
国际标准规范数据号
```

（二）参照款目著录格式分单纯参照和相关参照两种格式。

1.单纯参照著录格式

```
参照标目
标目附注
    说明语
    〉统一标目
```

2.相关参照著录格式

303

```
参照标目
标目附注
　说明语
　》统一标目
```

（三）一般说明款目著录格式

```
说明标目
标目附注
编目机构名称 ；编目条例或标准,日期
国际标准规范数据号
```

二、规范与参照款目的具体编制

（一）规范款目的编制

根据著录单元的归类,规范款目的著录项目有规范标目项、标目说明项、单纯参照根查项、相关参照根查项、编目员注释项、数据来源项和国际标准规范数据号项。

1. 规范标目项

规范标目项包括规范标目和并列标目两个著录单元,但后者只用于使用一种以上官方语言的国家的文献机构,著录时前用"＝"标识。规范标目项中的规范标目即个人著者、机关团体(包括会议名称,下同)或文献题名的统一标目形式。与款目的统一标目一样,规范标目项中的规范标目后也可加著各种附加成分,以区别形式相同但实质不一的个人著者、机关团体或文献题名的规范标目。例:

肖红(1911～1942,女,现代小说家)

Milne,A. A. (Alan Alexander),1941—

中国中医研究院图书情报研究所

Friedrich Witte（Firm）

红楼梦

Juliana（Middle English）

2. 标目说明项

标目说明项主要用于说明或解释规范标目与参照根查之间的关系，其内容包括说明或解释两个或两个以上个人姓名标目之间的关系、机构及其名称的沿革变化、分卷（册）题名标目与文献总题名标目之间的关系等。例：

易戈羊

汤甲荣、戴祖谋、麦群忠三人合用之笔名

Queen, Ellery.

The joint pseudonym of Frederic Dannay and Manfred Lee

中国中医研究院图书情报研究所

由原中医研究院图书馆、情报研究室、中医古籍出版社
1983 年合并而成

Great Britain. Ministry of Technology.

This ministry was set up in 1965 and incorporated the
Ministry of Power and…

3. 单纯参照根查项

从理论上讲，单纯参照根查项既可以著录本馆已作单纯参照的非统一标目的个人著者、团体名称或文献题名，也可以著录读者可能进行查找的非统一标目的个人著者、团体书称或文献题名，但作为具体馆的规范档一般只需著录前者，至多再将著者本名、团体原名或文献初版名置前著录出来。例：

肖红（1911～1942，女，现代小说家）

〈张迺莹［原名］

〈悄吟［曾用名］

Orwell，Goerge.

   〈Blair，Eric Arthur［real name］

Pittsburgh Research Center.

   〈Pittsburgh (Pa.). Pittsburgh Research Center

   〈United States. Bureau of Mines. Pittsburgh Research
    Center.

红楼梦

   〈石头记

   〈金玉缘

4. 相关参照根查项

相关参照根查项著录本馆目录中另一用作统一标目的个人著者、团体名称或文献题名。例：

茅盾(1896～1981)

   〈郎损［笔名］

   《沈雁冰

Stewart，J. I. M.

   《 Innes，Michael

中国情报文献工作标准化技术委员会

   《全国文献工作标准化技术委员会［原名］

Great Britain. Board of Trade.

   《Great Britain. Department of Trade and industry.

   《Great Britain. Department of Trade.

5. 编目员注释项

编目员注释项著录与确定统一标目有关的信息来源、具体编目规则应用的参照、标目使用的限定、相似个人名称或机构名称标目的区分，以及对名称的形式提供选择等方面的说明，其作用是帮助编目员使用与修订统一标目或确定相关标目。其中，有关信息的来源应充分利用现有的各种工具书(如百科全书、传记和地理词典等)及各种参考资料(如书目、传记书目、书评索引及有关报刊等)。例：

董毅(1943～)

毋与清代词作家董毅相混

Hobbs,Jack,1926—

Author's letter

东亚运动会(1993：上海)

该运动会会员册

Safety Research Center

Found：Its Research and Development Activities,1969/70—

6. 数据来源项

数据来源项著录该规范款目的编制机构、建立统一标目所依据的编目条例或标准,以及款目编制的日期。其中,编制机构一般使用国际上易于识别的名称形式,如 British Library, Library of Congress,国内编目机构名称的代码可暂用《全国联合目录参加单位代码方案》中的中文简称(中编)和汉语拼音简称(西编)；编目条例或标准一般使用其简称,如 Anglo-American cataloguing rules (Second edition)使用 $AACR_2$ 替代,国内标准可使用其国标号码或其他规定代码,如按北京图书馆的《规范数据款目著录规则(草案)》,《图书规则》、《连续规则》、《地图规则》、《非书规则》及《西文条例》的代码分别是 BDM, BDS, BDCM, BDNM 及 CRWM(另据规定,《汉语主题词表》和《美国国会图书馆主题标题表》的代码为 CT 和 LC)；编制日期可按 ISO 2041—71 或 GB 2801—83 规定的全数字日期表示法著录,规范款目进行修改后,应以最新的一次修改日期取代原来的日期,并在其前加上"改"或"rev."。例：

上海图书馆 ；BDM,1994-03-25

LC ；$AACR_2$,rev. 1981-04-09

7. 国际标准规范数据号项

国际标准规范数据号项仅著录国际标准规范数据号（International Standard Authority Data Number，简称 ISADN），ISADN 是专为便于国际间规范数据交换与控制之需要分配给规范款目的唯一标识号，目前此号在国际范围内的分配尚未完成。今后一旦分配采用，则需在该项处著录，即先著录 ISADN，空一格后著录具体编号。目前，该项可先著录"ISADN"标识（见下面英文例）或在该处著录由地区或国家编目机构所配的规范款目编号（见 309 页中文例），前冠分配机构代码。

 a. 英文规范款目：

Pittsburgh Research Center.

 〈Pittsburgh（Pa.）. Pittsburgh Research Center.
 〈Pittsburgh（Pa.）. Research Center
 《United States. Bureau of Mines. Pittsburgh. Research Center
 《Pittsburgh Mining and Safety Research Center

Found：Its Practical ignition problems related to intrinsic safety，1980 ：t. p.（Pittsburgh Research Center，Pittsburgh，Pa.）caption t. p.（U. S. Department of Interior，Bureau of Mines，Pittsburgh Research Center，Pittsburgh，Pa.）

Phone call to Bureau of Mines publications office，1/23/80（The name of the Pittsburgh Mining and Safety Research Center was changed to Pittsburgh Research Center in 1977）

Library of Congress ；AACR₂，1981-04-09

ISADN

---

b. 中文规范款目：

```
茅盾(1896～1981)
原名沈德鸿,字雁冰
 〈郎损[笔名]
 〈玄珠[笔名]
 〈沈余[笔名]
 《沈雁冰
中国现代文学家辞典
上海图书馆 ;BDM, 1994-03-25
ST A94—10678
```

(二)参照款目与一般说明款目的编制

1. 参照款目的编制

规范档中的参照款目,如前所述,包括单纯参照款目和相关参照款目。这两种参照款目均由以下著录项目组成,即参照标目项、标目附注项和统一标目项。其中,参照标目项和标目附注项的著录内容和著录方法与规范款目头两项的著录内容和著录方法基本相同;而统一标目项中的统一标目前的说明语,若是"见"(see)或"参见"(see also)可予省略,其他的则根据需要著录。其实这种参照与前一节所讲的单纯参照和相关参照基本相同,只是著录格式不同和使用了另外的标识符。下面对前举两例规范款目所应作的单纯参照款目和相关参照款目各举一例：

a. 单纯参照款目

郎损(1896～1981)

原名沈德鸿,字雁冰

 〉茅盾

Pittsburgh (Pa.). Pittsburgh Research Center.

〉Pittsburgh Research Center

b. 相关参照款目

茅盾（1896～1981）

原名沈德鸿，字雁冰

〉〉沈雁冰

Pittsburgh Mining and Safety Research Center Search also
under the later heading

〉〉Pittsburgh Research Center

2. 一般说明款目的编制

规范档中的一般说明款目由以下著录项目组成，即说明标目
项、标目附注项、数据来源项和国际标准规范数据号项。其中，前
两项的著录内容和著录方法与前一节中的说明参照完全相同，后
两项的著录内容和著录方法与规范款目中的后两项完全相同。换
言之，一般说明款目是在说明参照的基础上加上规范款目的后两
项内容构成的。例：

Von

Names beginning with this prefix are entered under the
part following the prefix when the person's language is
Dutch, German or Scandinavian. In other cases entry is
under the prefix.

National Library of Canada/Bibliothéque nationale du
Canada ；AACR$_2$,1985－09－30

ISADN

中华人民共和国国务院各部

凡中华人民共和国国务院所属各部编著的文献，请从该部
名称查起。例如，"中华人民共和国文化部"所著的文
献，请从"文"字查找，"中华人民共和国国家教育委员
会"，请从"国"字查找。

北京图书馆;BDM,1990-03-17

BT A23410523

由于规范档中的参照款目、一般说明款目与目录中的三种参照大同小异,所以具体编制时产生如下两种选择,即分别编制或按同一种方法编制。分别编制的好处是能在目录中保持与原有参照的一致性,缺点是费力且制作成本高。而按同一种方法编制的优缺点正好与上相反,但也存在两种选择,即按原来参照的形式编制或按 GARE 或相应的国内规则(如北京图书馆的《规范数据款目著录规则(草案)》)编制。若按前一种形式统一编制虽然能与目录中原有的参照保持一致,但规范档却难以达到标准;而按有关标准或规则统一编制,其优缺点与上正好相反。本教材认为,这两类款目应以有关标准或规则统一编制为好,这不仅省时省力,而且能够达到标准化要求。至于目录中原有的参照,可采取逐步更换的方法逐步解决。

三、规范档的建立及与目录之间的联系方法

规范款目中的规范标目、参照款目中的参照标目以及一般说明款目中的说明标目,既是各自款目的第一著录项目,同时也是规范档的款目排列依据。按照特定文字的特定字顺及有关目录组织规则将规范款目、参照款目及一般说明款目排列起来,即可形成为统一款目标目而制作备查的文档——规范档。

组织规范档的同时,也是检查款目数据的合法性(Legality of data)、格式的合法性(Legality of format)、数据的准确性(Accuracy of data)、格式的准确性(Accuracy of format)及数据的完备性(Comprehensiveness of data)的契机。只有保证每条款目的高质量,才能编出高质量的规范档。另在组织规范档时,还需高度重视款目标目的唯一性问题。因为在为某一著者、机关团体或文献题名选择统一标目时,难以发现它与其他著者、机关团体或文献题名

的统一标目形式相同,而在组织规范档时就很容易发现这类问题。这时应对各自的标目形式进行附加说明,以致最终区分开来。其中,个人著者和机关团体统一标目的附加说明同前;而对标目形式相同的统一题名,在其后面加著各自的出版者附加说明是最能加以区分的方法之一。

如前所述,规范档是一编目工作的情况记录,理应属于只供馆员使用的编目工具。根据美国伊诺斯州立大学伯格(Robert H. Burger)的归纳,规范档与文献目录的联系方式大致存在以下四种:

1.目录与规范档各自组织、各成系统,而且两者之间没有联系,即目录款目的统一标目不一定使用规范档中的规范标目,规范档中的规范标目对于款目的统一标目只起参考作用,因而规范档不对目录标目起规范控制作用。这种联系方式,稍不注意也会出现在书目文档与规范文档之间。其实在这两种情况下,规范档形同虚设,失去了存在的必要,是我们需要注意的问题之一。

2.规范款目、参照款目和一般说明款目编制出来后不单独组织成规范档,而是作为公务目录的组成部分分别组织到公务目录中。这种联系方法不太适合于分立式公务目录,同时也不利于规范款目的管理与维护。其中最重要的是不利于馆员的使用,因为规范档不仅供编目人员使用(这是主要的),同时也适合采访人员、参考馆员和特殊读者的使用,但若它与公务目录一起组织就不便使用了。

3.规范档与目录各自组织、各成系统,但是两者之间联系紧密,也即目录款目中的统一标目必须采用规范档中的规范标目。但规范档单独组织时需要考虑以下两个问题:一是规范档的放置位置要便于所有使用和维护规范档的人员;二要配备足够大的空间,以适应随时间而不断增长的规范档扩展。规范档应用专门的抽屉存放,而且应做到井井有条、清洁整齐。

4. 在编制机读目录和机读文档的情况下,规范文档与书目文档之间通过电子链针经过 ISADN 而自动连接。目前,这种联系方式可谓最好的联系方式,因为一旦规范档中的某一标目进行修改(这是经常发生的)后,与之相连的书目文档中的有关标目也会自动得到修改。而在第三种联系方式中,则需人工逐条修改,因而修订、维护目录和规范档的工作显得十分繁琐和艰巨。

总之,在使用计算机编目时应尽量采用第四种联系,而在手工编目的情况下目前应提倡和推广第三种联系方式,尽管这种联系方式还存在着许多不尽人意的地方。最后需要强调的是:尽管建立规范档的意义和作用十分巨大,但在目前情况下切忌盲目上马、一哄而上。众多的中、小型文献机构完全可以采取"拿来主义"的方针,即使一些大型文献机构,也应采取"一馆为主、各馆补充"的方针,否则不仅造成浪费(建档工作是项需要耗费大量人力物力的工作),而且弄不好将会适得其反。

第十一章　字顺目录组织与目录体系建设

第一节　字顺目录的种类与作用

一、字顺目录的种类

字顺目录（Alphabetical catalogue）是按用作标目的文献题名、责任者和主题词的特定字顺并按有关目录组织规则组织而成的目录。从编制方法上，字顺目录可以按款目标目所揭示的不同文献特征区分为题名目录、责任者目录和主题目录三种，也即构成通常所讲的分立式目录（Divided catalogue）。在国外，有些文献机构将主题目录单列，而将责任者目录（著录目录）与题名目录合二为一，构成责任者（著者）题名目录（Author/Title catalogue）；在国内，有些文献机构将责任者目录单列，而将题名目录和主题目录合二为一，构成题名主题目录（Title/Subject catalogue）。这些都是分立式目录的变体。分立式字顺目录，一般较适用于文献数量较多的文献机构。

分立式目录具有检索途径明确、款目数量较少等优点，但也存在检索途径分散、标目相同的同一文献款目不能省略等缺陷。为此，若将题名目录、责任者目录和主题目录合三为一，就可构成通常所讲的字典式目录（Dictionary catalogue）。字典式目录兼有从题名、责任者和主题三种途径检索文献的职能，并具有检索程序简洁、相关文献集中等优点。另外,当同一文献的题名和主题或责任者名称相同时,还可省去其中的主题或题名或责任者款目。但这种字顺目录,一般较适用于文献数量较少的文献机构。

二、字顺目录的作用

与分类目录相比,字顺目录具有以下三大作用:

1. 满足读者"以字求书"或"以词求书"的检索需求。组织字顺目录的目的,就是从文献特征所题文字的排列顺序方面,向读者揭示馆藏文献,所以读者只要掌握了某一文献的题名、责任者和主题信息,就能进行检索。

2. 能向读者提供广泛的检索途径。字顺目录不仅能从题名方面提供检索途径,而且能从责任者和主题方面提供检索途径;不仅能从主要题名、主要责任者和第一主题词方面提供检索途径,而且能从附加题名、附加责任者和第二、第三主题方面提供检索途径。

3. 能向馆员全面反映文献收藏与编目状况。字顺目录的这一作用,主要通过分立式公务题名目录(中编)或责任者目录(西编)关于业务注记的详细记载来实现。在公务目录的款目背面,一般记有某种文献不同复本或不同卷册的财产登记号、每册文献初次分配的馆藏地点、流动情况及破损、丢失、交换等的记录。

第二节　中文字顺目录组织法

一、主要汉字排检法简介

所谓汉字排检法,是将汉字(包括复词)按照一定规则有序化的方法。它能使每个汉字都有固定的位置,并能准确地排入和检出。

汉字由于集形音义为一体,且形体结构较为复杂,致使汉字排检法的种类繁多,仅据刘国钧先生1957年主编的《图书馆目录》一书统计,当时全国图书馆中使用的汉字排检法就达120多种。另据黄俊贵先生1990年执笔的《汉字与汉字排检方法》一书估计,目前汉字排检法方案已发表和未发表的竟达数百种之多。但在文献机构中主要使用的汉字排检法只有四角号码法、笔画笔形法和汉语拼音音序法三种。

(一)四角号码法

四角号码法是将每个汉字看作一个方块,按汉字四个角的笔形结构配以一定的数字号码,然后再依号码的顺序从小到大依次进行排检的方法。其中,笔形以楷书字为依据,一共归纳成头、横、垂、点、叉、插、方、角、八、小十类,分别配以0~9十个数字,其口诀是:1横2垂3点捺,4叉5串方框6,7角8八9是小,点下有横变0头。配号时按每个字的四角笔形,依左上、右上、左下、右下四角顺序构成一组四位数号码。

例如,"太"、"犬"、"士"、"土"、"义"、"人"、"八"七字的号码分别是4003(太)、4380(犬),4010(士、土),4000(义)和8000(人、八)。从上例几字就可看出,四角号码的重号现象较多。虽然同码字根据规则可以另取"附号"区分,但也只能起到减少重号现象而不能完全消除重号现象,如用 4010_0 号虽然能将"士"、"土"两字与"左"、"盍"、"盉"等字(号码为 4010_2),"圭"、"奎"、"皇"等字(号码为 4010_4),"查"(号码为 4010_6)和"壹"(号码为 4010_8)等字区分开来,但却不能将"士"和"土"以及"圹"三字区分开来。号码8000也是如此。

其次,四角号码本身还有新、旧之分,加之广大读者对它不甚了解,以及号码本身要受汉字字形变化的影响等因素,决定了它不太适用于计算机汉字排检和组织读者字顺目录。但其优点是见字

316

配号、排检速度快,所以在我国的文献机构目前还有些以它来组织公务字顺目录。

(二)笔画笔形法

所谓笔画笔形法,即将汉字先按笔画多少排序,笔画相同者再依笔形先后次第,所以是笔画和笔形结合使用的一种汉字排检法。计算笔画时,从落笔至抬笔为一笔,如"工"字为三笔,"马"字也为三笔。至于笔形顺序,则有"、一丨丿→"、"一丨、丿→"和"一丨丿、→"等多种。根据国家标准《文字条目通用排序规则》(GB/T13418-92)的规定,笔画相同时,应按后一种笔形(即"一丨丿、→")排序;如果笔形也相同,再依汉字在《信息交换用汉字编码字符集(基本集)》(GB 2312-80)中的编码值从小到大排列。但在目前的文献机构中,笔画相同时,则多用第一种笔形(即"、一丨丿→")排序;如果笔形也相同,再依"上、下、短、长、离、接、交"的原则次第(此原则也适用于笔画和头笔笔形相同的第二及其以后的笔形次第)。为了兼顾历史,下面我们以后一种方法举例说明。

例如"太"、"犬"、"士"、"土"、"义"、"人"、"八"七字在目录里的顺序正好与之相反,即应"八"、"人"、"义"、"土"、"士"、"犬"、"太"。因为"八"、"人"、"义"三个字笔画均为2画,所以排列在前;"土"和"士"笔画均为3画,所以排列在中;而"犬"和"太"笔画均为4画,所以排列在后。至于"八"1"人"2"义"3排序,是因为它们两笔次第符合上述的"先离再接后交"原则;至于"土"1"士"2排序,是因为它们的第一笔符合上述的"先短后长"原则;至于"犬"1"太"2排序,是因为它们的第四笔符合上述的"先上后下"原则。

笔画笔形法的最大优点是通俗易用,较适用于普通话不够普及和/或方言较为严重的地区的文献机构组织文献目录。缺点是:1.书写习惯因人而异,难以计算笔画规范字形;2.计算笔画费时费工,目录的排检效率低慢;3.受汉字简化影响,款目位置的确定性较差。

（三）汉语拼音音序法

所谓汉语拼音音序法，指将汉字先按《汉语拼音方案》拼音，然后再依字母或音节顺序排检的方法。这种排检法（无论是先拼音后依字母顺序排还是先拼音后依音节顺序排），一不能将同音字（如"棉"、"绵"、"眠"和"分"、"雾"、"芬"等）区别开来，二对词组或短语排检时容易分隔同一音节或字形的汉字。

例：

序号	先拼音后依字母顺序排	先拼音后依音节顺序排
1	miánbèi （棉被）	fēnbié （分别）
2	miánchóu （绵绸）	fēnfù （吩咐）
3	miánmǎ （绵马）	fēnluàn （纷乱）
4	miánxù （棉絮）	fēnsàn （分散）

为了既照顾汉字的读音又照顾汉字的字形，使读音相同书写一致的汉字得以集中，文献机构普遍使用的方法是在先拼音后依音节顺序排的基础上，再辅之以笔画笔形法，也即每个汉字排列时先以声母与韵母所拼写的音节为序，音节相同者，再依声调的"阴、阳、上、去"四声排；音节声调相同者，再依汉字的笔画笔形排。这种排检方法，实质应称"汉语拼音形序法"。虽然它的步骤复杂一点，但却能使读音相同书写一致的汉字得以集中。

例：

序号	先　拼　音　后　形　序	
1	fēnbié（分别）	miánchóu（绵绸）
2	fēnsàn（分散）	miánmǎ（绵马）
3	fēnfù（吩咐）	miánbèi（棉被）
4	fēnluàn（纷乱）	miánxù（棉絮）

汉语拼音形序法的主要优点是：1.汉字排列比较严谨、精确、自然；2.群众基础好，排检速度较快效果较好；3.语音的变化慢于字形的变化，款目位置的确定性较强。最主要的是，1982年国际标准化组织已发 ISO－7098 文件，明确规定《汉语拼音方案》是世界文献工作中用于拼写汉语的国际标准，ISDS 的我国分支机构（设在北京图书馆）在将我国连续出版物信息输入 ISDS 国际中心数据库时，其刊名就是按汉语拼音输入的，所以这种方法具有广阔的发展前景。但是使用这种方法进行目录组织，要求馆员的责任性较强，读者的语文水平较高，否则很易引起排检上的混乱（如一些多音字的排检）。

二、中文字顺目录组织规则

无论使用笔画笔形法还是使用拼音形序法，至多解决单个汉字的排序问题，但是文献的题名和责任者名称以单个汉字出现的情况很少（题名如《飘》、《家》、《春》、《秋》等，责任者名称如"迅"、"干"、"瘦"、"敖"等），而且经常出现题名和责任者名称完全相同的情况。这些需要通过有关的目录组织规则加以解决。在国外，早有这方面的国家标准出现（一般兼顾机读目录的排序）。国际标准化组织也于1983年公布了文献目录排档的国际标准《文献目录排档原则》，为使原则具体化，1985年它还公布了一份技术报告《文献目录排档规则》。这些都为世界各国不同文种的文献目录排档提供了共同遵守的依据。鉴于我国目前类似的标准才刚颁布及不够细化，以下的目录组织规则的阐述仅是参考性的。由于规则精神同样适用于笔画笔形法和拼音形序法，所以例子均以后者排序。

（一）题名目录组织规则

1. 先按题名标目首字字顺排列，首字相同再依次排比第二字、第三字，依次类推；题名标目内的标点符号忽略不计，但有破折号的应排在相应无破折号的后面；方括号内的汉字一律照排。例：

回想昨天

回忆长征路上的红军战士

回忆方志敏

雷达兵的眼睛

雷达——兵的眼睛

雷达、气象知识

[雷达气象知识]基础

2. 题名标目以"第"字开始,或题名中间有"第"字出现,无论其后的数字是汉字数字、阿拉伯数字、罗马数字,均按其数值大小排。但若汉字数字并非出现在"第"字之后,则应按其拼音形序排。例:

第一届人民代表大会记实

第 3 次太空相遇

日本第 2 次人口普查

日本第Ⅳ次工业调整

三个火枪手

四库全书总目

一代风流

3. 正题名相同,有副题名的则依副题名拼音形序排,无副题名但有编次和/或时间概念的文字(包括汉字、汉字数字或其他数字),则按正题名后的编次和/或时间顺序的先后排。例:

祥林嫂

祥林嫂:电影剧本

祥林嫂:越剧剧本

科技文献检索.上

科技文献检索.下

英国殖民统治:18 世纪

英国殖民统治:19 世纪

4. 题名标目完全相同,按责任者名称字顺排;责任者名称也相同,按出版者名称字顺排;无责任者和出版者的相同题名标目,排在有责任者和出版者的前面。例:

科学社会主义原理. — 1985

科学社会主义原理/李大成编著

科学社会主义原理/上海大学文学院编

三家巷/欧阳山著. — 花城出版社

三家巷/欧阳山著. — 人民文学出版社

5. 题名标目相同,责任者和出版者名称也相同,可按版次或出版期的顺序排(主要用于社会科学著作),或按版次或出版期的反序排(主要用于自然科学著作)。例:

法学知识手册. — 1 版

法学知识手册. — 修订本

计算机原理. — 1993.5

计算机原理. — 1989.2

6. 以非汉字数字或公元纪年(包括汉字公元纪年)以及外文字母打头的题名标目(包括在题名中出现的类似情况),《文字条目通用排序规则》为了便于信息处理,要求依据国家标准《信息交换用汉字编码字符集(基本集)》中字符的排列顺序排列,即:空格—序号—阿拉伯数码—拉丁字母(大写、小写)—日文假名(平假名、片假名)—希腊字母—俄文字母—汉字。例:

1991 年出版年鉴

2000 年后的世界人口

COBOL 程序设计

PASCAL 语言

β 和 γ 放射性

ГКБ 在国外的活动

关于 FORTRAN 几篇译文的研究

关于四国外长柏林会议结果的声明

但在我国文献机构中,对以非汉字数字或公元纪年(包括汉字公元纪年)以及外文字母打头的题名,目前大多是按以下顺序排列:汉字—拉丁字母—俄文字母—其他外文字母—罗马数字—阿拉伯数字—公元纪年(汉字、阿拉伯数字公元纪年均按时间先后顺序混排,下同);或:汉字—罗马数字—阿拉伯数字—公元纪年—拉丁字母—俄文字母—其他外文字母。出现在题名中的非汉字数字等,也按上述规定执行,只是排在相应汉字后面(如《中国 TOFEL 考试情况分析》排在所有以"中国"二字打头的汉字题名后);至于同一处出现两个及其以上的同类情况,也按相应数字或字母的顺序排。

(二)责任者目录组织规则

1. 我国责任者名称,无论是个人著者名称还是团体责任者名称,均先排比第一字,若第一字相同,再依次排比第二、第三字,依次类推。责任者名称前或名称中的非汉字数字及外文字母也按前述题名方法处理。例:

刘亚男

刘亚洲

刘一宁

上海人民出版社

武汉大学出版社

武汉大学法律系

3M 公司

2. 翻译文献的外国责任者,无论是个人著者名称还是团体责任者名称,也按第一条规则排;外国个人著者汉译姓氏相同,按其姓名字母顺序排,无姓名原文者,排在有姓名原文者前。例:

斯大林问题研究所

斯大林著作编辑室

斯诺

斯诺(Snow,E.)

斯诺(Snow,L.)

斯诺(Snowe,L.)

3.古今中外责任者名称同,则中国责任者名称排在外国责任者名称前;同一国家名称相同的责任者再依今古顺序排,同时代的责任者则依生卒年排。例:

李达(1945~　　)

李达(1901~1973)

李达(清)

李达(法)

美国问题研究所

美国问题研究所(日)

美国问题研究所(苏丹)

4.同一责任者的款目,按其题名字顺排;题名相同,按其出版者名称排;出版者名称也相同,则依版次或出版期顺序排(主要用于社会科学著作),或按版次或出版期的反序排(主要用于自然科学著作)。例:

鲁迅・阿Q正传

鲁迅・孔乙己

鲁迅・狂人日记

鲁迅・药

欧阳山・苦斗:花城出版社

欧阳山・苦斗:人民文学出版社

杨鑫南・当代英语变迁

杨鑫南・当代英语变迁・修订本

三、参照片的组织与目录的引导工作

字顺目录的主要组成部分是馆藏文献的主要题名款目、主要责任者款目和第一主题词款目,以及各种附加题名款目、附加责任者款目及第二、第三等主题款目(包括各种分析款目和综合款目),但也包括各种参照片。参照片依其规范标目和参照标目进行排序,其中相关参照和说明参照一般排在有关题名、责任者、主题标目的之后或之前。

目录的引导工作主要包括以下工作:

1. 编写目录指导片

目录指导片简称导片,又称指引卡、导卡,是为揭示目录排列结构或为突出重要内容而在卡片目录中使用的一种上有凸起部分(称为"导耳")的卡片。前者的导耳部分用于题写题名、责任者及主题中的某个单字、几个单字或一个词组,作用是向读者显示目录的顺序结构,以方便读者的检索,所以称之为"一般指导片";后者的导耳部分用于题写重要文献题名、知名责任者或重要主题词,作用是向读者推荐目录中的重要内容,以引起读者的兴趣,所以称之为"特殊指导片"。

指导片根据导耳部分与卡片宽度之比,可分全耳导片、二分导片、三分导片和五分导片。后三种导片又可根据其导耳所处的位置分为左位导片、中位导片和右位导片。选用导耳的长度取决于导片所题的内容和指示的层次级别,内容较少或较下的层次使用较窄的导耳标示,内容较多或较上的层次使用较宽的导耳标示。指导片一般以 30 张款目设置一张为宜,导耳部分应从左往右依次错开,以方便读者的浏览。

2. 题写目录屉标号

卡片目录组织在一种特制的抽屉里,为了反映每一抽屉里的具体内容,字顺目录可将本抽屉起讫的音节、声调或笔画、笔形及

相应的汉字、词组题写在每一抽屉的屉标处。另外,目录厅里的目录抽屉馆员和读者会经常抽出使用,为了在归还时不发生混淆,需要在每个屉标和屉架的有关部位标明屉号。

如果一个目录厅内同时设置不同语种和/或不同类型文献的目录,为使目录抽屉归放有序,还应在每个屉标和屉架的有关部位标明语种和/或文献类型。

3. 张贴目录使用说明

如前所述,目前文献机构所用的汉字排检法和目录组织规则不尽相同,为使读者较快较好地掌握本馆所用的汉字排检法和有关目录组织规则,很有必要在目录厅的醒目处张贴有关目录的使用说明。目录的使用说明应与屉标和目录中的说明参照衔接。一般而言,目录的使用说明只需介绍本馆目录所用的排检法及主要目录组织规则。这项工作应与目录咨询和用户教育工作发生联系。

第三节 西文字顺目录组织法

我国 1961 年出版的《西文普通图书著录条例》虽然主要是讲各种著录规则,但也没有忽视西文图书字顺目录的排检规则,如在该条例的附录五中,共用 3 章篇幅分别讲了西文图书字顺目录的排检通则、著者(含个人著者、机关团体著者、会议名称著者)目录的排列,以及书名目录的排列。但以 AACR$_2$ 为蓝本编制的《西文条例》却存在与中编标准相同的不足,即虽然它的篇幅有了很大增加,但却没了关于字顺目录的组织规则,这不能不说是一很大的缺憾。

编目工作一是文献著录、二是目录组织,因此目录组织规则应与文献著录规则进行匹配。在这方面,国外许多国家的做法值得我们借鉴。如美国克特的《印刷本字典式目录条例》几乎包括了整个编目工作流程的内容，自然也少不了目录组织规则。再如美国图书馆协会1941年在对原 AA 条例修改后出了一个 ALA 编目草案(1949 年正式出版)，由于原先 AA 条例就没有关于目录组织的内容，所以次年美国图书馆协会就出版了《美国图书馆协会排卡条例》(ALA Rules for Filing Catalog Cards)与之匹配。1967 年，AACR 问世，次年美国图书馆协会又将前一排卡条例修改出了第二版，目的也是与 AACR 匹配使用。到了 1978 年 AACR₂ 问世，美国图书馆协会又编制出既适合手排又适合机排的款目排比方法——《ALA 排比法》(ALA Filing Rules)。所以本书的西文字顺目录组织的内容主要以介绍后一内容为主。

一、款目排比单位及其界定

西文目录中的款目书目信息主要是由拉丁字母的词构成，而这种文字结构较之方块汉字简单，因而它的排检方法也相对地较为单一简便，即只需从字母的顺序进行排检即可。但从字母的顺序进行排检，也可使用两种大同小异的排检方法。

1. 逐字母排检法

逐字母排检法(Letter by letter filing)又称"一贯排检法"(All through filing)或"实体排检法"(Solid filing)，它以文字的字母为单位，字母与字母相比，然后再严格按照该字母的顺序排列。以拉丁字母为例：

Newark

New Berlin

New Boston

Newburg

New Hampton

New Haven

Newish

New Jersey

New Mexico

Newport

New York

New Zealand

从上例可看出,逐字母排检法不需考虑词的切分,较易处理某些切分形式尚未固定的词,如单词 press mark 和 pressmark 的排列位置总在一起。但缺点是用这种方法不能将形式相同的词予以集中,也不太适合一般人的检索习惯。所以尽管它的规则简单、排列方便,但一般只用于某些工具书的词条排列(如《英国百科全书》和《科列尔百科全书》等),而不大在字顺目录组织中使用。

2. 逐词排检法

逐词排检法(Word by word filing),顾名思义,即以词为单位,逐词相比,依次排列,所以也被称为"无在有前排检法"(Nothing before something filing)。换言之,它先考虑词的切分,然后依据词的字母的顺序排列单词。若将上例按照此法排列则成如下顺序:

New Berlin

New Boston

New Hampton

New Haven

New Jersey

New Mexico

New York

New Zealand

Newark

Newburg

Newish

Newport

从上例可以看出,逐词排检法的优缺点正好与逐字母排检法相反。此法规则虽然复杂,但能集中形式切分明确的词(这在西方各语言中占绝大多数),也较适合一般人的检索习惯,所以既能用于工具书的词条排例(如《美国百科全书》和《世界图书》等),也更适合文献机构字顺目录的组织。这一点可由以下事实作证:《美国图书馆协会排片条例》第一版时曾将逐字母排检法作为选用方法,但到第二版时已将逐字母排检法删去。

"词"的概念往往只使人们理解为由单个字母或两个及其以上的字母构成的自然语言词。在字顺目录中,款目排比的单位的确也多是自然语言的词,但是也有的款目排比单位是由单个或两个及其以上的数字(包括阿拉伯数字和罗马数字)、标记(如￥、＄＄等)或符号(如％,∞等)组成,也有的款目排比单位是由字母与数字(如 3M Company)、字母与标记(如 X—rays)或字母与符号(如 E∞ring spaces)组成。所以从严格意义上说,款目的排比单位不应是词(Word),而应是字符串(Character strings)。

字符串在一般情况是由空格、逗号、句号、冒号和分号等常用标点符号自然界定的,但为方便款目排比,另外规定凡有破折号、连字符、斜撇号、删节号和各种括号等非常用标点符号出现时,也被认为是对字符串的界定。例:

O, Chae-ho(相当于:O Chae ho)

U. N. E. S. C. O. (相当于:U N E S C O)

ELH:a journal of English…(相当于:ELH a journal of English)

Life;a book for young men(相当于:Life a book for young men)

B—t—n,Richard(相当于:B t n Ricahrd)

File—as—is（相当于：File as is）

OAU/STRC（相当于：OAU STRC）

B……ch，A.（相当于：B ch A）

二、款目排比基本规则

款目排比单位界定之后，接着就应考虑款目排比单位的排比准则。所谓排比准则，是指排比单位据以建立先后次序的原则，即规定各排比单位的排比值（排比值指排比单位在排比序列中的相对位置顺序）。西文字符串的排比值规定为：标识符号—数字—字母。也即字符串为字母或数字或标记符号时，它们的排列顺序是先标记符号、再数字、后字母。据此，以下先分别介绍一下其排比基本规则：

1. 标记符号（包括标点符号）若是非字母系统的标记和符号，无论它是整个字符串还是一字符串的组成部分，也无论它是出现在一段字符串之首、之中或之尾，原则上不参加排比（连词符号"&"除外）。例：

$ $ $ and sence

B……ch，A.

Boy′s Odyssey

Boy′s of 1812

Christmas Carol

＊＊＊，countess of

E∞ring spaces

¥ $ £ exchange tables

Exchange torque

2. 当一字符串为连词符号"&"时，则应以其所连接的文字之文种所对应的连接词形式进行排比。如一段字符串为 A&B poetry 时，应以 A and B poetry 进行排比。"&"除英语以外的连接词形式为：

法　　　语	et（拉丁语也用"et"）
德　　　语	und
西 班 牙 语	y（后面单词以"i"或"hi"开头，前为"é"）
荷 兰 语	en
意 大 利 语	e（后面单词以"e"开头，前为"ed"；葡萄牙语只用"e"）
波 兰 语	i
罗马尼亚语	si
丹 麦 语	og（挪威语也用"og"）
瑞 典 语	och

3. 由数字构成的字符串，一般以其数值大小（如 5 排在 13 和 20 之前）排在文字字母之前；非阿拉伯数字写法的数字，应作为与其相等的阿拉伯数字排（如"XV"排作 15）；位于字符上方或下方的数字应看作一般数字分开排（如 1_3 看作是 13；CO_2 看作是 CO2）；为阅读方便而加在数字中的标点（如 1,000 中的逗号）排比时除去不计，但另作他用时则应视为空格（如 1993/94 应作 1993 94 排）。例：

3 point 2 and what goes with it

$ 10 a week

XIX century church architecture

20 humorous stories

1918,the last act

5,000-and 10,000-year star catalogs

The 5,000 fingers of Dr. T

Louis XV et sa cour

Louis XVI und Empire

4. 由拉丁字母构成的字符串，排在由数字构成的字符串后；

330

字母字符串内部按拉丁字母顺序逐字母排比,两个字母字符串相同,再排比第二及其后面的字符串;字母字符串中的大写字母和小写字母排比值相同。例:

100 American short stories

A-5 rocket

A. J. S. motorcycle

A priori arguments

Aarhus，Denmark

OAU/STRC

OAU today

One hundred years of brewing

5. 字母字符串中其他语种的变音符号、重音符号、分音符号、发音符号及拉丁字母上面和下面的点和线,一律不予考虑,均按其原形字母顺序排;某些特殊的修饰字母或字符,应转换成相等的英文字母排。例:

字符	排比值	字符	排比值
æ	ae	ơ	o
đ	d	ø	o
ð	d	œ	oe
ı	i	þ	th
ł	l	ɥ	u

三、款目排比特殊规则

1. 首冠词若属个人名称、团体名称或地理名称的组成部分(如 An American，The Times，The Glen（N. Y.）等),或用作数字(如法文的 un 或 une,德文的 ein 或 eine 等)时,则进行排比;除此之外的首冠词,包括题名及主题词前的首冠词,均不参加排比。

331

作为首冠词的冠词除英语的 the,a,an 外,西文主要语种的冠词列表如下:

语种	冠词(包括定冠词和不定冠词)
法　　　语	le la l' les un une
德　　　语	der die das ein eine
西 班 牙 语	el la lo los las un uno unos una unas
荷　兰　语	de een eene het't
意 大 利 语	it lo la i gli le l' gl' un un' una uno
葡 萄 牙 语	o a os as um uma
罗 马 尼 亚 语	l le un o
匈 牙 利 语	a az egy

2. 前缀属于人名或地名的组成部分,若单独分写则作为独立的字符串排比;若与人名或地名连写在一起(包括使用无空格的省略号"'"),则与整个名称一起组成字符串进行排比。例:

Darby,William

D'Arcy,Ella

Dard,Alfred

De Alberti,Amelia

De,Harinath

Macbeth Gallery,New York

McLaren,Jack

M'Ilvaine,William

3. 以缩写形式出现的字符串(包括常用词汇缩写、首字母缩写和缩略语等不同形式),一般按缩写词的字面形式进行排比。但个人姓名年代前后所用的 b.,d.,fl.,ca. 或? 及责任者名称后的责任标识 comp.,ed.,ill.,tr. 等缩写词不予排比。例:

Dokter,Raphael

Dr. Austin's guests

IBM

IBM 1130/800

Smith,fl. 1641

Smith,C. C. ,d. 1896

Smith,C. C. ,b. 1914—

4. 含有小数的数字,先按小数点前的整数数值大小排比,小数点前的整数相同再按小数点后的小数数值大小排比;小数点前若无整数则排在整数 1 前。含有分数的数字,也先按分数前的整数数值大小排比,分数前的整数相同再按整数后的分数分子数值大小排比;分数的分子与前面的整数无论有否空格,均应视为空格,分子与分母之间的斜线等于空格,分子相同再按分母的数值大小排比。例:

.300 Vickers machine gun mechanism…

'.45—70' vifles

1:0 für Dich

1 3/4 yards of silk

1 3/5 is 1. 6

1.3 acres

1/3 of an inch

3. 2 beer for all

5. 题名中的日期或年代,若用文字表示则按字母顺序排比,若用数字表示则按数字数值大小排比(如 25-6-1965 排在 1990 之前);概括性或以文字表示的年代,以该年代所覆盖的完整日期排比(如 19th century 按 1800—1899 排)。个人名称标目后的生卒年,公元前(B. C.)的排在公元后(A. D.)的年代前;公元前的生卒年由大到小倒序排,公元后的生卒年由小到大顺序排。例:

Smith,John,1620? —1679

Smith,John,1620－1680

Smith,John,b. 1847

Smith,John,d. 1856

Smith,John,1887－1950

Smith,John,fl. 1905

四、款目信息排比层次

以上从款目标目的一个字符串排比讲到整个标目形式的排比,但若整个标目(包括责任者标目和题名标目)形式相同,西编也同中编一样可按标目形式的以下层次进行排比。考虑到国内绝大多数的文献机构西文目录采用分立式目录,故分别进行讲解。

(一)责任者目录排比层次

1. 以责任者作标目的主要款目,按标目名称、题名至出版发行期的层次逐一进行排比。

2. 以责任者主要款目为基础的责任者附加款目,其款目排比层次同前,只是标目名称从原来著者主要标目形式改由著者附加标目形式。

3. 以题名主要款目为基础的责任者附加款目,按责任者附加款目标目、作该主要款目标目的题名至出版发行期的层次逐一进行排比。

4. 以责任者主要款目或以题名主要款目为基础的名称/题名附加款目,用名称/题名附加标目代替责任者主要款目或题名主要款目中的主要标目进行排比。

(二)题名目录款目排比层次

1. 题名主要款目包括以统一题名中的标准题名为主要标目的款目,按题名至出版发行期的层次逐一进行款目排比。

2. 以题名主要款目或标准题名主要款目为基础的题名附加款目,其排比层次直接是附加款目题名至出版发行期。

3. 以责任者主要款目为基础的题名附加款目,其排比层次依次是附加款目题名、主要款目责任者标目至出版发行期(题名省略不排)。

4. 以责任者主要款目或题名主要款目为基础的主题或丛编附加款目,均从附加标目开始排比,不必省略主要款目的任何排比因素。

以上两种目录的参照和指导片及整个目录的引导工作可参照中编有关内容进行。

第四节 文献机构的目录体系建设

一、目录体系的意义及其确立依据

文献机构的目录体系是指文献机构所确立的目录种类及其相互补充、相互联系的有机整体。可见它与标目概念一样,属于手工编目范畴。广义的目录体系包括反映馆藏文献的各种基本目录和某些反映非馆藏文献的书目资料(即其他馆的馆藏文献目录及其他特种书目资料);狭义的目录体系专指文献机构自行编制的反映本机构馆藏文献的目录,包括前述按文种、按文献类型、按揭示藏书的范围、按目录使用的对象、按目录的检索途径、按目录的载体形态等方面而划分出来的种种目录。从我国目前的手工编目情况看,文献机构的目录体系拟作狭义理解。而从编目工作的发展趋势看,又可将它视为广义理解。但不管怎么看,反映馆藏文献的各种目录应是文献机构目录体系的主体。

文献机构目录种类及其相互关系的处理,不能一概而论、硬性规定。而应根据各机构的具体情况实事求是地确定。但一个文献机构的目录体系必须具备科学性和稳定性。所谓科学性,是指设置各种切合本机构具体情况的目录,并正确而科学地处理好各种目录之间的关系;所谓稳定性,是指文献机构目录体系一经确定,必须要在一个相当长的时期内保持稳定,切忌盲目增加和随意减少。一般而言,目录体系的确定因素主要有以下几点:

1. 文献机构的类型和任务。不同类型的文献机构,其目录体系也是不同的,如地区图书馆就不同于研究图书馆,也不同于高校图书馆,因为它们各有自己的读者群。另外,由于不同类型的文献机构其服务对象的不同,也导致它们工作任务的不同,随之而来的馆藏特点、范围、种类、数量也不同。因此,不同类型的文献机构应有适应其自身需要的目录体系。

2. 文献机构的藏书规模与组织。一般而言,文献机构的藏书规模宏大,不但藏书类型多文种杂,而且数量也大,相应要求设置多种目录,以建立彼此联系的目录体系。反之则可简化。同样,如果文献机构的馆藏组织复杂,服务机构分散,其目录种类及数量也应随之复杂增多。

3. 文献机构的人力、物力条件。一定的人力、物力条件是建立科学而稳定的目录体系的前提。在手工编目的情况下,目录体系的建立要强调从实际出发、量力而行,并将现实可能与长远需要——编制机读目录科学地结合起来,切忌出现盲目追求目录种类而难以坚持始终的倾向。

二、目录体系内各目录之间的关系及其质量标准

文献机构应设置的目录种类及其数量,是建立目录体系的根本问题,而处理好一目录体系内各目录之间的关系则是组成一个合理、高效的目录体系的重要条件。据此要求做到:1. 按文种设置目录,处理好中文目录与其他文种目录的关系(一般以中文目录为主);2. 按文献类型设置目录,处理好各文献目录的关系(一般以图书目录为主);3. 按藏书情况设置目录,处理好总目录与其他目录

的关系(一般以总目录为主);4. 按使用对象设置目录,处理好读者目录与公务目录的关系(一般以读者目录为主);5. 按文献检索途径设置目录,处理好分类目录与字顺目录的关系(一般以分类目录为主);6. 按载体形态设置目录,处理好卡片目录与其他目录的关系(现阶段可以卡片目录为主);7. 按馆际情况设置目录,处理好馆藏文献目录与其他书目设备的关系(现阶段可以馆藏文献目录为主)。

依据以上科学根据和关系处理建立起来的目录体系,在编制质量和使用效果上,力求达到"准、快、精、全"几点基本要求。

1. 准即检索准确,它指目录回答读者查询文献内容与形式特征的准确性,也即无论读者从何种检索途径向目录查询,都可得到准确一致的回答。为此,要求提高馆员的业务水平,增强工作责任感,以及需要建立一系列必要的工作制度和质量标准。

2. 快即排检快捷,它对读者而言,意味着是否可以用最快的速度查得所需的有关文献;而对馆员来说,意味着目录种类及数量的设置是否恰当、目录的职能划分是否正确。排检标准而有规律的目录,不仅使用方便,而且一索即得,充分体现快的特点。

3. 精即结构精当,它指目录反映文献的现实性、推荐性。一般而言,它应包括尽量减少目录之间的不必要的平行重复,消除目录多头及体积庞杂臃肿,注意使用各种技术手段向读者推荐优秀文献,尤其是注意反映内容重要、观点正确的文献。

4. 全即内容全面,实指目录体系的检索途径全面。这意味着要充分发挥列入目录体系范围内的各种目录工具的检索效能,建立目录之间相互补充、相互联系的关系。为此,需要采用分析、附加、参照等手段扩大文献的揭示面,并对目录经常进行调整、校订和保养。

此外,一个科学、稳定的目录体系还应适应文献编目的自动化、网络化发展趋势。

第十二章　计算机编目

第一节　计算机编目发展概况

一、机读目录的推广与标准化

第一章中讲述的美国国会图书馆"MARC Ⅱ磁带"（以下简称 LCMARC，1983 年改称 USMARC 后内容也无大的区别）是集思广益的成果，它所创立的一些原则使其产生如下两大特点：1. 不仅适用于文献机构各类文献的书目数据的交换，而且适用于不同机型和牌号的计算机运用；2. 与"MARC Ⅰ磁带"相比，它有更多的字段，便于记录各类文献的著录项目，尤其是可变字段的设置比前者更为完备。因此，1969 年，美国国会图书馆开始向图书馆界发行 LCMARC磁带，这一机读目录很快受到各馆的肯定，并被广泛应用和推广。

与此同时，美国国会图书馆还向美国图书馆协会信息科学和自动化部提议在全美举办系列讲座，介绍 LCMARC 格式结构及国会图书馆编目程序和数据输入方法。这一系列讲座前后持续数年，听讲人达 2000 多名。此外，国会图书馆还通过图书馆协会发行了各种 MARC 手册，其中包括《数据编制手册：MARC 编辑者》、《录入手册：MARC 录入员》、《MARC 发行服务订购指南》以及《计算机和磁带装置使用研究》等。加之 1971 年，美国国家标准局又将 LCMARC 格式定为国家标准，即《美国磁带目录信息交换用国家标准》(ANSI Z39.2)。这些都为机读目录在美国进一步推广和普及起了积极作用。

如前所述,最初的 MARC 格式是美国国会图书馆设计的,其目的是考察生产机器可读编目数据的可能性。与此同时,英国也在进行类似的工作,其重点则在于将机读数据用于生产印刷型的《英国国家书目》。英美在这方面进行的平行研究导致了两国从 1968 年起合作进行了 MARC Ⅱ 计划。同年 9 月,英国还用 MARC Ⅱ 格式建立了英国国家书目的文献库,简称 UKMARC。

1969 年,MARC Ⅱ 还作为美国国家标准局推荐格式与英国国家标准局推荐格式一起,呈交国际标准化组织(ISO)。1973 年,ISO 将其格式结构作为国际标准颁布,这就是著名的《文献目录信息交换用磁带记录格式》(ISO 2709)。由于 ISO 2709 规定了机读书目记录的基本结构,适用于各种文献类型和语言,同时具有很大的灵活性,因此它的颁布很快在世界图书情报界得到普遍采用,并成为制定各种机读目录格式的基础。随着文献机构自动化的发展,许多国家和地区以及国际组织都按 ISO 2709 所规定的记录结构,结合各自的编目条例和语言等特点,制定了自己国家或地区及组织的标准机读目录通讯格式。随着整个形势的发展,ISO 2709 也于 1981 年出了第二版。

ISO 2709 的颁布,应该说为世界机读目录格式结构大体上的统一铺平了道路,但要实现国际书目数据的交换,仍存在一些有待解决的问题。其中,最主要的问题是机读记录数据元及其内容标识符还未实现标准化。为了实现机读目录国际交换,从而达到"国际书目控制"的目标,IFLA 早在 1972 年就已成立内容标识符研究小组,并于 1977 年正式出版了《UNIMARC:通用 MARC 格式》,指出"UNIMARC 的基本目的就是为了方便国家书目机构之间不同机读格式的数据的国际性转换。"1980 年,UNIMARC 出了第二版,1983 年,《UNIMARC 手册》问世。但它只是集中解决对专著和连续出版物的机编问题。

80 年代中期,为了扩展 UNIMARC 以包含除专著和连续出版物以外的其他各类文献,UNIMARC1987 年出了新版,它将原先单独出版的格式和手册合辑,但仍取名《UNIMARC 手册》。需要指出的是,UNIMARC 二版推出后,有些国家已将已有的国家格式转换成 UNIMARC 格式(如美国国会图书馆早在 1986 年就已开始并行发行 USMARC 和 UNIMARC 磁带),但也有的国家根据本国格式的需要,直接采用了 UNIMARC 格式。因此,新版 UNIMARC 称"UNIMARC 也可作为发展新机读书目格式的模型"。另需指出的是,1991 年 IFLA 还正式出版了与之配套的《UNIMARC/规范格式》。

其实,UNIMARC 提供的只是国家图书馆和书目机构交换书目数据的格式。在此之前,世界上许多文摘、索引机构则遵循另一种格式编制记录,这就是世界科技信息系统(UNISIST)的《机读书目著录参考手册》(Reference Mannual for Machine Readable Bibliographic Description)。尽管后一格式同样也是依据 ISO2709 制定的,但其包含的数据内容及其标识符与 UNIMARC 不同。两者之间差别的形成原因主要是由各自不同的服务目的决定的,如后者主要服务于文摘和索引机构,即它是为二次文献机构服务,以满足二次文献报导为最终目的;而前者的服务目标是那些收藏和保存文献的国家级的或其他各种类型的文献机构,最典型的就是图书馆。

1978 年,联合国科教文组织综合信息规划处在意大利西西里主办了一次国际讨论会。针对上述情况,会议最后提议开发一种通用图书馆、书目机构和文摘、索引机构的格式,并就此成立了一个特别小组从事这项工作。经过 6 年调研和编制,终于于 1984 年出版了《公共交换格式》(Common Communications format,简称 CCF),CCF 一开始就提出它的目标是:1. 为图书馆和文摘索引服务机构之间交换信息提供一种可用的机读格式;2. 为一个书目机构使用一套计算机程序去处理分别来自不同类型文献机构的机读目录提供方便;3.为各个文献中心建立数据库提供一种合理的可用格式。根据1989年日内瓦第一届CCF用户会议的建议,为进一步改进CCF,UNESCO后来还在研制CCF新版。

综上所述,机读目录经历了一个从一国到多国逐步推广与标准化的过程。而标准化的标志是颁布了ISO 2709,但它只是在最高层次上提出了一个能为大多数人共同接受的最低标准(即只规定了书目信息机读目录的逻辑组织原则与实施方法,规定了一个机读目录必须由头标区、目次区及可变长数据单元三部分构成,以及规定了头标区中各固定位置的含义、目次区的构成方法及标识符和分隔符的选取),但不同类型的文献机构还需根据自己的服务目标产生各自的执行格式,而为使不同类型文献机构的书目信息得以交换、处理分别来自不同类型文献机构的机读目录和为各个文献中心建立数据库,则需产生和利用CCF。

二、我国机读目录的研制与应用

我国机读目录的研制始于70年代。1973年,我国图书情报部门开始了应用计算机技术的研究。1974年,国家计委批准将"汉字信息处理系统"(即"748工程")列入国家重点科研项目。6年后,由北京大学等单位研制成功"计算机—激光汉字编制排版系统",南京大学等单位也研制成功了小型汉字情报检索系统。这一时期还开始翻译国外机读目录资料,分析介绍国外书目工作自动化的动态。最值一提的是1979年,北京图书馆、北京大学图书馆、清华大学图书馆、中国科学院图书馆以及图书进出口公司等单位共同引进并研究了LCMARC磁带,并成立了"北京地区机读目录研制协作组"。据1980年9月召开的第一次全国机器检索学术讨论会统计,当时全国已有36个单位开展了计算机检索和编目的试验研究,引进国外书目数据库19种,并有6个部门已进入定题服务阶段。

1980年，我国正式颁布了国家标准《信息处理交换用的七位编码字符集》(GB 1988－80)、《信息处理交换用七位编码字符集的扩充方法》(GB 2311－80)，以及《信息处理交换用的汉字编码字符集(基本集)》(GB 2312－80)。这些标准与后来颁布的相关标准一同构成我国文献书目信息交换用的编码字符集。1982年，国家标准总局通过了由全国文献工作标准化技术委员会自动化分委员会第四工作组负责起草的《文献目录信息交换用磁带格式》(GB2901－82)。GB 2901－82主要参考了国际标准《文献工作——文献目录信息交换用磁带格式》(即 ISO 2709－81)，其附录 A"图书目录系统用008字段结构说明"和附录 B"图书目录系统用的数据区内容"则基本采用了 LCMARC 的结构体系。虽然这一格式未能很好地考虑中文文献的特点，许多地方也未作具体规定(如只有字段而无子字段)，因而难以在图书馆界得到推行，但它确定了我国文献目录信息交换用磁带格式的形式，具体规定了格式的逻辑组织原则与实施方法，因而还是为中文 MARC 格式的标准化奠定了良好的基础。

　　台湾机读目录的研制工作几乎与大陆同期展开。如在1980年，台湾出版了用于信息交换的汉字编码(CCC Ⅱ)第一卷，第二卷也于次年出版。1980年，台湾中国图书馆学会还与"国立中央图书馆"合作，专门组织成立了"图书馆自动化作业规划委员会"。由于发展中文机读编目格式是开展图书馆自动化作业的起步工作，同年5月该委员会下设"中文机读编目格式工作小组"，以专门从事中文机读编目格式的研制。1981年，首先编制出来的《中文图书机读编目格式》连出两版，并在此基础上着手编制《中文非书资料机读编目格式》。1982年，《中文非书资料机读编目格式》定稿，并与《中文图书机读编目格式》汇总修订，改出《中国机读编目格式》。该格式并举中、西文实例作参考，实为熔格式与手册于一炉的版本。

1988 年,全国文献工作技术标准化委员会在修订 GB 2901－82 时,决定以 UNESCO 推荐的 CCF 为依据编写《中国公共交换格式》(以下简称 CCFC),并作为 GB 2901－82 修订稿的附件推荐给国内广大的情报文献工作者。为此,国家科委情报司、中国科技情报研究所、全国文献工作技术标准化委员会在 UNESCO 的帮助下联合组建了 CCFC 工作小组。在对 CCF 进行了深入研究后,该小组于 1990 年编制出了《情报文献工作标准化文献汇编 1》。该汇编除有"CCFC 用户手册"、"CCFC 工作单及使用说明"外,还包括 GB2901－89《书目信息交换用磁带格式(报批稿)》(含其推荐执行格式《中国公共交换格式(CCFC)》),以及 UNIMARC 和 CCFC 对照表,从而形成了一套完整的建库技术文件。

　　1986 年,UNIMARC 第二版中译本问世。之后北京图书馆等单位分别据以编写《中国机读目录通讯格式(讨论稿)》。1987 年在广泛征求意见修改的基础上,1988 年又据新版 UNIMARC 对之作了补充修订。1989 年在中国图书馆学会自动化研究分委员会召开的第二届学术讨论会上,认定了北京图书馆所提出的讨论稿。后经主编单位修改后于 1991 年由书目文献出版社正式出版(以下简称 CNMARC)。与 USMARC 相比,CNMARC 具有以下特点:1.将不同文种、不同载体的文献的机读目录实行格式一体化;2.设置了连接款目块,从而替代了以前的参见著录方法。虽然 CNMARC 基本是依 UNIMARC 新版制订的,但它只是规定了专著、连续出版物机读形式书目记录的字段标识符、指示符和子字段代码,以及记载在磁带、软盘等载体上的书目记录和它的内容标识符的逻辑和物理的格式。为此,1994 年北京图书馆等单位在对 CNMARC 修改的基础上,编印出了上下两册的《中国机读目录通讯格式使用手册》。该手册已将地图、乐谱、视听等资料类型扩充进去,因此可以断言,该手册的正式出版,必将进一步推动我国机读目录的普及和规范。

我国在重视 CNMARC 研制的同时，也十分重视对 CNMARC 的应用。以北京图书馆为例，1989 年它就着手进行计算机系统分析，其图新公司接着也按 CNMARC 编制机读数据，并于 1990 年 9 月开始以软盘方式向全国发行机读数据，目前每月发行 2～3 盘，每盘约 1300 条数据。由深圳图书馆发起，南京图书馆、湖南图书馆、汕头大学图书馆等参加的"回溯转换计划"，以及由国家教委资助，全国 30 个大学图书馆参加的"高校中文书目合作回溯建库试验"，也都使用 CNMARC 分别回溯转换 1985 年～1988 年出版的图书和将 1978～1984 年出版的图书制成机读数据。上海图书馆、北京图书馆以及北京大学图书馆等还以 CNMARC 格式制作了近万条中文期刊的机读数据。中科院文献情报中心联合目录编辑部也已完成"西文期刊联合目录数据库"（约 3 万余条数据）。此外，北京图书馆、北京大学、武汉大学及北京师范大学等单位还开发了微机处理 CNMARC 数据软盘的系统。最后值得一提的是，1995 年国内各大系统图书馆都在掀起一个编制机读目录的高潮，北京图书馆还根据《规范数据款目著录规则（1989 年草案）》，并参照《UNIMARC/规范格式》于 1995 年 3 月推出了《中国机读规范格式（草案）》，以供中国国家书目机构用计算机可读形式同其他国家书目机构进行规范数据交换，并在我国规范数据交换格式尚未颁布之前，也用本格式向国内各馆提供机读规范数据。

第二节　CNMARC 记录的逻辑结构及中文文献数据输入方法

一、CNMARC 记录的逻辑结构

在机读目录里，一条书目记录（Record）相当于手检目录中的

一条款目,是一种文献有关信息的完整记录。按一定顺序排列而成的记录集合称之为文件(File),相当于一个功能齐全的手检目录体系。这一目录体系经过程序控制的计算机加工处理,可按需要输出题名、责任者、主题、分类等多种目录。

（一）CNMARC 记录格式

CNMARC 根据 ISO 2709—81 的规定,每条机读目录记录由以下基本部分组成,即:

记　录 头标区	地　址 目次区	数　据 字段区	记　录 分隔符

1. 记录头标区

记录头标区包含处理记录时可能需要的有关记录的一般性信息。整个头标区定长为 24 个字符,由固定长数据元素组成,并通过字符位置标识,列表如下:

数据元素名称	字符数	字符位置
(1)记录长度	5	0—4
(2)记录状态	1	5
(3)执行代码	4	6—9
(4)指示符长度	1	10
(5)子字段标识符长度	1	11
(6)数据基地址	5	12—16
(7)记录附加定义	3	17—19
(8)地址目次项结构	4	20—23

以上数据元素除(2)、(3)、(7)项由人工输入外,其余各项由计算机自动生成。其中,记录长度和数据基地址各占 5 个十进制数,最大数值为 99999(不足五位时,左边填零)。自动生成的记录长

度反映一条记录所占全部字节数,而数据基地址则等于头标区和目次区的字符总数。头标区中的指示符长度和子字段标识符长度,分别表示指示符长度和子字段标识符长度的一位十进制数字,CNMARC 中均为"2"。头标区中的地址目次项结构占 4 位字符,但目前只用前两位。其中,第一位记录地址目次区用几位数字表示字段区每一字段的长度,第二位记录地址目次区用几位数字表示数据字段区每一字段的起始位置。由于地址目次区目前均用 4 位和 5 位十进制数分别表示数据字段长度和字段起始字符位置,所以头标区的地址目次项结构的头两位分别赋值"4"和"5"。地址目次项结构的后两位由于目前尚未定义,所以计算机在该处填空格(文本格式中用"ϸ"表示)。例:

00927nam2ϸ2200265ϸϸϸ45ϸϸ

头标区中需要人工输入的数据元数将在本节以后部分介绍。

2. 地址目次区

地址目次区的各段(CNMARC 12 字符为一段)以各字段的字段标识符(3 位字符)为首,依次记录每一字段的长度(4 位字符)和起始位置(5 位字符),因此它的作用类似于文献的目次。由于每条记录所录的字段数不等,所以地址目次区所占的字符数长度不定,因此需要在其终结处加一字段分隔符表示该区终结。例:

001001100000010002500011020001700036…*

地址目次区的数值全部由计算机自动计算生成。

3. 数据字段区

数据字段区输入有关文献的各种信息。由于绝大多数数据需由人工录入,所以本节将在以后部分介绍。

4. 记录分隔符

记录分隔符是表示一条书目记录结束的字符,由计算机自动给出。

(二)CNMARC 数据字段区数据的组织方式

在 CNMARC 中,书目记录字段首先根据其标识符的第一位数字划分成十大功能块。一个功能块可划分若干个字段(Field,相当于一个著录项目),一个字段又可划分成若干个子字段(Subfield,相当于一个著录单元),而一个子字段通常是由数据元素(Data element)所组成。结构图示如下:

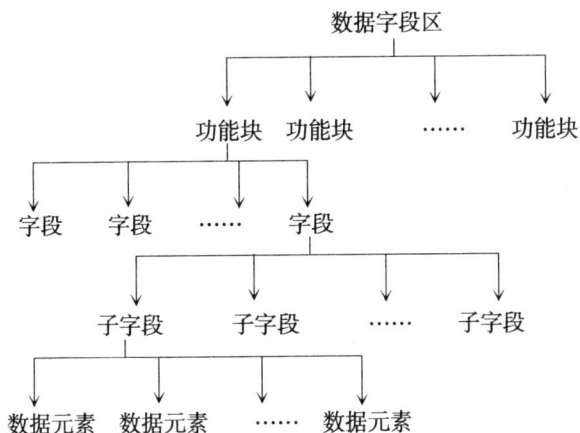

1. 功能块

CNMARC 参照 UNIMARC,并根据我国文献著录的实际,将数据字段区划分成 10 大功能块,具体如下:

0—标识块:共分 12 个字段,包括记录和文献的标识号码(如控制号、ISBN,ISSN 等)。

1—编码信息块:共分 7 个字段,包括描述文献的各个方面的定长数据元素(通常是编码数据)。

2—著录块:共分 6 个字段,包括 ISBD 和我国《著录总则》规定的除附注项和文献标准编号以外的全部著录项目。

3—附注块:共分 24 个字段,包括对文献各方面的文字说明,除少数附注（如内容附注）外，没有预先规定的格式。

4—连接款目块：共分 31 个字段，包括以数字和文字形式（如 ISBN、ISSN、识别题名、丛编附加款目、责任者/题名附加款目）对其他记录的标准连接。此外，还可包括相关记录的控制号对其他记录的连接。

5—相关题名块：共分 16 个字段，包括可作为检索点的本文献的其他题名（通常出现在文献上）。这些题名不和其他记录连接。

6—主题分析块：共分 17 个字段，包括分类及主题标识（如《中图法》分类号、DDC 分类号、汉语主题词，以及作为主题的个人名称和团体名称等）。

7—责任者块：共分 9 个字段，包括对文献负有责任的个人及团体的名称。这些名称分为个人姓名、家族名称及团体名称，并进一步区分为主要责任者、等同责任者及次要责任者。

8—国际使用块：共分 2 个字段，包括对记录负有责任的机构标识等字段。

9—国内使用块：只有馆藏信息 1 个字段，保留给国内使用。

2. 字段

字段可包含 1 个子字段，也可包含多个子字段。如 200 字段就含有正题名、一般资料标识、另一责任者的正题名、并列正题名、副题名及其他说明题名文字、第一责任说明、其他责任说明等 15 个子字段。有些字段不能重复，有些字段可以重复。子字段也是如此。

在 CNMARC 中，以下字段为必备字段，即：

001——记录标识号

100—— 一般处理数据（仅为某些数据元素）

101——作品语种（当作品有语种时）

200——题名与责任说明

801——记录来源

348

其他字段的取舍,取决于转换为机读形式的具体记录。记录的数据内容由编目条例和负责建立记录的书目机构实际执行的规范所决定,即数据元素的有无不仅由格式的要求确定,而且由国家编目条例和实际执行的规范确定。

3. 子字段与数据元素

所谓子字段,泛指字段内所定义的数据单元(即数据元)。而数据元素则是被明确标识的数据最小单元。在可变长字段内,数据元素构成子字段,并用子字段标识符标识;在头标区、目次区和固定长子字段内,由代码构成的数据元素由其字符所在位置标识。

(三)CNMARC 数据字段区的标识系统

数据字段区中所用的标识符号按其性质可分以下两类:标识符(Designetor)和分隔符(Separator)。

1. 标识符

标识符又称内容标识符(Content designetor),指以识别数据元素或提供有关数据元素的附加信息的符号或编码,包括字段标识符(Tag)、字段指示符(Indicator),以及子字段标识符(Subfield identifier)。

字段标识符是指用于标识各个字段的三位数字或字符代码,如 001,010,101 等;字段指示符与变长字段相关的字符(数字和字母),提供有关可变长字段内容、记录中不同字段的关系及某些数据处理过程中所需操作的附加信息,如 ♭♭,0♭,♭1 等;子字段标识符指由两个字符组成的代码,用以识别可变长字段中不同的子字段。子字段标识符中的第一个字符为 ISO 2709 中规定的专用符号 ISl(文本格式中表现为"$"或"@"),第二个字符为字母或数字,如 $a,$I,$3 等。

2. 分隔符

分隔符又分字段分隔符(Field separator)和记录分隔符(Record separator)。字段分隔符指在每个可变长字段的结尾用以分隔字段的控制字符，如前所述，它也用于目次区的结尾。该字符使用 ISO 2709 中规定的专用字符 IS2（文本格式中表现为" * "）。而记录分隔符，是指在每条记录的结尾用以区分记录的控制符。该字符使用 ISO 2709 中规定的专用字符 IS3（文本格式中表现为" ♯ "）。

为对以上论述的诸多概念有一全面整体的认识，下面例举一条 CNMARC 书目记录：

|头标区　　　　　　　|目次区

00927nam2♭2200265♭♭♭45♭♭00100110000001000250001102

00017000360910016000531000041000691010008001101020

01500118105001800133200009100151210004100242215002

20028322500730030533000970037841000340047560600360

05096900015005456920017005607010032005778010022006

　　　　　|字段区 001　　　|010

099050032006 3 1 ＊ 0 1 8 7 0 0 0 0 1 9 ＊ ♭ ♭ ＄ a 7 —

　　|020　　　　　|091

5357-0014-4 ＄ ￥ 1.50 ＊ ♭♭ ＄ aCN ＄ b87000019 ＊ ♭♭ ＄ aCN142

　|100　　　　　　　　　　|

04.167 ＊ ♭♭ ＄ a19870923d1987♭♭♭♭km♭y0chiy0120♭♭♭♭ea ＊ 0

101　　|102　　　|105　　　　　　|200

♭＄ achi ＊ ♭♭ ＄ aCN ＄ b430000 ＊ ♭♭ ＄ ak♭♭♭0♭♭b000yy ＊ 10 ＄ a

〈药物动力学参数手册〉＄ Ayao♭wu♭dong♭li♭xue♭can♭shu

　　　　　　　|210

350

丿shou丿ce ＄ f｛田文艺编｝＄ Ftian丿wen丿yi丿bian ＊ 丿丿 ＄ a｛

　　　　　　　　　　　　　　　　　｜215

长沙｝＄c｛湖南科学技术出版社｝＄d1987.1 ＊ 丿丿 ＄ a169

　　　｜225

｛页｝＄d20｛厘米｝＊20 ＄ a｛实用临床药学参考丛书｝＄

　　　　　　　　　　　　　　　　　｜330

Ashi丿yong丿lin丿chuang丿yao丿xue丿can丿kao丿cong丿shu ＊ 丿丿 ＄

a｛本手册收集｝500｛余种药物的体内动力学参数及｝10

00｛余种药物的半数致死量｝，｛分别列成｝14｛个表格。

　　　｜410　　　　　　　　　　　　　　｜606

｝＊丿0 ＄ 120010 ＄ a｛实用临床药学参考丛书｝＊丿丿 ＄ a｛药

　　　　　　　　　　　　　　　　　｜690

物代谢动力学｝＄x｛参数｝－｛手册｝＊丿丿 ＄ aR912 ＄ V19

　　　｜692　　　　　　　｜701

80 ＊ 丿丿 ＄ a63.311 ＄ V1974 ＊ 丿0 ＄ a｛田文艺｝＄ Atian丿wen丿by

　　　｜801　　　　　　　　　　　　　　｜905

i＄ 4｛编｝＊丿0＄ aCN＄ bNLC＄ c19870923 ＊ 丿丿 ＄ aNLC ＄ bB38

8936－8 ＄ c87 ＄ dR912 ＄ e3 ＊ ♯

　　需作解释的是，CNMARC 中的记录长度以字节（Byte，为 8
位二进制位，目前只用前七位，高位第八位尚未定义）为单位。一
个汉字（即一个汉字字符，包括汉语独用的标点符号，如句号"。"），
按 GB 2312－80 的规定，使用两个字节；而非汉字（包括拉丁字
母、阿拉伯数字及常用符号），按 ISO 646 规定的基本控制集（Bas-
ic control set）和基本拉丁集（Basic Latin set），以及 ISO DIS 6630
规定的书目控制集规定，采用一个字节为字符编码（也即一个字符

为一个字节）。因此 CNMARC 记录中，除汉字及其标点符号外的其他字符均为一个字节，包括记录所用的全部控制字符，记录头标区、地址目次区的字符，以及字段标识符、字段指示符和子字段标识符等。另外，上例中表示汉字开始的"{"和表示汉字结束的"}"也各算一个字节。

二、CNMARC 格式图书数据输入方法

在 CNMARC 中，一条完整的图书书目记录除计算机自动生成的内容外，主要有四大部分内容需要人工录入，即头标区、标识块和编码信息块部分，著录块、附注块和连接款目块部分，相关题名块、主题分析块和责任者块部分，以及国际使用块和国内使用块部分（尽管有些文献机构的记录输入单（或"记录工作单"）将第一部分的内容置后处理）。

（一）头标区、标识块、编码信息块

手检款目由于受其载体篇幅所限难以著录除著录正文和排检项以外的大量文献信息。而机读目录则可在其头标区、标识块、编码信息块部分进行完整著录，从而使其微观揭示功能和检索职能大大提高。

1. 头标区人工录入的数据元素

头标区人工录入的数据元素主要有记录状态、执行代码和记录附加定义，具体赋值如下：

数据元素		占字符数	字符位置	具体赋值	具体含义
记录状态		1	5	c	修改过的记录
				d	删除的记录
				n	新记录
				o	较高层次的记录
				p	不完整的预编记录
执行代码	记录类型	1	6	a	印刷文献
				b	手稿
				e	地图
	书目级别	1	7	m	单行本
				s	连续出版物
				a	一文献的组成部分
				c	人为配套的著作集
	层次等级代码	1	8	ƀ	层次关系未定
				0	无层次关系(单卷册书)
				1	高层次记录(丛书)
				2	低层次记录(丛书子书)
记录附加定义	编目等级	1	17	ƀ	完全级(依原文献记录)
				1	次级1(未依原文献记录)
				2	次级2(依在版编目记录)
				3	次级3(未达到完全级的记录)
	著录格式	1	18	ƀ	完全采用 ISBD 格式
				n	不是采用 ISBD 格式
				i	部分采用 ISBD 格式

执行代码中的第四字符和记录附加定义的第三字符目前尚未定义,录入时填空格(例见 346 页)。

2. 标识块人工录入的数据元素

标识块中,图书常用字段有 001,010,020 和 091。其中:

001 记录控制号字段由计算机自动生成,定长为 10 个字符。

010 国际标准书号字段由于还可著录 ISBN 的附加说明、获得方式和/或定价以及错误的 ISBN,所以设有 4 个子字段,并且整个字段可以重复。例:

010ЬЬ $ a7-5023-0562-9 $ b 精装 $ d¥14.60 $ z7-5023-0562-7

020 国家书目号字段包含国家图书馆对每条书目记录分配的国家书目号码,之前需要录入国家代码(采用 GB 2659－81 两字符代码),如有错误的国家书目号还可在后录入。整个字段可以重复。例:

020ЬЬ $ aCN $ b87000019 $ z78000019

091 统一书号字段包含我国 80 年代及其之前出版部门为图书分配的统一号码,之前也需录入两字符国家代码,如有错误的统一书号也可在后录入。整个字段可以重复。例:

091ЬЬ $ aCN $ b17176.439 $ z17176.493

010,020 和 091 字段中的指示符均未定义,录入时填空格。

3. 编码信息块人工录入的数据元素

编码信息块中图书常用的字段有 100,101,102,105 和 106 字段。其中:

100 一般处理数据字段,105(图书)编码数据字段和 106(文字资料形态特征)编码数据字段为固定长字段,其余两个字段为不定长字段。

100,105 和 106 字段均设一个子字段 $ a,指示符都没定义。其中,100 字段定长为 36 字符,具体赋值如下:

编次	数据元素	占字符数	字符位置	具体赋值	具体含义及说明
（1）	入档日期	8	0—7		用年4位、月2位、日2位，由计算机自动生成
（2）	出版日期类型	1	8	d e f g j	一次或一年内出全的专著 复制本（如重印本、再版本等） 出版时间不能确定的专著 连续出版超过一年的专著 具有详细出版日期的专著
（3）	出版年1	4	9—12		出版日期为d、e、j时，录入出版年；出版日期为f时，录入推测的最早出版年；出版日期为g时，录入起始出版年
（4）	出版年2	4	13—16		出版日期为d时，则填空格；出版日期为e时，则填原版出版年（不详填空格）；出版日期为f时，则填推测的最晚出版年；出版日期为g时，则填最后的出版年（若仍在出版，填9999；若最后出版日期不详，则填空格）；出版日期为j时，用月2位、日2位填详细日期
（5）	阅读对象代码	3 左边对齐不用则空	17—19	a e k m u	普通青少年 青年（14—20岁） 研究人员 普通成人 不详
（6）	政府出版物	1	20	a b c	中央政府、各部委 直辖市、省、自治区 省直辖市、县级

编次	数据元素	占字符数	字符位置	具体赋值	具体含义及说明
				u	不能确定是否是政府出版物
				y	非政府出版物
(7)	修改记录代码	1	21	0	未修改的记录
				1	修改的记录
(8)	编目语种	3	22—24	zh␣	中文（改用 GB 4880—91 代码）
(12)	题名语系代码	2	34—35	ea	汉语—文字类型未指明
				eb	汉语—汉字
				ec	汉语—汉语拼音
				zz	其他

例：

1 00␣␣＄a19870923d1985␣␣␣␣km␣y0zh␣y0120␣␣␣␣ea

101 图书语种字段包含图书正文及其题名的语种代码，若图书是译文本，还应包括其原著的语种代码。本字段不重复，其指示符 2 未定义，指示符 1 为翻译指示符。其中，赋 0 表示图书为原文，赋 1 表示为译文，赋 2 表示书中有译文（摘要除外）。常用的子字段有 ＄a 正文语种，＄b 中间语种（当图书不是译自原作时），＄c 原作语种，＄f 题名页语种（与正文语种不同时），＄g 正题名语种（与正文语种不同时）。图书语种代码也改用 GB 4880－91 代码。例：

1010␣＄azh␣（中文图书）

1012␣＄aen␣＄azh␣（英汉对照）

l011␣＄azh␣＄ben␣＄cfr␣（原文法文，依英文本转译）

102 出版国别代码字段包含图书的一个或多个出版国代码。

本字段不重复,指示符 1 和 2 均未定义。本字段设 2 个子字段:
$a 出版国代码(采用 GB 2659−81 两字符代码),$b 出版地区代码(国内地区采用 GB 2260−91 代码)。例:

102ЬЬaCNb110000

102ЬЬaCNb310000

前例用于北京地区的各出版单位,后例用于上海地区的各出版单位。

105(图书)编码数据字段不可重复,定长为 13 个字符,指示符均未定义,子字段只有一个 $a(不重复)。具体数据元素及赋值如下:

编次	数据元素	占字符数	字符位置	具体赋值	具体含义及说明
(1)	图表代码	4 左边对齐,不用处填空格	0—3	a	图表(包括画册)
				b	地图
				c	肖像
				e	设计图
				f	单页插图
				k	表格
				y	无图表
(2)	内容特征代码	4 左边对齐,不用处填空格	4—7	a	书目
				e	字典、词典
				f	百科全书
				g	人名录、指南
				j	成套教科书
				l	标准或规范
				m	学位论文
				r	文学评论
				z	其他

（续表）

编次	数据元素	占字符数	字符位置	具体赋值	具体含义及说明
（3）	会议代码	1	8	0	非会议出版物
				1	会议出版物
（4）	纪念文集提示符	1	9	0	非纪念文集
				1	纪念文集
（5）	索引指示符	1	10	0	无索引
				1	有索引
（6）	文学体裁代码	1	11	a	小说
				b	戏剧
				c	散文
				d	幽默、讽刺小品
				e	书信
				f	短篇小说
				g	诗词
				h	演说稿
				y	非文学作品
				z	其他或多种体裁
（7）	传记代码	1	12	a	自传
				b	个人传记
				c	集体传记
				d	含传记资料
				y	非传记作品

例：

105ƀƀ $aƀƀƀrƀƀƀ000yy

106（文字资料形态特征）编码数据字段不可重复，其一个字符长的子字段内容具体赋值为：d（超过 28 cm 的大型印刷品），g（微型印刷品），h（手写稿），i（多种媒体），j（小型印刷品），r（一般印刷品）。

例：

106ⱴⱴ＄ad

需要指出的是，头标区、100 及 105 字段在屏幕上若以表格形式出现则依光标逐项输入；若以输入模块形式出现，则先调出输入模块再依次输入。

（二）著录块、附注块、连接款目块

著录块、附注块和连接款目块主要录入图书除标准编号以外的著录内容，以及它对其他书目实体的数字形式和文字形式的标准连接。

1. 著录块

著录块中，图书常用的字段有 200，205，210，215 和 225，也即包含《图书规则》规定的除附注项和标准编号与获得方式项内容以外的全部著录项目。

200 题名与责任说明项字段一般以出现在编目款目上的形式和顺序录入。本字段不可重复，其指示符 2 未定义，指示符 1 赋 0 时表示题名无意义（即不作检索点），赋 1 时表示题名有意义（即作检索点）。中文图书的题名一般均有意义，可录入成 1ⱴ。200 字段的常用子字段及其标识符如下：

子字段 标识符	子字段内容	注释
＄a	正题名	所列子字段均可重
＄b	文献类型代码和/或载体代码	复；正题名前后不参
＄c	另一责任者的正题名	加检索的字符，可之
＄d	并列正题名	前录入 NSB，之后录
＄e	副题名及其他说明题名文字	入 NSE；在多文献类
＄f	第一责任说明	型或载体组

（续表）

子字段 标识符	子字段内容	注释
＄g	其他责任说明	成的书目数据库中,
＄h	分册(辑)号	＄b 可按 GB3469－83
＄i	分册(辑)名	录入;＄z 可按 GB4880
＄z	并列题名语种	－91 录入

例:

2001ЬＤ＄a2001 年宇宙历险记

2001ЬＤ＄a 西行漫记,又名,红星照耀中国 ＄f(美)斯诺
(Snow, E.)著 ＄g 董乐山译

2001ЬＤ＄a 文章辨体序说 ＄f(明)吴纳著 ＄c 文体明辨序说 ＄f
(明)徐师曾著

2001ЬＤ＄a 英华大词典 ＄d A new English-Chinese dictionary
＄f 郑易里,曹成修编 ＄zenЬ

205 版本项字段不可重复,指示符 1 和指示符 2 均未定义,其
常用的子字段及其标识符如下:

子字段标识符	子字段内容	注释
＄a	版次说明	不重复
＄b	其他版本形式说明	可重复
＄f	与版本有关的第一责任说明	可重复
＄g	与版本有关的其他责任说明	可重复

例:

205ЬЬ＄a 新 1 版

205ЬЬ＄b 影印本 ＄b 晒印本

205ЬЬ＄a2 版(修订本)＄f 徐式谷修订

210 出版发行项字段不可重复,指示符 1 和指示符 2 均未定义,其常用子字段及其标识符如下:

子字段标识符	子字段内容	注释
＄a	出版、发行地	可重复
＄c	出版、发行者名称	可重复
＄d	出版、发行期	可重复
＄e	印刷地	可重复
＄g	印刷者名称	可重复
＄h	印刷期	可重复

例:

210ｂｂ＄a 广州＄c 科学普及出版社广州分社＄d1981—

210ｂｂ＄a 北京＄c 北京人民出版社＄a 上海＄c 上海人民出版社＄d1985.9

210ｂｂ＄a 台北＄c［出版发行者不详］＄d 民国 75［1986］

215 载体形态项字段可重复,指示符 1 和指示符 2 均未定义,其子字段及其标识符如下:

子字段标识符	子字段内容	注释
＄a	页数或卷(册)数	不重复
＄c	图及其他细节	不重复
＄d	尺寸或开本	不重复
＄e	附件	可重复

例:

215ｂｂ＄a456 页＄c 插图＄d32 开

215ｂｂ＄a3 册(1035 页)＄d20cm＄e 教师手册(36 页;18cm)

225 丛编项字段可重复,指示符 2 未定义,指示符 1 赋 0 时表示丛编名与编目机构规定的检索点形式不同,赋 1 时表示丛编名

无检索点形式,赋2时表示丛编名与编目机构规定的检索点形式相同。其常用的子字段及其标识符如下:

子字段标识符	子字段内容	注释
$a	正丛编名	不重复
$f	丛编责任者	可重复
$i	附属丛编名	可重复
$v	丛书编次	可重复
$x	ISSN	可重复

例:

2251ᵬ$a万有文库$i百科小丛书

2252ᵬ$a建筑工人技术学习丛书$f同济大学建筑系编$v第6种

2. 附注块

附注块中,图书常用的字段根据其内容性质大致可分为三类附注字段。第一类附注字段包括对各著录项目和有关内容的附注,其常用字段有300(一般性附注),304(题名与责任说明项附注),305(版本项和书目史附注),306(出版发行项附注),307(载体形态项附注),308(丛编项附注),310(装订及获得方式附注),311(连接字段附注),312(相关题名附注),313(主题附注),314(责任者附注),320(书目附注),324(影印本附注),328(学位论文附注)等。这一类附注字段的共同特点是:字段均可重复,指示符均未定义,子字段均只有$a一个且均不重复。从机读目录输入的实际情况看,大多倾向将上列诸多字段全用300一个字段录入,或将有检索意义的题名附注转录到4—或5—字段。前者如:

300ᵬᵬ$a正题名为封面题名

300ᵬᵬ$a本书据北京图书馆珍藏抄本影印

第二类附注字段只有327内容附注一个字段,它用来录入整

362

套著录或综合著录的目次内容,其字段特点是:字段不可重复,但其唯一的子字段＄a可以重复;指示符2未定义,指示符1赋0时表示内容附注不完整,赋1时表示内容附注完整。例:

3270ⅥＳa三家巷＄a苦斗＄a柳暗花明

3271ⅥＳa虎门销烟/陈建州编写＄a金田烽火/赵亚光编写＄a黄海大战/齐吉祥编写＄a公车上书/王世义编写

第三类附注字段也只有330提要或文摘一个字段,其字段特点同第一类附注字段,即字段可重复、指示符未定义、唯一的子字段＄a不可重复。这一字段专门用来录入款目提要项内容。例:

330ⅥＳa本书是美国著名原子核物理学家、诺贝尔奖金获得者恩里科·费米的夫人为费米写的传记,叙述了费米如何领导世界第一座原子核反应堆的建造工作,以及前前后后所发生的各种事件。

3. 连接款目块

连接款目块的功能主要在于明晰地揭示相关书目记录之间的关系或将不同受编文献的记录连接起来。连接款目块所设的字段均可重复,其每一字段的指示符1都未定义,指示符2赋0时表示本字段不用做附注,赋1时表示做附注,其唯一的子字段＄1录入被连接字段的字段标识符、指示符、子字段标识符及具体数据。例:

41Ⅵ0＄12001Ⅵ＄a新技术革命丛书

461Ⅵ0＄10010177010346

连接款目块的大多数字段适用于连续出版物,图书常用的字段根据其连接关系大致可分两类:一类说明各种竖向层次关系(如整体文献和其组成部分、组成部分和其整体文献的从属关系,参头标区的第8个字符),一类说明各种横向平行关系(如同一文献的不同语种、形式和载体等之间的关系)。这两类连接款目字段以及反映连续出版物年代关系的各字段均可重复,而且它们的指示符

1均未定义,指示符 2 赋 0 时表示本字段不做附注,赋 1 时表示做附注,其可以重复的子字段 $1 用来录入被嵌套的数据字段(包括被连接字段标识符、指示符及子字段标识符和具体数据)。

说明各种竖向层次关系的常用字段有 410(丛编)、411(附属丛编)、421(补编)、422(正编)、423(合订)、461(总集)、462(分集)、463(单册)和 464(单册分析)。其中,411 和 422 字段分别是 410 和 421 的反向连接字段,而最常用的则是 410 字段。若当受编图书是一丛书子书,在有 225 字段时往往需要录入 410 字段。例:

2001ß $a 红与黑

2252ß $a 九十年代英语系列丛书 $h 第一辑 $i 世界文学名
  著系列 $f《九十年代英语系列丛书》编辑委员会

410ß0 $12001ß $a 九十年代英语系列丛书

410ß0 $12001ß $a 世界文学名著系列

该例的 225 字段为《图书规则》要求著录的丛书项,而两个 410 字段则记录了丛书款目的检索点形式,即 410 字段从两个丛书名的角度将其各个分册的机读记录连接在一起,从而有助于读者从丛书名的角度检索文献。

说明各种横向平行关系的连接款目字段有 451(同一载体的其他版本)、452(不同载体的其他版本)、453(译为)和 454(译自),其中,454 字段是 453 的反向连接字段。例:

2001ß $a 语言学导论

454ß1 $12001ß $aIntroduction to linguistics $1205ßß
  $a2nd ed. $1210ßß $aNew York $cMcGraw-Hill
  $d1977 $1700ß1 $aWardhaugh $bRonald

2001ß $aIntroduction to linguistics

453ß $12001ß $a 语言学导论

(三)相关题名块、主题分析块、责任者块

在前述 4—字段和 200 字段时,我们已经提及丛书名和正题名的可检问题。但若想使前述字段中某一不可检数据单元(如其他题名、责任者以及主题词、分类号等)作为检索点,则应必须分别录入 5—、6—、7—三个功能块中的有关字段。

1. 相关题名块

相关题名块中,图书常用的字段有 500、510、512、516、517 和 540。

500 统一题名字段一般只作为检索点而不产生附注。该字段可以重复,其指示符 1 赋 0 时表示统一题名不是检索点,赋 1 时表示是检索点;指示符 2 赋 0 时表示统一题名不是主要款目,赋 1 时表示是主要款目。500 字段有十多个子字段,但一般只用 $a 一个子字段。例:

2001ᵬ$a 石头记 $f(清)曹雪芹著

50010$a 红楼梦

2001ᵬ$a 绣像红楼梦 $f(清)曹雪芹著

50010$a 红楼梦

510 并列题名、512 封面题名、516 书脊题名和 517 其他题名四个字段均可重复,其指示符也均相同,即指示符 2 未定义,指示符 1 赋 0 时表示不作检索点,赋 1 时表示作检索点。上述四个字段的子字段数量也相同,但也多用第一个子字段 $a(只有 510 字段还需连用 $z 子字段),且都不可重复。除 517 字段明确题名只作检索点而不作附注外,其他三个字段的题名可作为检索点或附注,作附注时,其固定导语(如"并列题名"、"封面题名"、"书脊题名"等)不用录入而由计算机自动生成。例:

2001ᵬ$a 邮票与邮票史漫谈

5101ᵬ$aTales about postage stamps and postal history
$zzhᵬ

2001ᵬ$a 江苏经济和社会发展概况

5121ᵬ$a1983 江苏经济和社会发展概况

2001ᵬ$a抗日战争时期晋察冀边区财政经济史料选编

5161ᵬ$a晋察冀边区财政经济史料选编

540 编目员补充的附加题名字段录入图书上未出现的题名关键词或通俗题名,一般可从各种可检题名中抽取。该字段可重复,其指示符 1 赋值同 510 字段,指示符 2 也未定义。设置 540 字段的目的在于帮助只记住部分题名的读者查找所需的文献,为了方便计算机排列题名关键词索引,第二及其以后的关键词前需空一格。例:

2001ᵬ$a成都风味小吃

5401ᵬ$a小吃

2001ᵬ$a经济办案手册

5401ᵬ$a经济办案

2001ᵬ$a工程规划和设计中的概率论习题详解

5401ᵬ$a工程设计概率

2. 主题分析块

主题分析块中,图书常用的字段有 600、601、605、606、607 和 690。所有字段均可重复,除 690 外,前 5 个字段分别录入图书以个人名称、团体名称、题名、论题和地名为主标目的主题词。其中,又以 606 字段使用频率为最高。

606 普通主题字段的指示符均未定义,其子字段有:

子字段标识符	子字段内容	注释
＄a	主标目	＄a、＄2、＄3 不可重复，＄x
＄x	主题复分	＄y、＄z 可以重复；主题表代码
＄y	地区复分	是主题标引所用主题词表的代
＄z	年代复分	码，如《汉语主题词表》的代码
＄2	主题表代码	为"CT"；规范记录号即主题规
＄3	规范记录号	范记录的识别代码

例：

2001Ⅴ＄a 中国现代短篇小说选

606ⅤⅤ＄a 小说，短篇＄y 中国＄z 现代＄x 选集

2001Ⅴ＄a 曹源一滴水

606ⅤⅤ＄a 禅宗＄zCT＄3BT A90－27551

607 地名主题字段除主标目用地名外，其指示符定义和子字段的设置均与 606 字段相同；605 字段的指示符定义也与 606 字段同，所不同的只是主标目为题名，另外增设的子字段有＄h 分册号（可重复）、＄i 分册名（可重复）、＄k 出版日期（不重复）、＄1 形式副标目（不重复）、＄m 作品语种（不重复）、＄n 其他信息（可重复）、＄q 版次（不重复）。

600 字段的主标目为个人姓名。与 606 字段相比，该字段的指示符 2 赋 0 时表示姓名以直序方式录入（中国人名用），赋 1 时表示姓名以倒序方式录入。另外增设的子字段有＄b 外国人名的其余部分（以姓为主标目时，该子字段包括其名，不重复）、＄c 其他修饰语（不包括年代，可重复）、＄f 年代（包括朝代，不重复）、＄t 题名（不重复）。

601 字段的主标目为团体名称。与 606 字段相比，该字段的指示符 1 赋 0 时表示团体名称，赋 1 时表示会议名称；指示符 2 赋 0 时表示名称以倒序方式著录，赋 1 时表示主标目为地区名称，赋

2时表示名称以直序方式录入。另外,增设的子字段有$b副标目(可重复)、$c修饰语(可重复)、$d会议届次(不重复)、$e会议地点(不重复)、$f会议日期(不重复)、$g名称倒序部分(不重复)、$h名称其他部分(不重复)、$t题名(不重复)。

690《中图法》分类号(CLC)字段可重复,其指示符未定义,子字段$a录入《中图法》分类号(不重复),$v录入所用《中图法》的版次(不重复)。例:

2001ЬЬ$a汉字的正字与正音

690ЬЬ$aH124.1$v3

使用《科图法》的文献机构,其分类号使用692字段录入。692字段指示符的定义和子字段的设置,均与690字段同。例:

2001ЬЬ$a汉字的正字与正音

692ЬЬ$a41.24691$v3

3. 责任者块

责任者块中,中文图书常用的字段有701、702、711和712字段。这些字段均可重复。

701人名—等同责任者字段录入第一责任说明的个人姓名及有关内容,702人名—次要责任者字段录入其余责任说明的个人姓名及有关内容。这两个字段的指示符1未定义,指示符2赋0时表示姓名以直序方式录入,赋1时表示姓名以倒序方式录入,两个字段的子字段设置也相同,列表如下(见369页)。

369页表中子字段中的$d在中编中几乎不用,而对西方人的姓名原文又无相应的子字段录入(北京图书馆数据中心目前用$A处理,本教材认为不妥),所以建议删去子字段$d,而增加子字段$g录入西方人的姓氏原文(后者为UNIMARC的做法)。

例:

子字段标识符	子字段内容	注释
＄a	主标目（中国人的姓名、西方人的姓）	不重复
＄b	人名的其他部分（姓为主标目时为名）	不重复
＄c	人名修饰语（职称、头衔等）	不重复
＄d	罗马数字	不重复
＄f	年代（包括朝代）	不重复
＄3	规范记录号	不重复
＄4	责任方式	不重复
＄A	主标目汉语拼音	不重复

701Ь0＄a李育成＄4编著

701Ь1＄a霍夫曼＄bS.＄4著

702Ь0＄a陈欣望＄c教授＄4译

701Ь0＄a罗荣桓＄f1902—1963＄4著

701Ь0＄a安戈＄AAN GE＄4原著

702Ь0＄a吴文华＄AWU WEN HUA＄a译著

701Ь＄a费米＄c夫人＄gFermi,L.＄4著

702Ь0何芬奇＄4译

711 团体名称—等同责任者字段录入第一责任说明的团体名称及有关内容,712 团体名称—次要责任者录入其余责任方式的团体名称及有关内容。这两个字段的指示符 1 赋 0 时表示主标目是团体名称,赋 1 时表示是会议名称;指示符 2 赋 0 时表示名称以倒序方式录入,赋 1 时表示主标目为地区名称,赋 2 时表示名称以直序方式录入。711 和 712 两个字段的子字段设置也相同,列表如下:

子字段标识符	子字段内容	注释
＄a	主标目	不重复
＄b	副标目	可重复
＄c	名称修饰语	可重复
＄d	会议届次	可重复
＄e	会议地点	不重复
＄f	会议日期	不重复
＄g	名称倒装部分(不含主标目及倒装部分)	不重复
＄h	其余部分	不重复
＄3	规范记录号	不重复
＄4	责任方式	不重复
＄A	主标目汉语拼音	不重复

例：

71102＄a 国家基本建设委员会建筑设计院＄4 起草

71202＄a 国家标准局＄4 批准

71112＄a 国际电信联盟全权代表大会＄d9 届＄e 内罗毕＄f1982＄4 通过

(四)国际使用块、国内使用块

国际使用块包括不宜录入 0—至 7—各块的而国际上又要求一致的字段；国内使用块录入国内各系统使用的字段。

1. 国际使用块

国际使用块中,图书唯一可用的字段是 801 记录来源字段,同时该字段也是一个必备字段。

801 字段可重复,其指示符 1 未定义,指示符 2 赋 0 时表示是原始编目机构、赋 1 时表示是转换机构、赋 2 时表示是修改机构、赋 3 时表示是发行机构。该字段共设四个子字段,列表如下：

子字段标识符	子字段内容	注释
$ a	国家代码(用 GB2659－81 代码)	不重复
$ b	编目机构名称	不重复
$ c	处理日期(用年 4 位、月 2 位、日 2 位)	不重复
$ g	编目条例或著录规则代码	可重复

例:

801Ь/0 $ aCN $ b 上海图书馆 $ c19940922 $ gBDM

具体编制机构为加强录入员的责任性和提高数据的质量,还可在 801 字段增设原始编目人员代码和审核人员代码。

2. 国内使用块

国内使用块中,图书和连续出版物唯一可用的字段是 905 馆藏信息字段。该字段可重复,指示符均未定义。其中,图书常用的子字段如下:

子字段标识符	子字段内容	注释
$ a	收藏馆代码	不重复
$ b	登录号	不重复
$ d	分类号	可重复
$ e	书次号	可重复

例:

905ЬЬ $ a0001 $ bB144690—2 $ dU442.5 $ e50

三、CNMARC 格式连续出版物数据输入方法

与手工编目一样,在 CNMARC 中连续出版物数据录入的方法与图书数据录入的方法大同小异。下面也按前述四大部分顺序

介绍连续出版物数据录入方法的特点。

（一）头标区、标识块、编码信息块

头标区连续出版物人工录入的数据单元也只有以下三个：记录状态、执行代码和记录附加定义（具体使用代码详见353页表）。

标识块中，连续出版物需要人工录入的字段内容也有010国际标准书号字段（用于同时具有ISSN和ISBN的连续出版物，如年报、年鉴等，录入方法同图书的010字段），但主要录入011和091等字段。其中，011国际标准连续出版物号字段可重复，指示符均未定义，其子字段列表如下：

子字段标识符	子字段内容	注释
＄a	ISSN	不重复
＄b	修饰（ISDS不用）	不重复
＄d	获得方式和/或定价	可重复
＄y	废除的ISSN	可重复
＄y	错误的ISSN	可重复

例：

011ⱴⱴ＄a1001-8867＄d￥2.50

连续出版物的091统一刊号字段与图书的091统一书号字段完全相同。例：

091ⱴⱴ＄aCN＄b11—2746

092订购号字段录入我国书刊发行部门分配的订购号。该字段可重复，指示符均未定义，所含的子字段列表如下：

子字段标识符	子字段内容	注释
$a	国家代码	不重复
$b	国内发行号	不重复
$c	国外发行号	不重复
$z	错误发行号	可重复

例：

092ЬЬaCNb26—28$cBM664

编码信息块中,连续出版物常用字段有 100、101、102、106 和 110 字段。其中 101、102 和 106 字段与图书的相应字段完全相同。

连续出版物的 100 一般处理数据字段与图书的 100 字段基本相同,只是其中的出版日期类型、出版年 1 和出版年 2 数据元素的赋值略有不同,列表如下：

编次	数据元素	占字符数	字符位置	具体赋值	具体含义及说明
(2)	出版日期类型	1	8	a b c	现期出版 已停刊 刊行状态不明
(3)	出版年 1	4	9—12		录入起始出版年,当起始年不能确定时,则在此位置填空格
(4)	出版年 2	4	13—16		出版日期为 a 时,录 9999;为 b 时录停刊年,不详时填空格;为 c 时也填空格

例：

100ЬЬ$a19920925a19919999kmЬy0zhЬy0120ЬЬЬЬea

连续出版物的 110 编码数据字段不可重复,定长为 11 个字

符,指示符均未定义,子字段标识符只有一个＄a(不重复),具体数据元素及赋值如下:

编次	数据元素	占字符数	字符位置	具体赋值	具体含义及说明
(1)	资料类型指示符	1	0	a	期刊
				b	专题丛编
				c	报纸
				z	其他
(2)	出版频率	1	1	a	日刊
				b	半周刊
				c	周刊
				d	双周刊
				e	半月刊
				f	月刊
				g	双月刊
				h	季刊
				i	每年三次
				j	半年刊
				k	年刊
				l	双年刊
				o	旬刊
				u	不详
				z	其他
(3)	出版规律	1	2	a	定期
				b	正常不定刊(如除七、八外为月刊)
				u	不详
				y	无规律

编次	数据元素	占字符数	字符位置	具体赋值	具体含义及说明
（4）	资料类型代码	1	3	a b c d g h i k l z	书目 目录 索引（如连续出版物的连续索引） 文摘（或提要，包括指导性和情报性文摘） 指南（如人名录、机构名录或地址录） 年鉴 统计资料 书评 法律 其他
（5）	内容特征代码	3	4—6		按上述（4）顺序选取，不满三个时填空格
（6）	会议出版物指示符	1	7	0 1	非会议出版物 会议出版物
（7）	题名页获得方式代码	1	8	y	不刊行题名页，其他情况详见 CNMARC

编次	数据元素	占字符数	字符位置	具体赋值	具体含义及说明
（8）	索引获得方式代码	1	9	d	每卷最后一期附索引,其他情况详见 CNMARC
（9）	累积索引获得方式代码	1	10	0 1	无累积索引或目次表 有累积索引或目次表

例：

110ƀƀ＄aafaƀƀƀ0yd0

（二）著录信息块、附注块、连接款目块

著录信息块中,连续出版物的题名与责任说明项、版本项、出版发行项、载体形态项和丛编项的录入字段及规则均同图书的 200、205、210、215 和 225 字段,这里仅对 207 连续出版物卷期编号字段作出说明。

连续出版物的 207 字段不可重复,其指示符 1 未定义,指示符 2 赋 0 时表示卷期编号和年月是规则的,赋 1 时则表示不规则。207 字段共设两个子字段,＄a 录入卷期、年月或其他标识(当有后继标识系统时,应重复＄a 子字段标识符;当有第二标识系统时则不必重复＄a 而采取连贯录入方法)；＄z 录入编号出处(不重复)。例：

207ƀ0＄aV. 1,no. 1(1962,3)—v. 6,no. 4（1967,12）＄a 新辑,v. 1,no. 1(1986)—

207ƀ0＄a1983,no. 1—　　＝总 1—

附注块中,连续出版物的常用字段根据其内容性质可分以下几类。第一类常用的附注字段有 315 资料特殊细节附注、320 书目附注、321 索引、文摘和参考附注、324 影印本附注、327 内容附注(在连续出版物中实为主要栏目附注)及 328 学位论文附注。与图书方法一样,这些字段以及从题名与责任说明项到装订及获得方式附注字段都可归并到 300 一般性附注字段(300 字段的录入方法详见图书相应的录入方法。若不按此方法录入,各字段规则详见 CNMARC)。另外,在连续出版物中,300 字段还应包括著录依据附注。例:

300ᵇᵇ $ aV. 3,no. 2 年代 :[民国]35 年

300ᵇᵇ $ a 总 35 期为国学书目专辑

300ᵇᵇ $ a 年度索引印在下一年 no. 1 上

300ᵇᵇ $ a 本刊为 1923—27 年原版的影印版

300ᵇᵇ $ a 本刊主要栏目 :文化学术、风光揽胜、文艺园地

300ᵇᵇ $ a 本刊包括硕士、博士论文

300ᵇᵇ $ a 根据 v. 2,no. 1 著录

连续出版物第二类附注字段即 326 出版频率附注。该字段可重复,指示符均未定义,子字段设两个(均不重复),第一个 $ a 录入附注内容(即出版频率),第二个 $ b 录入 $ a 所录出版频率的时间范围。录入 326 字段时,应先录入最新的出版频率,然后再依次录入以前的出版频率。例:

326ᵇᵇ $ a 月刊 $ b1991

326ᵇᵇ $ a 季刊 $ b1980−86

326ᵇᵇ $ a 双月刊 $ b1987−90

该字段编程时需规定为第一输出顺序,否则应录入在附注块的最前面。

连续出版物一般不做内容提要。若要反映办刊宗旨、内容风格及演变特点,可像图书一样采用 330 字段录入(具体的录入方法

详见图书相应字段的录入方法）。这里试举一例：

2001ЬЬ＄a 宣传者

330ЬЬЬ＄a 本刊是中共中央专门指导宣传工作的刊物。内容
包括：一、党的宣传大纲，如《反对右倾机会主义报告大
纲》、《反对国民会议宣传大纲》等。二、宣传工作的方
法研究，如《宣传大纲和报告的用法》等。三、对各地宣
传工作的具体指导。

连续出版物的最后一类附注字段即 345 采访信息附注。该字
段不可重复，指示符均未定义，其子字段有＄a 采购地址（可重
复）、＄b 书商库存号（可重复）、＄c 介质（可重复）和＄d 获得方式
（可重复）。设置 345 字段的主要目的是方便采购或催询，所以有
必要增设子字段录入出版者和/或发行者的邮政编号和电话号码。

如前所述，CNMARC 的连接款目块主要用于连续出版物的
录入，也即在录入连续出版物时，不仅可用 41-、42-和 46-各字段来
说明连续出版物的各种竖向层次关系，用 45-各字段来说明连续
出版物的各种横向平行关系，而且还可使用 43-和 44-各字段来说
明连续出版物存在刊名变化上的年代关系。

说明年代关系先前款目可用的字段有 430（继承）、431（部分
继承）、432（替代）、433（部分替代）、434（吸收）、435（部分吸收）、
436（由…，…和…合并而成）和 437（分自）；说明年代关系后继款
目可用的字段有 440（由…继承）、441（由…部分继承）、442（由…
替代）、443（由…部分替代）、444（并入）、445（部分并入）、446（分成
…，…和…）、447（与…，…合并而成…）和 448（改回）。这些字段
所用的指示符定义和子字段的设置与前图书 4—同，录入时只需
在后录入变化了的刊名，括号中的导语生成卡片时由计算机自动
给出。其中，430～435 字段与 440～445 字段之间存在前后呼应
关系。

例如原期刊《对外汉语教学》后改为《世界汉语教学》，在做《世

378

界汉语教学》记录时,其 200 和 430 字段应录成:

2001ḇ＄a 世界汉语教学

430ḇ1＄12001ḇ＄a 对外汉语教学

同样在做《对外汉语教学》记录时,其 200 和 440 字段应录成:

2001ḇ＄a 对外汉语教学

440ḇ1＄12001ḇ＄a 世界汉语教学

再如原期刊《文艺学习》后并入《人民文学》,在做《人民文学》记录时,其 200 和 434 字段应录成:

2001ḇ＄a 人民文学

434ḇ1＄12001ḇ＄a 文艺学习

同样在做《文艺学习》记录时,其 200 和 444 字段应录成:

2001ḇ＄a 文艺学习

444ḇ1＄12001ḇ＄a 人民文学

其他刊名变化的记录详见 CNMARC。

(三)相关题名块、主题分析块、责任者块

相关题名块中,连续出版物与图书一样,可以用 500、510、512、516、517 和 540 等字段分别录入统一题名、并列题名、封面题名、书脊题名、其他题名及编目员补充的附加题名等(规则与图书相应字段同)。除此之外,连续出版物还常用 514、515 和 530 等字段分别录入卷端题名、逐页题名和识别题名等内容。其中较常用的是 530 字段。

530 字段可以重复,指示符 1 赋 0 时表示识别题名与正题名相同,赋 1 时表示不同,指示符 2 未定义。所设的子字段均不重复,它们是＄a 识别题名、＄b 修饰信息、＄j 有关的卷号或日期、＄A 识别题名汉语拼音。例:

5301ḇ＄a 数学研究＄b 大连

5301ḇ＄a 放射学实践＄b 中文版

连续出版物如果进行主题标引和分类,也可像图书那样分别使用 600、601、605、606、607 和 690 等字段分别录入个人名称主题、团体名称主题、题名主题、普通主题、地名主题和《中图法》分类号等（规则与图书相应字段同）。一些文献机构也用 610 字段录入连续出版物的非控制主题词（即关键词）。

610 字段及其唯一的子字段 $a 主题词可以重复，其指示符 2 未定义，指示符 1 赋 0 时表示主题词不分层次，赋 1 时表示分层次。实践中一般使用不分层次的方法。

连续出版物一般选用团体责任者作为检索点，这时应用 711 和 712 字段。其中，编辑者、主编者等使用 711 字段录入，主办者、委托者等使用 712 字段录入。如果连续出版物没有团体责任者，而只有个人责任者，这时应视具体情况分别使用 701 和 702 字段录入。以上规则均与图书相应字段同。

（四）国际使用块、国内使用块

国际使用块中，一般文献机构的连续出版物也只用 801 字段录入记录来源（详见图书的 801 字段）。

国内使用块中，连续出版物所用 905 馆藏信息字段与图书相应的字段基本一致，即子字段也设 $a 收藏馆代码、$b 登录号、$d 分类号，但不用 $e 书次号而用 $v 入藏卷期和/或 $y 年代范围。连续出版物馆藏信息字段一般不用"本馆缺"而用"本馆有"的方式录入。例：

2001ḃ $a 环境科学

905ḃḃ $a0001 $bB132405—11 $dX—0 $vV. 7, no. 1—v. 11, no. 6＝总 37－66 $y1986－1990（缺：v. 8, no. 3＝总 45）$vV. 13, no. 1－no. 6＝总 73－78 $y1992 $vV. 15, no. 1－no. 6＝总 85－90 $y1994

第三节　USMARC 记录的逻辑结构及西文馆藏数据库的建库方法

一、USMARC 记录的逻辑结构

（一）USMARC 记录格式

USMARC 的记录格式符合 ISO 2709 的有关规定,也与 CNMARC 大同小异,它由以下区域组成:

记 录 头标区	地 址 目次区	固 定 控制区	可 变 数据区	记 录 分隔符

1. 记录头标区与地址目次区

USMARC 格式的头标区与 CNMARC 一样,也定长为 24 个字符,由固定长数据元素组成,并通过字符位置标识。与 CNMARC 所不同的是,它将 CNMARC6－9 字符位置的执行代码内容一开始就细分为记录类型(字符位 6)、目录级别(字符位 7)和空白位(字符位 8—9),将 CNMARC 17—19 字符位置的记录附加定义一开始就细分为编码级别(字符位 17)、编目形式(字符位 18)和空白位(字符位 19)。这些字符位以及字符位 5 记录状态的作用也与 CNMARC 一致,只是具体赋值略有区别。这些内容将在后面有关部分具体介绍。

USMARC 格式头标区的其他字符位及其目次区,作用和结构与 CNMARC 同,也由计算机自动生成。

2. 固定控制区与可变数据区

USMARC 的控制区之所以称之为固定控制区,是因为该区内的字段多为固定长。其特点有二:a. 该区设置的字段标识均为

00-(001—009)；b.字段标识符后均不设字段指示符和子字段，并均以字段分隔符为结束符。

西文图书和连续出版物常用的控制字段有 001、005、006 和 008。其中，001 控制号和 005 最后一次作业的日期和时间这两个字段与 CNMARC 的 001 记录控制号和 005 记录版次标识的两个字段同，也即都由计算机自动生成。所不同的是 CNMARC 的 001 字段定长为 10 个字符，而 USMARC 的 001 字段定长为 11 个字符，具体结构如下：

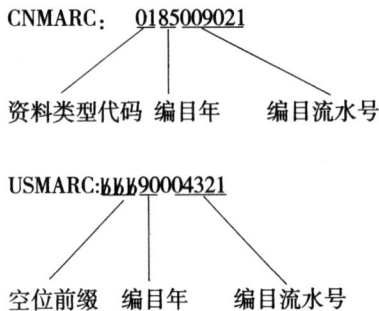

CNMARC：0185009021

资料类型代码　编目年　　编目流水号

USMARC：ЬЬЬ90004321

空位前缀　编目年　　编目流水号

USMARC 的 006 定长数据元素——附件特征字段是 US-MARC 格式一体化后新增的字段，目的是为解决 008 字段不能重复、不能自定义以及 007 字段不能判别非书资料的连续出版物特性的不足。该字段是可选字段，主要提供附件的特征，含有 18 个字符位置（0-17）。其中，0 字符位的代码为资料类型（如图书为 a，连续出版物为 s），其值确定 1-17 字符位的代码值；而 1-17 字符位的代码和定义又与 008 字段相应资料形式的 18-34 字符的值一致。

USMARC 的 008 定长数据元素字段包含 40 个字符位置（0-39），数据元素也按字符位定义。其中，0—17 和 35—39 字符位对各种记录类型定义相同（相当于 CNMARC 的 100 字段）；而

18—34 字符位在不同的记录类型中定义各不相同。这里先将对各种记录类型相同的 0—17 和 35—39 字符位的定义介绍如下：

数据元素	占字符数	字符位置	具体赋值	具体含义及说明
入档日期	6	0—5		用年 2 位、月 2 位、日 2 位方式表示，如 900122 表示 1990 年 1 月 22 日入档
出版日期类型	1	6	s	出版日期明确
			t	出版日期和版权日期
			m	初版日期和末版日期（非一次出版的多卷书）
			r	重印日期和原版日期
			q	推定出版日期
			n	出版日期不明
			c	还在刊行的连续出版物
			d	已经停刊的连续出版物
			u	出版状态不明的连续出版物
出版年 1	4	7—10		出版日期代码为 s、t、m、c、d、u 时，填出版年或起始年；为 r 和 q 时，填重印年和推定年（尾数必须填 0）；为 n 时，填ЬЬЬЬ
出版年 2	4	11—14		出版日期代码为 s 和 n 时，填ЬЬЬЬ；为 c 和 u 时，填 9999；为 r、t、d 时，分别填原版年、版权年和终止年；为 q 时，填推定年（尾数必须填 9）；为 m 时或填出版年（最后一卷）或填 9999（还在出版）

（续表）

数据 元素	占字 符数	字符 位置	具体 赋值	具体含义及说明
出版 国代号	3	15—17		按《USMARC code list for coun- tries》代码填，英、美、加和前苏联用 三位代码，其他国家用两位代码，右 边不足部分填♭
语种 代码	3	35—37		按《USMARC code list for langua- ges》代码填，本处代码仅反映文献正 文语种或文献第一语种
修改 记录 代码	1	38	♭	未作修改
			s	截短记录（记录超过本系统最大容 度而被截断）
			x	记录字符漏缺
			r	部分罗马化（记录罗马化但卡片仍 用本国语）
			o	完全罗马化（记录和卡片目录均罗 马化）
编目 来源 代码	1	39	♭	美国国会图书馆
			a	美国农业图书馆
			b	美国医学图书馆
			c	国会图书馆合作编目单位
			d	其他来源
			n	《新刊题录》报告
			u	不清楚

　　USMARC 中的数据区之所以称作为可变数据区，是因为数据区中的各书目数据不能事先固定其字符个数，而应随具体情况而变。USMARC 数据区与 CNMARC 数据区的共同特点，是其

各字段均由字段指示符和子字段标识符组成,所不同的只是前者字段基本上是依 AACR₂ 所要求的款目著录顺序,并按结构化的方式组织起来。

(二)USMARC 的常用字段及其说明

从理论上讲,USMARC 从 001－999 可设置近千个字段,但目前包括图书、连续出版物、声像资料、手稿、地图、乐谱等在内的各种 MARC 版本只是使用了其中的 260 多个字段。由于篇幅所限,下面仅把图书和连续出版物必备或有则必备的常用字段列出并作必要的说明(其中字段和子字段后的"(R)"表示可重复,"(N)"表示不重复,"I"代表字段指示符):

010(N):LC 卡片号:I1 和 I2 均未定义

子字段:＄aLC 卡片号(N),＄bNUCMC 控制号(R),＄z 取消/失效的 LC 卡片号(R)

020(R):国际标准书号:I1 和 I2 均未定义

子字段:＄aISBN(N),＄c 获取方式(N),＄z 取消/失效的 ISBN(R)等

022(R):国际标准连续出版物号:I1 赋 b 没有标明刊物国际影响级别,赋 0 国际有影响的刊物,赋 1 没影响的刊物;I2 未定义

子字段:＄aISSN(N),＄y 不正确的 ISSN(R),＄z 已取消的 ISSN(R)

040(N):编目源:Ⅱ 和 I2 均未定义

子字段:＄a 原始编目机构(N),＄b 编目语种(N),＄c 转录机构(N),＄d 修改机构(R),＄e 著录条例(N)等

041(N):语种代码:I1 赋 0 非译著,赋 1 译著;I2 未定义

子字段:＄a 著作正文或篇名语种代码(N),＄b 著作摘要或副题名语种代码(N),＄h 原文或转译著作语种代码(R)等

043(N):地理区域代码:I1 和 I2 均未定义

子字段:＄a 地理区域代码(R)

100(N):主要款目——个人名称:I1 赋 0 名,赋 1 单姓,赋 2 复姓,赋 3 族姓;I2 未定义

子字段:＄a 个人名称(N),＄b 世次(N),＄c 称号或其他与名称相连的词(R),＄d 生卒日期(N),＄k 形式副标目(R),＄q 名称的完全形式(N)等

110(N):主要款目——团体名称:I1 赋 0 以倒序个人名称作标目首词的团体名称,赋 1 行政管辖区域名称,赋 2 直叙式名称;I2 未定义

子字段:＄a 团体名称(N),＄b 下属单位(R),＄c 会议地址(N),＄d 会议或签约日期(N),＄e 关系词(N),＄k 形式副标目(R)等

111(N):主要款目——会议名称:I1 赋 0 以倒序个人名称作标目首词的会议名称,赋 1 行政管辖区域名称,赋 2 直叙式名称;I2 未定义

子字段:＄a 会议名称(N),＄c 会议地址(N),＄d 会议日期(N),＄e 下属单位(R),＄k 形式副标目(R),＄q 跟随行政管辖区域款目要素的会议名称(N)等

130(N):主要款目——统一题名:I1 赋 0～9 不排档的字符数;I2 未定义

子字段:＄a 统一题名(N),＄d 签约日期(R),＄f 著作日期(N),＄g 其他信息(N),＄h 介质说明(N),＄k 形式副标目(R)等

222(R):识别题名:I1 未定义;I2 赋 0～9 不排档的字符数

子字段:＄a 识别题名(N),＄b 限制信息(N),＄6 连接(N)

245(N):题名说明:I1 赋 0 无题名附加款目,赋 1 有题名附加款目;I2 赋 0～9 不排档的字符数

子字段:＄a 题名(N),＄b 题名其余部分(N),＄c 责任说明/从题名页转录的其他部分(N),＄f 首尾日期(N),＄g 集

中出版日期(N)，＄h介质说明(N)，＄k资料形式(R)，＄n
分卷/分节号(R)，＄p分卷/分节题名(R)等

246(R)：题名变异形式：I1赋0有附注无题名附加款目，赋1有附
注和题名附加款目，赋2无附注和题名附加款目，赋3无附注
有题名附加款目；I2赋9无信息提供，赋0部分题名或附加题
名检索，赋1并列题名，赋2区域性题名，赋3其他题名，赋4
封面题名，赋5附加题名页题名，赋6文首题名，赋7逐页题
名，赋8书脊题名(赋2～8时，附注导语由系统生成)

子字段：＄a正题名/简略题名(N)，＄b题名其余部分(N)，
＄f卷期号/著作日期(N)，＄g其他信息(N)，＄h介质说明
(N)，＄n分卷/分节号(R)，＄p分卷/分节题名(R)等

247(R)：前题名：I1赋0无题名附加款目，赋1有题名附加款目；
I2赋0显示附注，赋1不显示附注

子字段：＄a正题名/简略题名(N)，＄b题名其余部分(N)，
＄f卷期号/著作日期(N)，＄g其他信息(N)，＄h介质说明
(N)，＄n分卷/分节号(R)，＄P分卷/分节题名(R)，＄x
ISSN(N)，＄6连接(N)

250(N)：版本说明：I1和I2均未定义

子字段：＄a版本说明(N)，＄b版本说明的其他部分(N)等

260(N)：出版发行说明：I1和I2均未定义

子字段：＄a出版发行地(R)，＄b出版发行者(R)，＄c出版
发行期(R)，＄e印制地(N)，＄f印制者(N)，＄g印制期
(N)等

300(N)：载体形态说明：I1和I2均未定义

子字段：＄a篇幅(R)，＄b其他形态细节(N)，＄c尺寸(R)，
＄e附件(N)等

310(N)：当前出版频率：I1和I2均未定义

子字段：＄a当前出版频率(N)，＄b当前出版频率日期(N)等

321(R):先前出版频率:I1 和 I2 均未定义

子字段:＄a 先前出版频率(N),＄b 先前出版频率日期(N)等

362(R):出版日期和/或卷册标识:I1 赋 0 格式化日期,赋 1 未格式化日期;I2 未定义

子字段:＄a 出版日期和/或卷册标识(N),＄z 信息源(N)等

400(N):丛编说明/附加款目——个人名称:I1 与 100/I1 同;I2 赋 0 主要款目不用代词表示,赋 1 主要款目用代词表示

子字段:与 100 同,增加的子字段有＄v 卷期/连续标识号(N),＄xISSN(N),＄4 关系代码(R),＄6 连接(N)

410(R):丛编说明/附加款目——团体名称:I1 与 110/I1 同;I2 与 400/I2 同

子字段:与 110 同,增加的子字段与 400 同

411(R):丛编说明/附加款目——会议名称:I1 与 111/I1 同;I2 与 400/I2 同

子字段;与 111 同,增加的子字段与 400 同

440(R):丛编说明/附加款目——题名:I1 未定义;I2 赋 0～9 不排档字符数

子字段:＄a 题名(N),＄n 分卷/分节号(R),＄P 分卷/分节题名(R),＄v 卷期/连续标识号(N),＄xISSN(N),＄6 连接(N)

490(R):丛编说明:I1 赋 0 丛编不作根查,赋 1 作根查;I2 未定义

子字段:＄a 丛编说明(R),＄1LC 索书号(N),＄v 卷期/连续标识号(R),＄xISSN(N),＄6 连接(N)

500(R):一般附注:I1 和 I2 均未定义

子字段:＄a 一般附注(R),＄3 专指资料(N)等

501(R):合订附注:I1 和 I2 均未定义

子字段:＄a 合订附注(N,带导语 With:)等

502(R):学位论文附注:I1 和 I2 均未定义

子字段：＄a 学位论文附注(N)等

504(R)：书目等附注：I1 和 I2 均未定义

　　子字段：＄a 书目等附注(N)等

505(N)：格式化的内容附注：I1 赋 0 完整的内容附注，赋 1 不完整的内容附注，赋 2 部分内容附注；I2 未定义

　　子字段：＄a 格式化内容附注(N，导语 Contents：由系统生成)，＄6 连接(N)

510(R)：引文/参考附注：I1 赋 0 未说明收录范围(系统生成导语 Index by：)，赋 1 全部覆盖(生成 Index in its entirety by：)，赋 2 有选择(生成 Index selectively by：)，赋 3 没提供参考源位置(生成 References：)，赋 4 提供参考源位置(生成 References：)；I2 未定义

　　子字段：＄a 参考源名称(N)，＄b 参考源覆盖日期(N)等

520(R)：摘要等附注：I1 赋 ｂ无信息提供(系统生成导语 Summary：)，赋 0 主题(生成 Subject：)，赋 8 不显示常数；I2 未定义

　　子字段：＄a 摘要等附注(N)，＄b 摘要附注的扩展(N)等

600(N)：主题附加款目——个人名称：I1 与 100/I1 值同；I2 赋 0LC 主题标目/LC 规范文档，赋 1LC 主题标目(儿童读物)，赋 2 医学主题标目/NLM 规范文档，赋 3 美国农业图书馆主题规范文档，赋 4 来源未说明，赋 5 加拿大主题标目/NLC 规范文档，赋 6 加拿大法文主题标目/NLC 规范文档，赋 7 来源在 ＄2 说明

　　子字段：与 100 同，增加的子字段有 ＄h 介质说明(N)，＄s 版本(N)，＄x 通用复分(R)，＄y 年代复分(R)，＄2 地理复分(R)，＄2 标目或词语来源(N)，＄3 专指资料(N)等

610(R)：主题附加款目——团体名称：I1 与 110/I1 同；I2 与 600/I2 同

　　子字段：与 110 同，增加的子字段与 600 同

389

611(R):主题附加款目——会议名称:I1 与 111/I1 同;I2 与 600/I2 同

子字段:与 111 同,增加的子字段与 600 同

630(R):主题附加款目——统一题名:I1 与 130/I1 同;I2 与 600/I2 同

子字段:与 130 同,增加的子字段与 600 同

650(R):主题附加款目——论题性词语:I1 赋 b 没有可以获取的信息,赋 0 没有说明级别,赋 1 主要主题,赋 2 次要主题;I2 与 600/I2 同

子字段:$a 论题性词语或作为款目要素的地理名称(N),$b 论题性词语后跟有作为款目要素的地理名称(N)等

651(R):主题附加款目——地理名称:I1 未定义;I2 与 600/I2 同

子字段:$a 地理名称(N),$x 通用复分(R),$y 年代复分(R),$z 地理复分(R),$2 标目或词语来源(N)等

700(R):附加款目——个人名称:I1 与 100/I1 同;I2 赋 b 无信息提供,赋 2 分析款目

子字段:与 100 同,增加的子字段有 $h 介质说明,$s 版本(N),$xISSN(N),$3 专指资料(N),$4 关系代码(R),$5NUC 机构代号,$6 连接(N)

710(R):附加款目——团体名称:I1 与 110/I1 同;I2 与 700/I2 同

子字段:与 110 同,增加的子字段与 700 同

711(R):附加款目——会议名称:I1 与 111/I1 同;I2 与 700/I2 同

子字段:与 111 同,增加的子字段与 700 同

730(R):附加款目——统一题名:I1 与 130/I1 同;I2 与 700/I2 同

子字段:与 130 同,增加的子字段与 700 同

740(R):附加款目——无控制的相关/分析题名:I1 与 130/I1 同;I2 与 700/I2 同

子字段:$a 无控制的相关/分析题名(N),$h 介质说明(N),

＄n 分卷/分节号(R)，＄p 分卷/分节题名(R)等

765(R)：原著款目：I1 赋 0 显示附注，赋 1 不显示附注；I2 未定义

子字段：＄a 主要款目标目(N)，＄b 版本(N)，＄c 限定信息(N)，＄d 出版地、者、年(N)，＄g 相关信息(R)，＄k 相关文献的丛编数据(R)，＄r 报告号(R)，＄s 统一题名(N)，＄t 题名(N)，＄u 标准技术报告号(N)，＄w 记录控制号(R)，＄x ISSN(N)，＄y 缩称代码(CODEN)标识(N)，＄zISBN(N)，＄6 连接(N)，＄7 控制子字段(N)，/0 主要款目标目类型等

767(R)：译著款目：I1 和 I2 与 765 同

子字段：与 765 同

777(R)：合订款目：I1 和 I2 与 765 同

子字段：比 765 少＄u 标准技术报告号(N)，＄zISBN（R）

780(R)：先前款目：I1 与 765/I1 同；I2 赋 0 继续(系统可能生成导语 Continues：)，赋 1 部分继续(可能生成 Continues in part；)，赋 2 取代(可能生成 Supersedes：)，赋 3 部分取代(可能生成 Supersedes in part；)，赋 4 由…和…合并而成(可能生成 Formed by the union of…and…)，赋 5 吸收(可能生成 Absorbed：)，赋 6 部分吸收(可能生成 Absorbed in part：)，赋 7 分自(可能生成 Separated from：)

子字段：与 765 同

785(R)：后续款目：I1 与 765/I1 同；I2 赋 0 由…继续(系统可能生成导语 Continued by：)，赋 1 由…部分继续(可能生成 Continued in part by：)，赋 2 由…取代(可能生成 Superseded by：)，赋 3 由…部分取代(可能生成 Superseded in part by：)，赋 4 由…并入(可能生成 Absorbed by：)，赋 5 由…部分并入(可能生成 Absorbed in part by：)，赋 6 分成…和…(可能生成 Split into…and…)，赋 7 与…合并成…(可能生成 Merged with…to form),赋 8 改回(可能生成 Change back to:)

子字段:与 765 同

800(R):丛编附加款目——个人名称:I1 与 400/I1 同;I2 未定义

子字段:除＄x 外与 400 同,增加的子字段有＄h 介质说明 (N),＄q 名称的完全形式(N),＄s 版本(N)等

810(R):丛编附加款目——团体名称:I1 与 410/I1 同;I2 未定义

子字段:除＄x 外与 410 同,增加的子字段有＄h 介质说明 (N),＄s 版本(N)等

811(R):丛编附加款目——会议名称:I1 与 411/I1 同;I2 未定义

子字段:除＄x 外与 411 同,增加的子字段与 810 同

830(R):丛编附加款目——统一题名:I1 未定义;I2 赋 0～9 不排 档的字符数

子字段:与 130 同,增加的子字段是＄v 卷期/连续性标识(N)

9－:国会图书馆暂没使用

(三)USMARC 记录中的标识系统

USMARC 记录中的标识系统与 CNMARC 记录中的标识系统基本一致,也即它由内容标识符和分隔符(包括字段分隔符和记录分隔符)所组成。其内容标识符(包括字段标识符、字段指示符和子字段标识符),前面的论述已经涉及;其字段分隔符的使用也同 CNMARC,文本格式中可用 Ⅴ表示;其记录分隔符也用在一条记录的结尾处,文本格式中可用 Ⅴ表示。为将上述内容综合起来,下举一条 USMARC 图书记录:

| 头标区 | 目次区

00515nam℧2200145℧℧℧4500001001300000008004100013 0500

01800054 082001600072 100002300088 245006300111 260006 10

| 控制区 001

01743000039 00235500003700274650005900311℧℧℧675010118

| 008 | 数据区 050

392

/ƀF700319s1969ƀƀƀƀxxƀaƀƀƀƀƀƀƀƀƀ00010ƀengƀƀF0ƀ $ aHD95
| 082 | 100

60.5 $ b. S8Fƀƀ $ a338.2/7/282F10 $ aSugarman,ƀStephen
| 245

. F10 $ aPetroluem,ƀindustryƀhandbook. $ c[Editedƀbyƀ ƀStep
| 260

hen,ƀSugarman. Fƀƀ $ an. p.] $ bPublishedƀbyƀJ. ƀM. ƀWeiner
| 300

/ƀforƀD. ƀH. ƀBlair $ c[1969]Fƀƀ $ axxii, ƀ794ƀp. $ billus.
| 500

ƀmaps. $ c29ƀcm. Fƀƀ $ a"Forƀlimitedƀdistributionƀonly
| 650

. "Fƀ60 $ aPetroleum,ƀindustryƀandƀtrade $ xHandbooks, ƀm

anuals. ƀetc. Ɍ

美国 MARC 磁带采用美国国家标准学会所通过的磁带信息
交换标准字符集(即 ASC 码,其字符由 7 位代码组成),但 MARC
字符集已扩充到 9 道磁带用的 8 位代码和 7 道磁带用的 6 位代
码,而基本的 MARC 代码集是 8 位。

二、西文馆藏数据库的建库方法

（一）书目光盘的选择及简介

光盘的形式多样、尺寸不一。根据信息记录的方式,可分模拟
光盘和数字光盘两种;根据信息存取的方式,又分一写多读型
(WORM,即 Write once read more)、多读多写型(WMRM,即
Write more read more)和只读型(CD-ROM,即 Compact disc
read-only memory)三种。书目光盘一般采用数字型只读光盘。

1985 年,美国图书馆公司(Library Corporation)率先推出世

界上第一个商品化的 CD-ROM 数据库,即 BiblioFile 书目文档数据库。10 年来,世界各国的只读光盘有了突飞猛进的发展。据英国 TFPL 出版公司出版的《CD-ROM Directory 1991》一书介绍,当时全世界 1840 家公司出版发行的只读光盘,已涉及 25 个主要学科计 1522 种,其中用于图书馆目录系统的光盘数据库就有 60 余种(多数是由联机或网络数据库转录而成)。另据中国教图公司 1991 年编制的《只读光盘指南》的粗略统计,适合我国文献编目(当然也适合于书目检索)的只读光盘即有 20 来种。其中,较有实用价值的只读光盘有 BNB on CD-ROM、LaserOuest、LaserCat、OCLC/Amigos Collection Analysis CD 和 CD MARC Bibliographic 等。目前,我国文献机构西文编目部门大都采用 BiblioFile 编目系统作为本单位计算机编目的参考工具,因为该系统的数据库基本来自美国国会图书馆,具有权威性。其次,该系统的软件系统功能也较完善,具有实用性,因而较受用户欢迎。

BiblioFile 编目系统目前拥有四种数据库,即 LCMARC 英语数据库、LCMARC 外语数据库、西尔斯/杜威数据库和大学非正式出版物 MARC 数据库。LCMARC 英语数据库和外语(非英语)数据库共记录美国国会图书馆 300 多万条记录,包括书、刊、声像资料、手稿、地图、乐谱等。其中英语数据库覆盖了国会图书馆自 1968 年以来的全部英语文献书目记录和 1900～1967 年以来的部分记录,分别存储在四张光盘上,前三张(1～3 号)是数据盘,第四张(6 号盘)兼有新数据存储和全部数据索引之功能,按月或按季更新。收到外语数据库中的各语种的 MARC 记录起始年份不一,分别存储在 4 号(数据盘)和 5 号(数据及索引盘)光盘上,数据按季更新。

LCMARC 数据库中的记录大都根据 $AACR_2$ 和 ISBD 录入,这与我国《西文条例》相符。主题标目统一采用 LCSH(即《美国国会图书馆主题标题表》),可基本为我国各馆采用。即使记录中的国会图书馆分类号和杜威十进分类号,也可作为我们的分类参考。因此,充分利用 LCMARC 光盘数据库完全可以大大提高各馆西文编目和建库的质量和水平。

BiblioFile 编目系统软件由一系列菜单式程序组成。最新版本的 BiblioFile 光盘编目系统由编目系统软件、构形程序软件、批处理应用软件和其他一些软件的 60 多个文件组成。

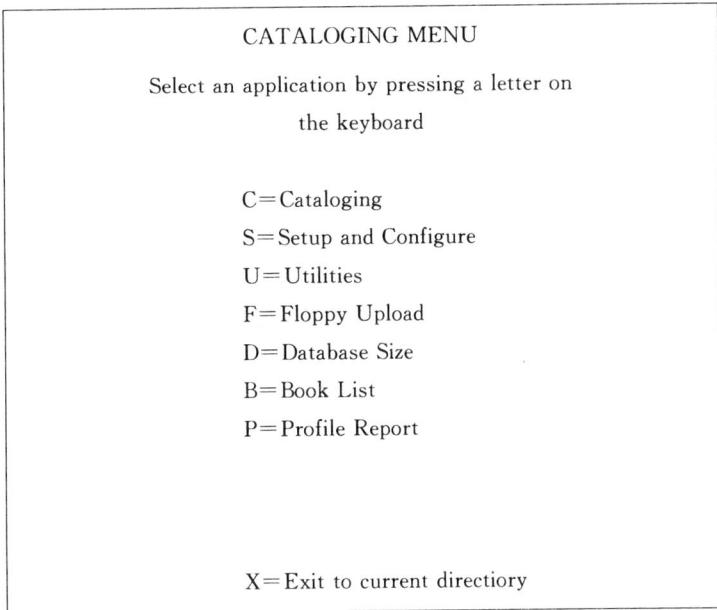

```
                    CATALOGING MENU

        Select an application by pressing a letter on
                      the keyboard


              C=Cataloging
              S=Setup and Configure
              U=Utilities
              F=Floppy Upload
              D=Database Size
              B=Book List
              P=Profile Report




              X=Exit to current directiory
```

以上列出的是 BiblioFile 编目系统的主菜单,概括了该编目系统的所有功能,如通过按键盘上的字母 C 就能进入 BiblioFile 的编目系统,以实现一系列的编目功能(后面介绍)。因此,充分利用能使 LCMARC 光盘数据库运行的软件系统可大大加快建立西文馆藏数据库的步伐。

BiblioFile 编目系统软件能向用户提供源数据和馆藏数据库

的数据检索以及原始编目服务,其中包括从数据的检索到生产卡片目录等一系列功能,下面提供 BiblioFile 编目系统功能表:

```
                        Cataloging Functions

    F1              : Search MARC
    F2              : Cataloging Menu
    F3              : Edit Record
    F4              : Display Card
    F5              : Input Original
    F6              : Print Cards
    F7              : Delete Record
    F8              : Print Label
    F9              : Save Record
    F10             : Search Diskette
    ALT F2          : Cataloging Master Menu/Exit
    ALT F3          : Print MARC Record
    ALT F4          : Display Configuration
    ALT F5          : Insert Control Number
    ALT F6          : Print Single Card
    ALT F8          : Display Disc Oueue
    ALT F9          : Display Label
    ALT F10         : Display Diskette Directory

For HELP with any of these functions, press 〈ESC〉
```

文献机构借助上述系统功能完全可以建立自己的西文馆藏数据库,具体途径是:1.应用光盘源数据建库;2.基于光盘系统原始编目。

(二)应用光盘源数据建库

应用光盘源数据建库大致需要以下三大步骤,即光盘记录检索、光盘记录编辑和光盘记录转存。

1. 光盘记录检索

光盘记录检索首先是将所有盘(有多台驱动器时)或 6 号盘(只有一台驱动器)置于光盘驱动器中,然后再利用 F1 功能检索受编文献的 BiblioFile 记录。F1 功能设有题名、著者(或著者\题名)、LCCN(国会图书馆目录卡片号)、ISBN(连续出版物用 ISSN)及 GPO(美国政府出版局分类号)等检索途径。图书 BiblioFile 记录的首选检索途径是 LCCN,因为此号具有唯一性、命中率最高且输入简便。但 LCCN 只限于美国出版且经国会图书馆编目的图书,因此在 LCCN 检索不到的情况下可换 ISBN 途径检索。在BiblioFile 光盘中,第一位不是 0 的 ISBN 不作检索点。另受一书多号的影响,美国以外出版的图书按 ISBN 途径检索命中率较低,因此可换题名或著者途径检索。为提高命中率,以题名尤其是普通题名或常用题名为途径检索时,可通过增加适当的限制信息(如著者、出版年、文献页码等)限定检索范围;著者姓名重复率较高时,可通过增加题名信息(即著者\题名)或其他限制信息限定检索范围。当然,载有 GPO 分类号的图书,也可从 GPO 分类号的角度进行检索。连续出版物首选的检索途径是 ISSN,其次是题名等途径。

检索点输入后,如果用户有多台光盘驱动器与一台微机连接,其检索结果只有两种,即不命中或命中显示。在出现前一种情况下,检索人员可通过核实输入信息是否有误后决定是否重新输入同一检索点还是更换检索点或是放弃检索。在出现后一种情况下,如果数据库中只有一条记录与检索点吻合,检索人员根据其内容决定取舍;如果数据库中有多条记录与检索点吻合,检索人员应根据检索点以外的信息从中择一。

如果用户只有一台光盘驱动器与微机连接,在检索点输入后,编目系统将视不同情况反映检索结果：a. 屏幕显示不命中信息，检索人员可通过核实输入信息是否有误后决定是否重新输入同一检索点还是更换检索点或是放弃检索；b. 数据库中有一记录与检索点吻合，而且是在检索盘内，检索结果立即显示，检索人员根据其内容决定取舍；c. 数据库中有一条记录与检索点吻合，但不在检索盘内，屏幕显示光盘号并把数据自动存入光盘队列中；d. 数据库中有多条记录与检索点吻合，屏幕显示命中单，检索人员从中择一，并输入被选取记录的顺序号，这时系统会立即显示命中信息（命中信息在索引盘）或把数据存入到光盘队列中（命中信息在其他数据盘内）。当一批文献检索完毕，检索人员再把存入的信息逐个检出。

2. 光盘记录编辑

从光盘队列中逐个检出的光盘记录在转存到输出软盘之前，还需进行一些必要的光盘数据编辑。这方面的工作概括起来就是对源数据进行必要的增、删、改。其中，删的工作又穿插在增和改的工作环节中。

所谓增，就是根据受编文献的实际信息源信息对源数据中没有录入的信息进行必要的补充。众所周知，BiblioFile 为了及时反映最新的书目信息，有些记录尤其是 6 号盘中的有些记录是根据图书的 CIP 录入的，而 CIP 所反映的信息往往是不全不完整的。这就需要编目员根据受编文献的实际情况，在源记录上补录一些字段的有关代码（如 008 字段中的某些代码）及字段（如 260、300 和 5－等字段），并将已经完成使命的 263 计划出版日期字段删除。另外普遍需要补录的子字段和字段有 020 $c 子字段，以及 09-（如 090）地方索书号字段和 9－（如 905）地方馆藏信息等字段。其中地方馆藏信息字段也可遵从图书馆公司对用户的建议，即用 049 字段录入（该字段允许重复，各子字段标识符和子字段内容各馆也可自定）。

需要改的情况,归纳起来大致有以下三种。第一种是源数据本身没错,但与本馆受编文献的有关信息有出入。如西文书一般有一书多号现象,如果源数据中的 ISBN 与受编文献上的 ISBN 不一,应将前者改为后者。随着 020 字段的修改,260 字段中的＄a 和＄b 子字段一般也应作相应的修改和/或补充;随着 260 字段的＄a 子字段的修改,008 字段中的出版国代码有时也应作相应的修改。如果源数据是根据 CIP 录入的,还应仔细核对受编文献的标目形式及题名与记录中的相应字段信息是否一致,由于这些内容在出版过程中著者经常进行修改(包括题名词序的变化及副题名的内容变化等),不一致时应以受编文献为准进行修改。至于文献中出现的中国责任者名称和/或统一题名,其相应字段数据也应用汉语拼音。

第二种修改情况是源数据本身也没错,但与本馆的一些传统做法和格式要求不一,因此也可修改。如 400、410、411、440 和 490 字段都是录入丛编说明的,但若记录中出现的是 400 或 410,或 411 或 440 字段,那么在输出卡片格式中就会出现以丛编的个人或团体,或会议或题名为检索点的附加款目形式,而如果编目馆的传统做法是对丛编不做附加款目的话,就应将 440 等字段改录成 490 字段。再如在 BiblioFile 光盘中的连续出版物记录也有两种记录形式,一种是完全书目记录,另一种是卡片记录(输出卡片格式)。前者项目繁多,而后者又过于简单,比如它几乎省略了所有的附注项,包括对我国读者来说是十分重要的沿革附注。对此,可以将记录中 780 和 785 等字段中的第一个指示符 1(不显示附注)改作 0(显示附注)。

第三种修改情况是针对源数据中的非标准化问题而进行的。BiblioFile 光盘数据产生非标准化现象的原因主要有三:a. 编目条例的修改所引起的非标准化。众所周知,AACR$_2$ 是 1978 年修订出版的,而在此之前国会图书馆是按 AACR 编目的,因此凡以后者录入的记录在许多方面尤其是在团体标目选取等方面今天看来是不标准的；b. 他馆录入所引起的非标准化。如前所述，Biblio-File 中的记录基本是由美国的国会图书馆录入的，但也有一部分记录是由他馆录入的（这一点可以从记录的 040 字段的原始编目机构名称看出），而这些馆因其历史原因或想照顾本馆传统，往往在有些小项目上著录不符合 AACR$_2$ 的要求；c. 原始编目的专家或录入员因工作疏忽所引起的非标准化。这些都应在光盘记录转存之前予以修改。

光盘记录编辑通过 F3 编辑功能实现。凡经修改编辑的记录可通过 F9 功能转存到输出软盘上，以供下一步打印目录卡片和/或转存到馆藏硬盘数据库中。

（三）基于光盘系统的原始编目

尽管馆藏文献的 70%～80%可在 BiblioFile 光盘中获得源数据，但也有 20%左右的馆藏文献需要进行原始编目。由于 BiblioFile 系统软件具有较强的原始编目功能，我们可以根据需要选择图书、连续出版物、乐谱、录音资料、地图、录像资料（如电影、幻灯、录像等）13 种不同记录类型的原始屏幕显示进行相应文献的原始编目工作。

基于光盘系统的原始编目通过 F5 的功能实现，依次录入的顺序是头标区的录入、控制区的录入和数据区的录入。

1. 头标区的录入

USMARC 头标区的字符位 6 记录类型，对西文图书和连续出版物来说赋值非 a（印刷品）即 b（手写本），一般情况均赋 a；字符位 7 对图书来说一般赋值 m（专著级），连续出版物为 s（连续级），若是分析级（丛书子书）和集合级（如合订本）则分别赋值 a 和 c；字符位 17 对图书和连续出版物来说一般赋值 ⅳ（完全级，即 MARC 记录内容完整），否则赋 1（MARC 记录内容次于完全级）；字符位 18 对图书和连续出版物来说一般赋值 a（表示著录和标目采用 AACR₂ 规则），否则赋值 ƀ（表示著录没有使用 ISBD 格式），或 i（表示著录完全采用了 ISBD 格式），或 p（表示著录部分采用了 ISBD 格式）。加上原始编目的字符位 5 均赋值 n（新记录），所以图书头标区需要人工录入的代码一般是 namƀa，连续出版物则一般为 nasƀa。

2. 控制区的录入

USMARC 控制区原始编目需要人工录入的字段一般是 001 和 008 两个字段。

如前所述，001 字段的记录控制号即 LCCN。如果利用 BiblioFile 的源数据建立自己馆的 MARC 记录，可以沿用 LCCN，也可另设本系统的控制号（这时应将原 LCCN 转存到 010 字段），但在建立原始编目记录时则必须另设本系统的控制号。设立本系统的控制号应遵从 BiblioFile 编目系统的要求，即采用空格前缀＋编目年＋编目流水号的 11 位定长字段。为使各单位的控制号与 LCCN 相区别，较合适的方法是将空格前缀改用本系统的小写名称代码。如复旦大学图书馆 1995 年开始的原始编目控制号可以以下形式出现，即 ful95000001。与 LCCN 一样，BiblioFile 编目系统软件一旦建立起本系统的控制号，在以后的原始编目中就会自动依次生成。如在 1995 年复旦大学图书馆原始编目的第 98 条记录上，BiblioFile 编目系统软件会自动生成 ful95000098 控制号。

008 字段的 0～17 和 35～39 字符位由于对各记录类型定义相同，所以前面作了介绍。008 字段的 18～34 字符位在图书中的定义类似于 CNMARC 中的 105 字段，具体赋值如下：

字符位置	数据元素	具体赋值	具体含义及说明
18—21	插图		与 CNMARC 基本一致,只是用 p =照明图像,用 ƀ=无插图
22	读者对象	ƀ j	不清楚或不适用 青少年(指 15 岁以下的少年和儿童)
23	资料形式	a	缩微胶片,b=缩微平片,c=不透明缩微片,d=大字体印刷本,f=盲文资料,r=普通印刷品复制件,ƀ=无上列形式
24—27	内容特征	t	技术报告,b=书目,k=唱片目录,q=电影目录,c=目录,i=索引,a=文摘,d=词典,e=百科全书,r=便览,y=年鉴,s=统计资料,f=手册,p=教材,l=法规,w=法律报告和摘要,g=法律文章,o=书评,v=案例,n=专题文献调查,ƀ=无特定的内容特征
28	政府出版物	a	苏联、南斯拉夫、马来西亚的自治区或半自治区的出版物,c=州以下多个地区行政管辖区的出版物,f=联邦/国家,i=跨国政府机构,e=市、县、镇等地方行政机构,m=多个州、省、领地一级的联合管辖区,o=级别未定,s=州、省、领地一级的行政管辖区,z=其他政府出版物,u=不清楚是否是政府出版物,ƀ=非政府出版物

字符位置	数据元素	具体赋值	具体含义及说明
29	会议出版物	0	非会议出版物
		1	会议出版物
30	纪念文集	0	非纪念文集
		1	纪念文集
31	索引	0	无索引
		1	有索引
32	未定义字符位	♭	
33	小说	0	非小说
		1	小说
34	传记	a	自传,b＝单传,c＝合传,d＝含传记资料,♭＝资料

008 字段的 18～34 字符位在连续出版物中的定义类似于 CNMARC中的 110 字段,具体赋值如下:

字符位置	数据元素	具体赋值	具体含义及说明
18	出版频率	a	年刊,b＝双月刊(6～8 期/年),c＝半周刊,d＝日刊,e＝双周刊,f＝半年刊,g＝双年刊,h＝三年刊,i＝三期/周,j＝三期/月,m＝月刊(9～12 期/年),q＝季刊,s＝半月刊,t＝三期/年,u＝刊期不明,w＝周刊,z＝其他,♭＝无明确出版周期

字符位置	数据元素	具体赋值	具体含义及说明
19	发行规律	n	预告的不定期，r＝定期，x＝不定期，u＝规律不明
20	国际连续出版物资料系统中心	o	IC 国际中心，1＝美国（NSDP），2＝英国，3＝澳大利亚，4＝加拿大，5＝莫斯科区域中心，6＝联邦德国，7＝法国，8＝阿根廷，9＝日本，u＝不清楚，z＝其他，Ь＝ IS-DS 中心代码
21	连续出版物类型	m	专著丛编，n＝报纸，p＝期刊，Ь＝其他（包括年鉴和年度报告）
22	原版资料类型	a	缩微胶卷，b＝缩微平片，c＝不透明缩微片，d＝大字体印刷本，e＝报纸，f＝盲文，Ь＝非上列形式
23	资料类型		资料形式的含义及代码值同图书008/23
24	著作整体特征		所设的 22 种代码值同图书的008/24～27；如果一种连续出版物有两种及其以上的资料特征，可以将其记录在本字段的 25～27字符位，而本字符位填 Ь
25—27	内容特征		所设的 22 种代码以及选择顺序同本字段的第 24 字符位
28	政府出版物		所设代码同图书的 008/28 字符位代码

字符 位置	数据 元素	具体 赋值	具体含义及说明
29	会议 出版物		所设代码同图书的 008/29 字符 位代码
30—32	未定义	ƀƀƀ	
33	题名原文 字母 或文 字系统	a	无发音符或其他特殊字符的罗马 字母，c＝西里尔字母，d＝日语， e＝汉语，f＝阿拉伯语，g＝希腊 语，h＝希伯来语，i＝泰语，j＝天 成体文学（加拉尔语族），k＝朝鲜 语，o＝泰米尔语，u＝不清楚，z＝ 其他，ƀ＝无原文字母/无识别 题名
34	后续 /最 新款目	0	后续款目（表示该记录是按后续 款目规则编制）
		1	最新款目（表示该记录是按最新 款目规则编制）

3. 数据区的录入

数据区的录入一般根据原始编目工作单逐字段输入，而原始编目工作单又是按照 385～392 页的 USMARC 字段一览表进行设计的，其指导思想是常用明了。下面分别提供北京大学图书馆西文图书和连续出版物原始编目工作单样例（稍作改动，见 406～407 页）。

基于 BiblioFile 光盘系统的原始编目工作程序归纳如下：a. 选择原始编目功能 F5 在微机屏幕上显示原始编目单；b. 选择头标模式，图书选 nam a，连续出版物选 nas a；c. 选择自动连续控制号的功能键 Alt F5，屏幕下部立即显示相应控制号的窗口，按 Enter 键控制号就会自动出现在 001 字段上（如果要对所显示的控制

a. 西文图书原始编目工作单

```
Leader              nam a
Control #           001
Fixed data          008
    Entrd:------Dat tp:-Dates:----,---- Ctry:---- Illus:---- Intlvl: Repr:-
    cont:---- Govt pub:- Conf pub:- Festschr:- Index:-(M/E:-) Fict:-
    Bio:-Lang:---Mod rec:-Source:-
020         $ a
040         $ a
041         $ a
043         $ a
049         $ a
090         $ a
1-- --      $ a
240--       $ a
245--       $ a
250         $ a
260         $ a
300         $ a
4--         $ a
500         $ a
504         $ a
505         $ a
6-- -0      $ a
6-- -0      $ a
6-- -0      $ a
7-- --      $ a
7-- --      $ a
--- --      $ a


Cataloguer      Date      Verifier      Date      Typist      Date
```

b. 西文连续出版物原始编目工作单

```
Leader                      nas a
Control  #       001
Fixed data        008
    Entrd:------Dat  tp:-Dates    :----,----Ctry:---Freq:-Reg:-ISDS:-Ser
    type:-Medium:-Repr:-Matl:-Cont:---Govt  pub:-Conf  pub:-( M/
    E:---) Alpha:-S/L Ent:-Lang:---Mod rec:-Source:-
022              $ a
040              $ a
041              $ a
043              $ a
049              $ a
090              $ a
245 0-           $ a
246 1-           $ a
247              $ a
250              $ a
260              $ a
300              $ a
310              $ a
362 0            $ a
4--              $ a
5--              $ a
6-- -0           $ a
6-- -0           $ a
6-- -0           $ a
7-- --           $ a
780              $ a
785              $ a


Cataloguer     Date     Verifier     Date     Typist     Date
```

号作修改,可以人工输入任意控制号);d. 控制号输入完毕,光标自动进入 008 字段,按各字符位数据元素的描述词的提示输入代码值;e. 根据原始编目工作单逐字段输入数据元素,同时利用键盘控制删除或增加 F5 原始编目工作单(屏幕)上的字段标识,并输入相应的指示符、子字段代码和子字段数据元素;f. 数据输入完毕后先逐字段核对,然后通过 F4 功能显示卡片格式,若发现有误则必须选择 F3 功能作当前记录的屏幕修改;g. 修改无误后,选择 F9 功能键把数据存入软盘,以供下一步打印目录卡片和/或转存到馆藏硬盘数据库中。

主要参考文献

1. 新编图书馆目录/黄俊贵,罗健雄编著. — 北京:书目文献出版社,1986
2. 中文文献编目/刘苏雅编著. — 北京:书目文献出版社,1994
3. 图书馆目录/李纪有,余惠芳编著. — 北京:书目文献出版社,1986
4. 文献编目概论/谢宗昭主编. — 南京:南京大学出版社,1990
5. 西文编目实用教程/夏勇,周子荣编著. — 杭州:浙江大学出版社,1989
6. 文献著录总则概说/黄俊贵编著. — 北京:书目文献出版社,1984
7. 西文文献编目/段明莲,关懿娴编著. — 北京:北京大学出版社,1991
8. 中国文献著录标准化工作的发展与现状/罗健雄//图书馆论坛. — 1991(3)
9. 关于建立统一规范档体系问题的思考/任有标//文献工作研究. — 1992(4)
10. CIP在中国/沈乃文//大学图书馆学报. — 1992(4)
11. 西文图书编目/王作梅,严一桥编著. — 武汉:武汉大学图书情报学院,1985
12. 中文文献编目/张玉麟编著. — 北京:中国科学院文献情报中心,1989
13. 目录学/彭斐章等编著. — 武汉:武汉大学出版社,1986
14. 图书馆文献编目/傅椿徽主编. — 武汉:武汉大学出版社,1989
15. 文献编目论文选/中国图书馆学会主编. — 北京:书目文献出版社,1992

16. 国际标准书目著录发展史研究/方仁撰. — 台北:文史哲出版社,1985

17. 文献工作国家标准汇编(一)/全国文献工作标准化技术委员会编. — 北京:中国标准出版社,1985

18. 文献著录总则的修订问题/林德海//晋图学刊. — 1993(4)

19. 西文文献著录条例/《西文文献著录条例》编辑组. — 北京:中国图书馆学会,1985

20. 现代文献编目教程/刁维汉主编. — 上海:华东师范大学出版社,1994

21. 西文文献编目/韩平编著. — 北京:中国科学院文献情报中心,1993

22. 普通图书著录规则/黄俊贵等起草//文献工作国家标准汇编(二)/全国文献工作标准技术委员会编. — 北京:中国标准出版社,1986

23. 《普通图书著录规则》图例手册/朱育培,马书慧编写. — 沈阳:辽宁人民出版社,1986

24. 专著出版物国际标准书目著录:第二版/国际图联编目专业组常设委员会通过. — 北京:书目文献出版社,1989

25. 中文普通图书统一著录条例:试用本/北京图书馆编. — 2版. — 北京:书目文献出版社,1981

26. 西文普通图书著录条例/全国第一中心图书馆委员会西文图书卡片联合编辑组编. — 北京:中国科学院图书馆,1961

27. 1961年国际编目原则会议论文选译/全国第一中心图书馆委员会西文图书卡片联合编辑组编译. — 北京:中国科学院图书馆,1962

28. 英美编目条例第二版简介/(英)亨特(Hunter, Eric J.)著. — 北京:书目文献出版社,1982

29. 英美编目条例第二版简明本/(美)高曼(Gorman, M.)著. — 北京:中央国家机关和科学研究系统图书馆学会,1986

30. 连续出版物著录规则/吴龙涛等起草//文献工作国家标准汇编(二)/全国文献工作标准化技术委员会编. — 北京:中国标准出版社,1986

31. 《连续出版物著录规则》例释/吴龙涛,叶奋生编著. — 沈阳:辽宁人民出版社,1986

32. 国际标准书目著录:连续出版物/国际图联国际连续出版物标准书目

著录联合工作组编. — 北京：书目文献出版社，1983

33. 连续出版物工作/吴龙涛，叶奋生编著. — 上海：上海科学技术文献出版社，1990

34. 地图资料著录规则/陆希泰等起草. — 北京：中国标准出版社，1986

35. 测绘制图资料国际标准书目著录：第二版/国际图联编目专业组常设委员会及国际图联地理与地图图书馆分会通过. — 北京：书目文献出版社，1991

36. 科技文献编目/徐海初编著. — 北京：科学技术文献出版社，1988

37. 科学文献及其处理技术/王秀成编著. — 北京：书目文献出版社，1988

38. 非书资料著录规则/李俊宣等起草//文献工作国家标准汇编（二）/全国文献工作标准化技术委员会编. — 北京：中国标准出版社，1986

39. 非书资料国际标准书目著录：第二版/国际图联编目专业组常设委员会通过. — 北京：书目文献出版社，1992

40. 规范数据款目著录规则：草案/周升恒，黄俊贵执笔. — 北京：北京图书馆，1991

41. 图书编目规范工作/（美）伯格（Burger, Robert H.）著. — 北京：商务印书馆，1993

42. 文字条目通用排序规则/朱岩，朱南等起草. — 北京：中国标准出版社，1992

43. 北京图书馆目录组织规则：图书部分/北京图书馆编目部编. — 北京：书目文献出版社，1984

44. 美国图书馆协会排片条例：第二版/（美）西利（Seely, Pauline A.）编. — 北京：书目文献出版社，1985

45. 美国图书馆协会的排片规则/田国良//国外图书情报工作，1991（2）

46. 计算机书目文献管理数据库/安树兰等编著. — 北京：清华大学出版社，1988

47. 图书馆自动化系统/杨宗英主编. — 上海：上海交通大学出版社，1990

48. 图书情报自动化/马自卫等编著. — 北京：北京邮电学院出版社，1993

49. 中国机读编目格式/(台)图书馆自动化作业规划委员会中国机读编目格式工作小组. — 台北:"国立中央图书馆",1982

50. 中国机读目录通讯格式/北京图书馆自动化发展部编. — 北京:书目文献出版社,1991

51. 文献工作国家标准汇编(三)/全国文献工作标准化技术委员会编. — 北京:中国标准出版社,1988

52. 中文期刊机读目录编制细则/潘岩铭等编. — 北京:北京大学出版社,1992

53. 文献机读目录数据处理手册:试用本/纪昭民等执笔. — 北京:中国科学院文献情报中心,1995

54. 中文文献数据库国际研讨会论文集/曹树金编//高校文献信息学刊. — 1994(3-4)

55. 图书机读目录格式/美国国会图书馆机读目录研究室编. — 北京:中国科学院文献情报中心,[198?]

56. 美国机读目录格式/段明连//全国林业院校图书情报工作. — 1994(3)

57. BiblioFile 光盘编目系统与西文编目:源数据的应用/谢琴芳//大学图书馆学报. — 1990(5)

58. 基于 BiblioFile 光盘编目系统的西文原始编目/谢琴芳//大学图书馆学报. — 1991(4)

59. Anglo-American cataloguing rules. — 2nd ed. , 1988 revision. — Chicago:American Library Association,1988

60. Anglo-American cataloguing rules. — 2nd ed. — Chicago:American Library Association,1978

61. The concise AACR$_2$/prepared by Michael Gorman. — 1988 revision. —Chicago:American Library Association,1989

62. Guidelines for authority and reference entries. — London:IFLA International Programme for UBC, 1984

63. Introduction to cataloging and classification /Bohdan S. Wynar. — 6th ed. — Littleton,Colorado:Libraries Unlimited,1980

64. Cataloging and classification:a workbook/Martha L. Manheimer. —

2nd ed. , rev. and exp. — New York: Marcel Dekker, c1980

65. Theory of cataloguing/Girja Kumar, Krishan Kumar. — 5th rev. ed. — New Delhi: VIKAS Publishing House, 1986

编著者部分论文索引

1. 论中、西文编目课合开的可能性及其出路//大学图书馆学报. — 1991(3)

2. "西文文献编目"辨析//图书情报论坛. — 1992(4)

3. 论图书馆目录及其外延//图书馆杂志. — 1990(2)

4. 对图书馆目录职能的反思与展望//图书馆学研究. — 1990(6)

5. 图书馆目录编制原则论//山西图书馆学报. — 1992(3,4)

6. 论编目工作中的"读者至上"原则//图书情报论坛. — 1993(2)

7. 中、西方文献编目标准化工作的发展与现状//图书馆论丛. — 1995(2)

8. 新时期我国文献编目标准化工作展望//图书馆论丛. — 1993(9 月)

9. 新时期我国文献编目工作的自动化与网络化//当代图书馆. — 1993(4)

10. 从北京地区实习馆看军队图书馆的现状与发展//文献工作研究. — 1991(4)

11. 军校图书馆现代化问题探讨//高校图书馆工作. — 1994(2)

12. 论著录项目及其排列次序//图书馆理论与实践. — 1995(3)

13. 论著录用标识符//图书馆理论与实践. — 1994(2)

14. 中文标准化著录中的空格问题探讨//图书馆建设. — 1993(2)

15. 对"著录格式"要有科学认识//图书情报论坛. — 1994(1)

16. 著录信息源问题探讨//图书馆学研究. — 1993(5)

17. 军校图书馆编目问题探讨//文献工作研究. — 1992(4)

18. 对"正书名"等的几点思考//江苏图书馆学报. — 1994(3)

19. 并列书名的著录与标目问题//图书馆论坛. — 1994(5)

20. 多语文图书及其著录//图书馆杂志. — 1994(4)

21. "读者对象"信息著录问题探讨//图书情报论坛. — 1991(4)

22. 试论我国著录规则中的排检项"统一化"问题//江苏图书馆学报. — 1991(5)

23. "四大著录"析疑//图书馆杂志. — 1991(2)

24. 论中、西文编目中的整套著录//图书情报论坛. — 1995(2)

25. 论中、西文编目中的分析著录//图书情报论坛. — 1995(3)

26. 试论西文编目条例中的分析著录//大学图书馆学报. — 1995(2)

27. 分析著录、综合著录等教学改革之探论//黑龙江图书馆. — 1991(4)

28. 关于手工编目中的丛书与多卷书著录//江西图书馆学刊. — 1995(1)

29. 对西文多卷书分卷著录的再思考//图书情报工作. — 1995(5)

30. 检索点与标目新论//图书馆学刊. — 1993(5)

31. 试论通用款目及其种类//图书情报论坛. — 1991(1)

32. 论通用款目的标目问题//图书馆学刊. — 1992(6)

33. 中文图书编目中的主要款目论//图书馆学刊. — 1991(3)

34. 论中编主要款目、附加款目及其标目//文献工作研究. — 1990(4)

35. 重视附加款目的编制//山东图书馆季刊. — 1990(4)

36. 论中、外文献编目中的团体责任者及其标目//大学图书馆学报. — 1993(6)

37. 从目录的职能看主要款目的存废//江苏图书馆学报. — 1990(6)

38. 也谈会议文献的著录//图书情报工作. — 1992(3)

39. 西文会议录中外标目分歧原因探究及改进//图书情报工作增刊. — 十六

40. 试改中文连续出版物悬行著录格式为段落著录格式//津图学刊. — 1991(3)

41. 简评《连续出版物著录规则》的责任者著录规则//山东图书馆季刊. — 1992(2)

42. 论连续出版物论文索引的编制//江苏图书馆学报. — 1993(1)

43. 试论中、西文标准文献的著录//图书馆建设. — 1995(6)

44. 计算机文档的标准化著录//图书馆. — 1994(4)

45. 从国际规范工作的发展谈我国规范工作的建设//图书馆建设. — 1994(6)

46. 试论字顺目录的揭示职能和集中职能之统一//图书馆学研究. — 1992(1)

47. 标准化编目工作中一项被忽视的工作//图书馆学研究. — 1994(6)

48. 军、地院校图书馆目录体系的比较分析//高校图书馆工作. — 1992(4)

49. 略论编目工作定额管理带来的局限性//图书馆论坛. — 1991(2)

50. 五位馆长谈管理//文献工作研究. — 1991(5)